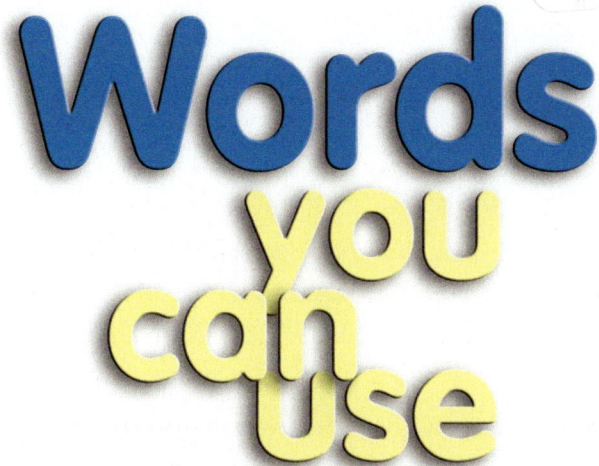

Words you can use

Lernwörterbuch

Klaus Berold

**Mit Illustrationen
von Roland Beier**

Cornelsen

Inhaltsverzeichnis

Wie ist Words you can use aufgebaut?

Dieses thematische Lernwörterbuch ist in 14 übergeordnete **Themenbereiche** aufgeteilt, die sich in kleinere **Sachgebiete** gliedern. So besteht z.B. der Themenbereich **3 Natur** aus den Sachgebieten 3.1 Weltall und Erde, 3.2 Wetter, 3.3 Licht und Farbe, 3.4 Tiere und 3.5 Pflanzen. Der Wortschatz innerhalb dieser Sachgebiete ist durch gepunktete blaue Linien in inhaltlich sinnvolle **Wortpäckchen** unterteilt.

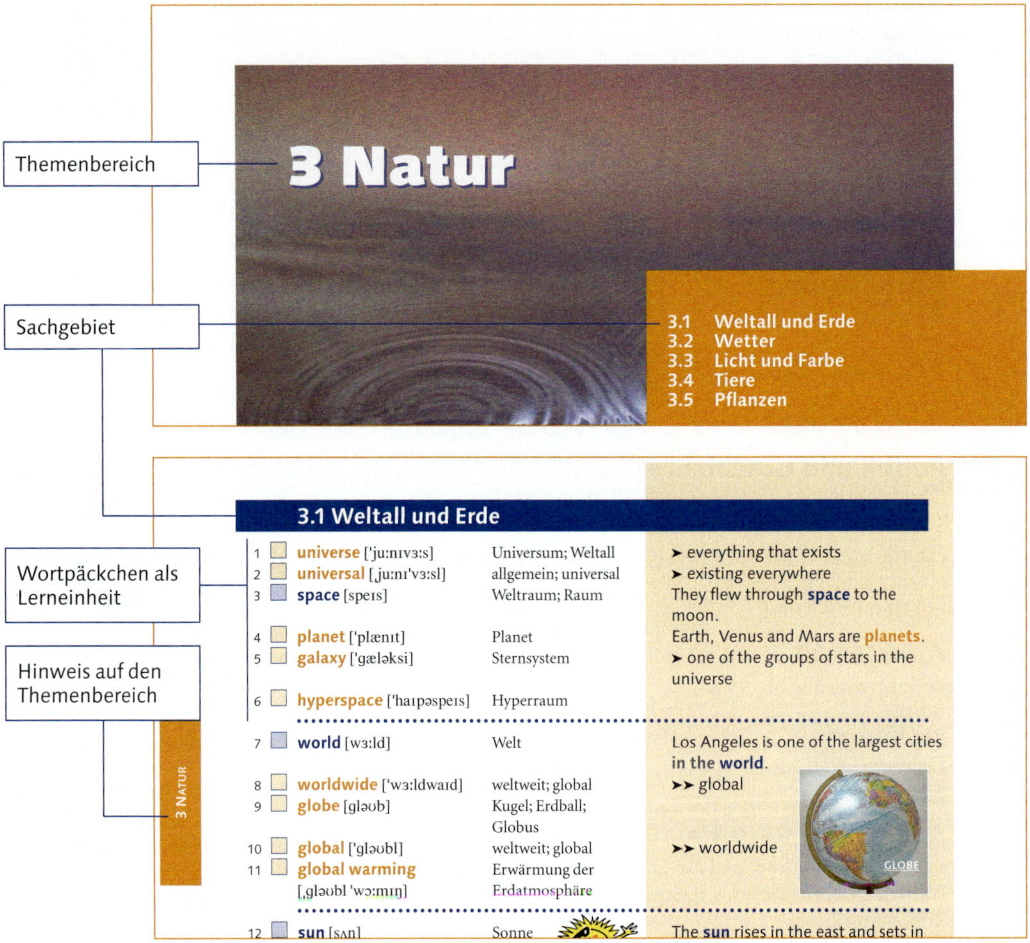

Themenbereich

3 Natur

Sachgebiet

3.1	Weltall und Erde
3.2	Wetter
3.3	Licht und Farbe
3.4	Tiere
3.5	Pflanzen

Wortpäckchen als Lerneinheit

Hinweis auf den Themenbereich

3.1 Weltall und Erde

3 NATUR

1	**universe** ['juːnɪvɜːs]	Universum; Weltall	➤ everything that exists
2	**universal** [juːnɪ'vɜːsl]	allgemein; universal	➤ existing everywhere
3	**space** [speɪs]	Weltraum; Raum	They flew through **space** to the moon.
4	**planet** ['plænɪt]	Planet	Earth, Venus and Mars are **planets**.
5	**galaxy** ['gæləksi]	Sternsystem	➤ one of the groups of stars in the universe
6	**hyperspace** ['haɪpəspeɪs]	Hyperraum	
7	**world** [wɜːld]	Welt	Los Angeles is one of the largest cities in the **world**.
8	**worldwide** ['wɜːldwaɪd]	weltweit; global	▶▶ global
9	**globe** [gləʊb]	Kugel; Erdball; Globus	
10	**global** ['gləʊbl]	weltweit; global	▶▶ worldwide
11	**global warming** [ˌgləʊbl 'wɔːmɪŋ]	Erwärmung der Erdatmosphäre	
12	**sun** [sʌn]	Sonne	The **sun** rises in the east and sets in

GLOBE

Welche Informationen findet man bei den einzelnen Einträgen?

Das englische **Stichwort** ist immer entweder blau (**Grundwortschatz**) oder orange (**Erweiterungswortschatz**) gedruckt. Hinter jedem Stichwort findet man die Lautschrift, die auf Seite 6 erklärt ist. In der orange unterlegten dritten Spalte werden die Stichwörter durch Beispielsätze kontextualisiert oder durch Erklärungen, Synonyme, Gegenteile und Illustrationen verdeutlicht. Gebräuchliche **Kollokationen** (Häufiges Vorkommen eines oder mehrerer Wörter mit dem Stichwort) sind durch grauen Fettdruck hervorgehoben. Zur Überprüfung des Lernfortschritts befindet sich vor jedem Stichwort ein Kontrollkästchen. Eine Positionsnummer erleichtert das schnelle Auffinden des Wortes auf der Seite. Die alphabetischen Indizes englisch und deutsch am Ende des Buches (ab S. 195) helfen bei der Suche nach einem bestimmten Wort.

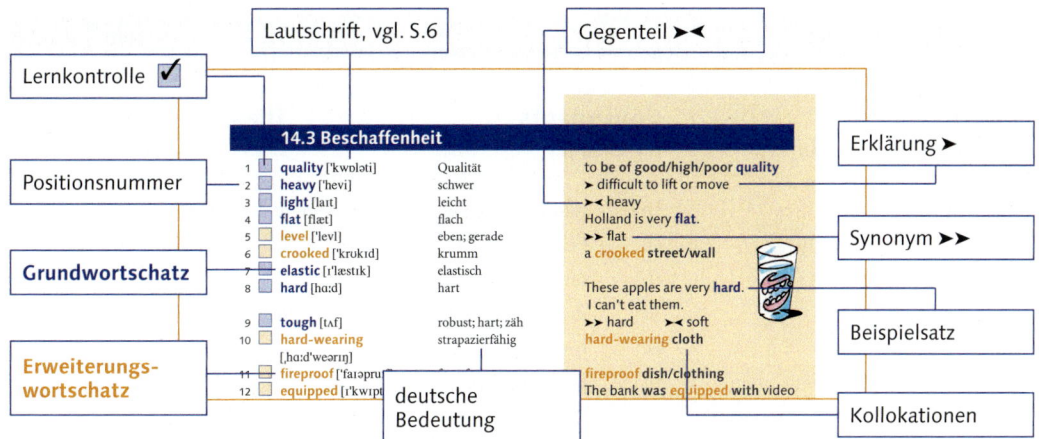

Manche Stichwörter haben **unregelmäßige Formen** oder treten nur im Plural oder im Singular auf. Bei einigen Wörtern gibt es unterschiedliche Formen im **britischen** und **amerikanischen Englisch**. Sprachliche **Problembereiche** (z.B. *false friends*) und **Wortbildung** werden in separaten Kästen dargestellt.

Wie arbeitet man mit Words You Can Use?

➤ Hat man wenig Zeit zum Lernen, z.B. vor einer Prüfung, so sollte man sich zunächst auf den **Grundwortschatz** konzentrieren, um einen Mindestwortschatz zur Verfügung zu haben. Später kann man dann den **Erweiterungswortschatz** erarbeiten.

➤ Man liest zunächst die Einträge mehrerer Wortpäckchen durch und merkt sich Synonyme, Gegenteile usw.

➤ Nun deckt man die mittlere Spalte (deutsche Bedeutung) mit der beiliegenden Lernschablone ab und erschließt die deutsche Übersetzung mithilfe der anderen Spalten.

➤ Danach dreht man die Lernschablone um und verdeckt das englische Stichwort und die Erklärungsspalte. Nur Wörter, die man beherrscht, werden im Kontrollkästchen abgehakt. Die übrigen müssen nochmals gelernt werden. (Sollte die beiliegende Lernschablone verloren gehen, kann die Kopiervorlage auf S. 144 verwendet werden, um eine neue zu machen.)

➤ In zeitlichen Abständen sollte man Wiederholungsphasen einbauen und bereits durchgearbeitete Abschnitte nochmals aufgreifen. Es ist natürlich auch möglich, die Einträge der einzelnen Sachgruppen auf Karteikarten zu übertragen und damit zu lernen. Siehe dazu die **Lerntipps** auf S. 230–231. Wichtig ist es, sich nicht zu große Lernabschnitte vorzunehmen und möglichst täglich 20–30 Minuten zu arbeiten.

➤ Wenn man ein Wort nachschlagen will und nicht weiß, in welchem Kapitel es steht, schaut man im englischen oder deutschen Index nach. Dort stehen die Begriffe, die in den einzelnen Kapiteln vorkommen, in alphabetischer Reihenfolge. Nach dem Begriff wird auf das Kapitel, das Unterkapitel und die Position innerhalb des Kapitels verwiesen.

Erklärung der Lautschriftzeichen, Abkürzungen und Symbole

Vowels
Selbstlaute, Vokale

[iː]	**ea**t, w**ee**k, h**e**
[i]	part**y**, ver**y**, read**y**
[ɪ]	**i**n, g**i**ve, f**i**lm
[e]	**e**nd, g**e**t, m**a**ny
[æ]	**a**dd, m**a**n, bl**a**ck
[ʌ]	**u**nder, c**o**me
[ɑː]	**a**sk, h**a**lf, c**a**r
[ɒ]	**o**ften, wh**a**t, c**o**ffee
[ɔː]	**a**ll, f**ou**r, d**oo**r
[ʊ]	p**u**t, g**oo**d, w**o**man
[u]	sit**u**ation, **u**nite, act**u**al
[uː]	wh**o**, J**u**ne, bl**ue**
[ɜː]	l**ea**rn, g**i**rl, w**o**rk
[ə]	**a**gain, policem**a**n, sist**er**
[eɪ]	**eigh**t, t**a**ble, pl**ay**
[aɪ]	**I**, n**i**ce, b**y**
[ɔɪ]	b**oy**, t**oi**let
[əʊ]	**o**ld, r**oa**d, kn**ow**
[aʊ]	**ou**t, h**ou**se, n**ow**
[ɪə]	w**e're**, h**ere**, n**ear**
[eə]	w**ear**, ch**air**, th**ere**
[ʊə]	t**ou**r, p**ure**, s**ure**

Consonants
Mitlaute, Konsonanten

[p]	**p**en, s**p**eak, ma**p**
[b]	**b**ook, ra**bb**it, jo**b**
[t]	**t**able, le**tt**er, si**t**
[d]	**d**esk, ra**d**io, ol**d**
[k]	**c**ar, bas**k**etball, ba**ck**
[g]	**g**et, bi**gg**er, ba**g**
[f]	**f**ather, le**f**t, cli**ff**
[v]	**v**ery, e**v**ery, ha**v**e
[θ]	**th**ank, bir**th**day, ba**th**
[ð]	**th**is, fa**th**er, wi**th**
[s]	**s**ee, cla**ss**es, dan**c**e
[z]	**z**oo, thou**s**and, plea**s**e
[ʃ]	**sh**op, **s**ugar, Engli**sh**
[ʒ]	televi**s**ion, u**s**ually
[tʃ]	**ch**ild, **k**i**tch**en, wa**tch**
[dʒ]	**j**am, **J**une, arran**g**e
[h]	**h**elp, **wh**o, **h**ome
[m]	**m**ouse, nu**m**ber, fil**m**
[n]	**n**ame, wi**n**dow, pe**n**
[ŋ]	si**ng**, mor**n**ing, lo**ng**
[l]	**l**ike, b**l**ue, a**ll**
[r]	**r**ead, bo**rr**ow, ve**r**y
[j]	**y**es, **y**ou, **y**ear
[w]	**w**alk, **wh**ere, q**u**iz

The English alphabet
Das englische Alphabet

a	[eɪ]
b	[biː]
c	[siː]
d	[diː]
e	[iː]
f	[ef]
g	[dʒiː]
h	[eɪtʃ]
i	[aɪ]
j	[dʒeɪ]
k	[keɪ]
l	[el]
m	[em]
n	[en]
o	[əʊ]
p	[piː]
q	[kjuː]
r	[ɑː]
s	[es]
t	[tiː]
u	[juː]
v	[viː]
w	['dʌbl juː]
x	[eks]
y	[waɪ]
z	[zed]

['] steht vor dem Wortteil, der stark betont werden muss,
z.B. **abroad** [ə'brɔːd]
[ˌ] steht vor einem Wortteil, der schwach betont wird,
z.B. **expedition** [ˌekspə'dɪʃn]

Abkürzungen und Symbole

AE	American Englisch	*amerikanisches Englisch*
BE	British English	*britisches Englisch*
pl	plural	*Plural, Mehrzahl*
no pl	no plural	*keine Pluralform möglich*
sb	somebody	*jemanden (jdn), jemandem (jdm)*
sth	something	*etwas (etw)*
slang	slang	*Slang, Jargon*

►►	synonym
►◄	opposite
►	explanation
☑	word learnt correctly

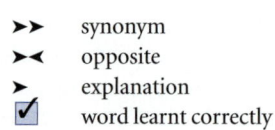

1 Zeit

1.1 Zeit allgemein

1	**time** [taɪm]	Zeit	They only have **a short amount of time** (*wenig Zeit*).
2	to **time** [taɪm]	(Zeit mit einer Uhr) stoppen; messen	
3	**while** [waɪl]	Weile	They sat chatting **for a while**. (= for a short time)
4	**period** ['pɪəriəd]	Zeitspanne; Periode	a **period** of six weeks
5	**long-term** [ˌlɒŋ'tɜːm]	langfristig; Langzeit-	**long-term** effects/unemployment
6	to **hesitate** ['hezɪteɪt]	zögern	Mike **hesitated** before answering.
7	**moment** ['məʊmənt]	Moment	➤ a very short time
8	**occasion** [ə'keɪʒn]	Gelegenheit; Anlass	They had met **on several occasions**.
9	**long** [lɒŋ]	lang	
10	**short** [ʃɔːt]	kurz	➤◄ long
11	**early** ['ɜːli]	früh	➤◄ late
12	**late** [leɪt]	spät	It's 9.30. I'm **late** for school.
13	**in time** [ɪn 'taɪm]	rechtzeitig	➤ not too late for something
14	**on time** [ɒn 'taɪm]	pünktlich	The trains run **on time**.
15	**timeline** ['taɪmlaɪn]	Zeitachse	

past ———— present ———— future

16	**past** [pɑːst]	Vergangenheit	➤ the time before now
17	**present** ['preznt]	Gegenwart	➤ what happens now
18	**future** ['fjuːtʃə]	Zukunft	➤ the time after now
19	**future** ['fjuːtʃə]	zukünftig	
20	**age** [eɪdʒ]	Zeitalter	**The Middle Ages**, **The Stone Age**
21	**ice age** ['aɪs eɪdʒ]	Eiszeit	
22	**sudden** ['sʌdn]	plötzlich	There was a **sudden** change in the weather.
23	**suddenly** ['sʌdnli]	plötzlich	**Suddenly** everyone was quiet.
24	**immediate** [ɪ'miːdiət]	sofortig; umgehend	➤➤ instant
25	**urgent** ['ɜːdʒənt]	dringend	There was an **urgent** call and the doctor had to leave at once.
26	**occasionally** [ə'keɪʒənəli]	gelegentlich	➤➤ from time to time
27	**frequent** ['friːkwənt]	häufig; wiederholt	➤ happening often
28	to **spend** [spend] spent, spent [spent, spent]	verbringen (Zeit)	He **spends** all his time with his computer.
29	to **pass** [pɑːs]	vergehen (Zeit)	The weeks **passed** slowly.
30	to **take** [teɪk] took, taken [tʊk, 'teɪkən]	dauern; Zeit in Anspruch nehmen	How long does it **take** to get from Piccadilly Circus to Trafalgar Square? – It **takes** about eight minutes.
31	to **last** [lɑːst]	dauern; andauern	➤➤ to go on

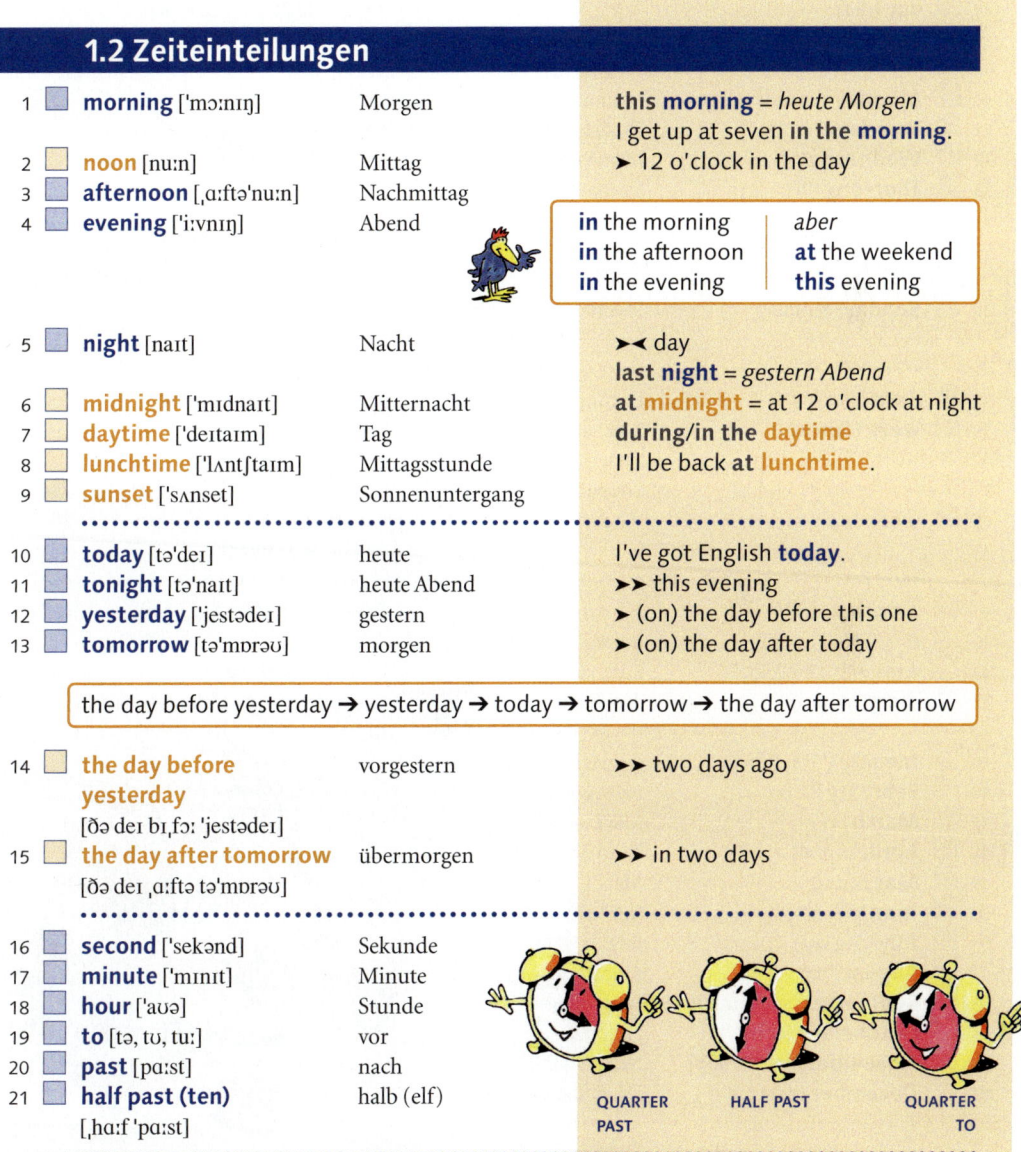

32 ☐	to **keep going**	weitermachen	**Keep going**, Mike, you're nearly there.
	[kiːp 'gəʊɪŋ]		
	kept, kept [kept, kept]		
33 ☐	to **go ahead** [ˌgəʊ ə'hed]	anfangen;	You can **go ahead with** the job now.
	went, gone [went, gɒn]	weitermachen	
34 ☐	to **continue** [kən'tɪnjuː]	weitermachen;	►► to go on (with)
		fortfahren mit	
35 ☐	to **go on** [ˌgəʊ 'ɒn]	weitermachen;	The party **went on** until the next
	went, gone [went, gɒn]	weitergehen	morning.
36 ☐	to **go on** do**ing** sth	mit etwas	I want to **go on** read**ing** this book.
	[ˌgəʊ 'ɒn]	weitermachen	
	went, gone [went, gɒn]		

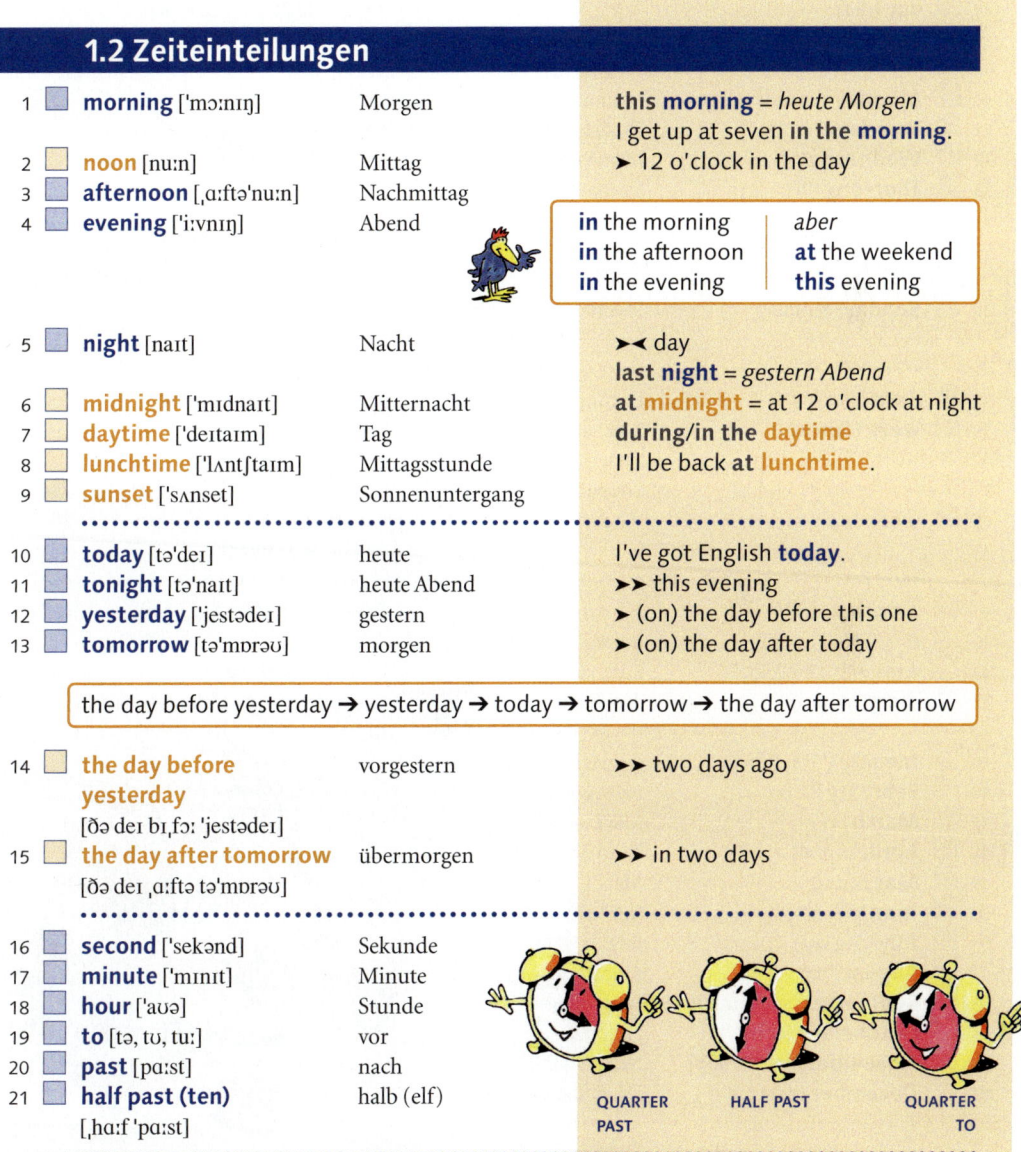

1.2 Zeiteinteilungen

1 ☐	**morning** ['mɔːnɪŋ]	Morgen	**this morning** = *heute Morgen* I get up at seven **in the morning**.
2 ☐	**noon** [nuːn]	Mittag	► 12 o'clock in the day
3 ☐	**afternoon** [ˌɑːftə'nuːn]	Nachmittag	
4 ☐	**evening** ['iːvnɪŋ]	Abend	

in the morning	*aber*
in the afternoon	**at** the weekend
in the evening	**this** evening

5 ☐	**night** [naɪt]	Nacht	►◄ day
			last night = *gestern Abend*
6 ☐	**midnight** ['mɪdnaɪt]	Mitternacht	**at midnight** = at 12 o'clock at night
7 ☐	**daytime** ['deɪtaɪm]	Tag	**during/in the daytime**
8 ☐	**lunchtime** ['lʌntʃtaɪm]	Mittagsstunde	I'll be back **at lunchtime**.
9 ☐	**sunset** ['sʌnset]	Sonnenuntergang	

10 ☐	**today** [tə'deɪ]	heute	I've got English **today**.
11 ☐	**tonight** [tə'naɪt]	heute Abend	►► this evening
12 ☐	**yesterday** ['jestədeɪ]	gestern	► (on) the day before this one
13 ☐	**tomorrow** [tə'mɒrəʊ]	morgen	► (on) the day after today

the day before yesterday → yesterday → today → tomorrow → the day after tomorrow

14 ☐	**the day before yesterday**	vorgestern	►► two days ago
	[ðə deɪ bɪˌfɔː 'jestədeɪ]		
15 ☐	**the day after tomorrow**	übermorgen	►► in two days
	[ðə deɪ ˌɑːftə tə'mɒrəʊ]		

16 ☐	**second** ['sekənd]	Sekunde	
17 ☐	**minute** ['mɪnɪt]	Minute	
18 ☐	**hour** ['aʊə]	Stunde	
19 ☐	**to** [tə, tʊ, tuː]	vor	
20 ☐	**past** [pɑːst]	nach	
21 ☐	**half past (ten)**	halb (elf)	
	[ˌhɑːf 'pɑːst]		

QUARTER PAST   HALF PAST   QUARTER TO

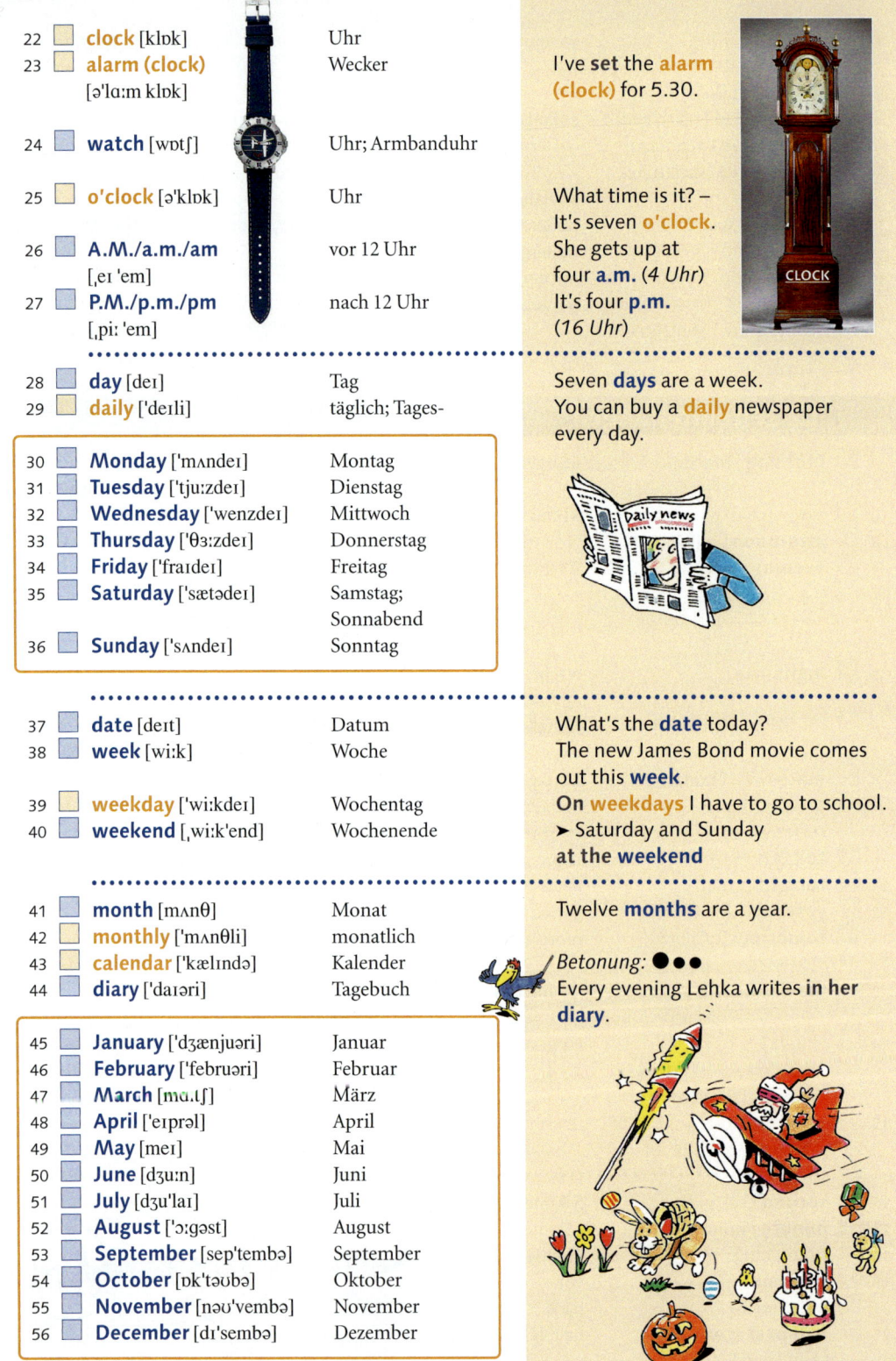

22	**clock** [klɒk]	Uhr	
23	**alarm (clock)** [əˈlɑːm klɒk]	Wecker	I've **set** the **alarm (clock)** for 5.30.
24	**watch** [wɒtʃ]	Uhr; Armbanduhr	
25	**o'clock** [əˈklɒk]	Uhr	What time is it? – It's seven **o'clock**.
26	**A.M./a.m./am** [ˌeɪ ˈem]	vor 12 Uhr	She gets up at four **a.m.** (4 Uhr)
27	**P.M./p.m./pm** [ˌpiː ˈem]	nach 12 Uhr	It's four **p.m.** (16 Uhr)

CLOCK

28	**day** [deɪ]	Tag	Seven **days** are a week.
29	**daily** [ˈdeɪli]	täglich; Tages-	You can buy a **daily** newspaper every day.

30	**Monday** [ˈmʌndeɪ]	Montag	
31	**Tuesday** [ˈtjuːzdeɪ]	Dienstag	
32	**Wednesday** [ˈwenzdeɪ]	Mittwoch	
33	**Thursday** [ˈθɜːzdeɪ]	Donnerstag	
34	**Friday** [ˈfraɪdeɪ]	Freitag	
35	**Saturday** [ˈsætədeɪ]	Samstag; Sonnabend	
36	**Sunday** [ˈsʌndeɪ]	Sonntag	

Daily news

37	**date** [deɪt]	Datum	What's the **date** today?
38	**week** [wiːk]	Woche	The new James Bond movie comes out this **week**.
39	**weekday** [ˈwiːkdeɪ]	Wochentag	On **weekdays** I have to go to school.
40	**weekend** [ˌwiːkˈend]	Wochenende	➤ Saturday and Sunday **at the weekend**

41	**month** [mʌnθ]	Monat	Twelve **months** are a year.
42	**monthly** [ˈmʌnθli]	monatlich	
43	**calendar** [ˈkælɪndə]	Kalender	*Betonung:* ●●●
44	**diary** [ˈdaɪəri]	Tagebuch	Every evening Lehka writes **in her diary**.

45	**January** [ˈdʒænjuəri]	Januar	
46	**February** [ˈfebruəri]	Februar	
47	**March** [mɑːtʃ]	März	
48	**April** [ˈeɪprəl]	April	
49	**May** [meɪ]	Mai	
50	**June** [dʒuːn]	Juni	
51	**July** [dʒuˈlaɪ]	Juli	
52	**August** [ˈɔːgəst]	August	
53	**September** [sepˈtembə]	September	
54	**October** [ɒkˈtəʊbə]	Oktober	
55	**November** [nəʊˈvembə]	November	
56	**December** [dɪˈsembə]	Dezember	

57	mid [mɪd]	Mittel-; Mitte	He starts his job in **mid**-September.
58	year [jɪə]	Jahr	Adam is 11 **years** old.
59	light year ['laɪt jɪə]	Lichtjahr	The nearest star is about four **light years** away from earth.
60	annual ['ænjʊəl]	jährlich; Jahres-	➤ happening or done once every year
61	decade ['dekeɪd]	Jahrzehnt	➤ a period of ten years
62	century ['sentʃəri]	Jahrhundert	➤ a period of a hundred years
63	millennium [mɪ'leniəm]	Jahrtausend; Millennium	➤ a period of a thousand years
64	season ['siːzn]	Jahreszeit; Saison	the **four seasons**, the **football/ holiday season**
65	spring [sprɪŋ]	Frühling; Frühjahr	
66	summer ['sʌmə]	Sommer	In **summer** I go on holiday with my parents.
67	midsummer [ˌmɪd'sʌmə]	Mittsommer	
68	autumn *BE* ['ɔːtəm]	Herbst	School starts again in the **autumn**.
69	fall *AE* [fɔːl]	Herbst	
70	winter ['wɪntə]	Winter	
71	Easter ['iːstə]	Ostern	the **Easter** holidays
72	Thanksgiving ['θæŋksgɪvɪŋ]	Erntedankfest	➤ *einer der höchsten Feiertage in den USA; wird am vierten Donnerstag im November gefeiert*
73	Christmas ['krɪsməs]	Weihnachten	**Merry Christmas** and a Happy New Year!

1.3 Anfang und Ende

1	to begin [bɪ'gɪn] began, begun [bɪ'gæn, bɪ'gʌn]	anfangen	➤◄ to stop
2	to begin to do sth began, begun [bɪ'gæn, bɪ'gʌn]	anfangen etwas zu tun	Our guests **began to** arrive.
3	to start doing sth [stɑːt]	anfangen etwas zu tun	She **started** laughing.
4	beginning [bɪ'gɪnɪŋ]	Anfang; Beginn	➤◄ end
5	beginner [bɪ'gɪnə]	Anfänger/in	➤ a person who has just started to do or learn something
6	to start [stɑːt]	anfangen	Please **don't start** without me.
7	start [stɑːt]	Start	
8	to turn a page [tɜːn ə 'peɪdʒ]	umblättern; eine neue Seite aufschlagen	
9	to launch [lɔːntʃ]	abschießen (Rakete); vom Stapel lassen (Schiff); starten (Kampagne)	to **launch** a rocket/boat/campaign

10	to **delay** [dɪˈleɪ]	verzögern; aufschieben	The plane **was delayed** because of bad weather.
11	**delay** [dɪˈleɪ]	Verzögerung; Aufschub	a **delay** of three hours
12	to **put off** [ˌpʊt ˈɒf] put, put [pʊt , pʊt]	verschieben	You can't **put off** the decision any longer.
13	**deadline** [ˈdedlaɪn]	(letzter) Termin	It's difficult to **meet the deadline**. (... den Termin einzuhalten)
14	to **run out of** [ˌrʌn ˈaʊt əv] ran, run [ræn, rʌn]	ausgehen; zu Ende gehen	We're **running out of** ideas. (Uns gehen die Ideen aus.)

•••

15	to **stop** [stɒp]	anhalten; aufhören	►◄ to start The lorry **stopped** at the traffic lights.

> **BEDEUTUNGSUNTERSCHIED:** VERB **+** INFINITIVE WITH TO *ODER* VERB **+** VERB–ING
> He **stopped to** eat an ice-cream.   (... blieb stehen, um ein Eis zu essen)
> Last year her father **stopped** smok**ing**.   (... hörte auf zu rauchen)
> **Remember to** buy her a birthday present.   (Denk dran / Vergiss nicht ihr ... zu kaufen)
> He **remembered** see**ing** her at the party.   (... erinnerte sich, ... gesehen zu haben)

16	**stop** [stɒp]	Halt(en); Haltestelle; Aufenthalt	
17	to **give up** [ˌgɪv ˈʌp] gave, given [geɪv, ˈgɪvn]	aufgeben; verzichten auf	►► to stop My mum **gave up** eat**ing** sweets on her birthday.
18	**breakdown** [ˈbreɪkdaʊn]	Panne (Auto); Absturz (Computer)	They **had a breakdown** on the M5.
19	to **finish** [ˈfɪnɪʃ]	beenden	►◄ to start
20	to **end** [end]	beenden	Sally was sad when Tom **ended** their relationship.
21	**end** [end]	Ende	
22	**endless** [ˈendləs]	endlos	His speech seemed **endless**.
23	**over** [ˈəʊvə]	zu Ende; vorbei	►► finished The match was nearly **over**.

•••

24	**first** [fɜːst]	erste(r, s)	Neil Armstrong was the **first** man **to** walk on the moon.
25	**origin** [ˈɒrɪdʒɪn]	Ursprung; Herkunft	► the place or situation where something began
26	**original** [əˈrɪdʒənl]	ursprünglich; Original-	The house still has its **original** windows.
27	**last** [lɑːst]	letzte(r, s)	►◄ first
28	**later** [ˈleɪtə]	später	►◄ earlier
29	**latest** [ˈleɪtɪst]	neueste(r, s)	What is the **latest news**?
30	**final** [ˈfaɪnl]	letzte(r, s); endgültig	►► last
31	**former** [ˈfɔːmə]	ehemalig(e, r)	Steht nur vor einem Nomen: the **former** president

1.4 Alt, jung und neu

1	**old** [əʊld]	alt	➤◄ new
2	**ancient** ['eɪnʃənt]	alt; antik; historisch	**ancient** Rome
3	**antique** [æn'tiːk]	antik	beautiful **antique** chairs
4	**old-fashioned** [ˌəʊld'fæʃənd]	altmodisch	➤◄ modern All his sweaters look **old-fashioned**.
5	**obsolete** ['ɒbsəliːt]	veraltet	➤◄ modern
6	**second-hand** [ˌsekənd'hænd]	gebraucht; aus zweiter Hand	➤◄ new a **second-hand** car/bookshop

7	**new** [njuː]	neu	➤◄ old
8	**recent** ['riːsnt]	jüngst; aktuell	Is that a **recent** photo?
9	**current** ['kʌrənt]	gegenwärtig; aktuell	Who is his **current** girlfriend?
10	**modern** ['mɒdn]	modern	➤➤ up-to-date
11	**contemporary** [kən'temprəri]	zeitgenössisch; Zeit- genosse; Zeitgenossin	➤➤ modern
12	**up-to-date** [ˌʌp tə 'deɪt]	aktuell; modern	**up-to-date** equipment
13	to **update** [ˌʌp'deɪt]	aktualisieren; auf den neuesten Stand bringen	➤ to make something more modern

1.5 Zeitangaben

1	**now** [naʊ]	jetzt	The bell has rung – please stop writing **now**.
2	**nowadays** ['naʊədeɪz]	heutzutage; heute	➤➤ now, these days
3	**at once** [ət 'wʌns]	sofort	He recognized her **at once**.
4	**right away** [raɪt ə'weɪ]	sofort; gleich	
5	**instant** ['ɪnstənt]	sofort; augenblicklich	Her album was an **instant** success.
6	**immediately** [ɪ'miːdiətli]	sofort	➤➤ at once
7	**at the moment** [ət ðə 'məʊmənt]	im Augenblick	➤➤ now
8	**recently** ['riːsntli]	vor kurzem; neulich	➤ not long ago
9	**lately** ['leɪtli]	in letzter Zeit; vor kurzem	➤➤ recently

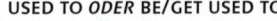

10	**used to** ['juːs tə]	etwas früher getan haben	He **used to** eat a lot, but now he doesn't.

USED TO *ODER* **BE/GET USED TO**

She **used to like** dogs but one attacked her and she doesn't any more.
I **didn't use to like** him much when we were at school.
I'm **used to the noise** from the traffic.
I'm **not used to getting up** early.
You'll soon **get used to** living here.

➤ **used to** + *Infinitiv bedeutet, dass man früher immer etwas getan hat, jetzt aber nicht mehr*

➤ **to be used to** + *noun/ing-form bedeutet, dass man etwas gewohnt ist*
➤ **to get used to** *heißt, sich an etwas gewöhnen*

11	**during** ['djʊərɪŋ]	während	
12	**while** [waɪl]	während	

> **while** = *während*
> *weil* = **because**

WÄHREND

DURING **+** NOUN **during** the night
WHILE **+** VERB **while** he was sleeping

13	**meanwhile** ['miːnwaɪl]	inzwischen	➤ at the same time
14	**when** [wen]	als	She was in an accident **when** she was ten. (*als*)
			When is your birthday? (*wann?*)
15	**as** [əz]	als; während	➤➤ when
16	**then** [ðən]	dann; damals	She was still at school **then**.

- - - - - - - - - - - - - - - - - -

17	**once** [wʌns]	einmal	➤ 1x
			He watches this programme **once** a week.
18	**always** ['ɔːlweɪz]	immer	➤◄ never
19	**forever** [fə'revə]	für immer	➤ for all time
20	**often** ['ɒfn]	häufig; oft	
21	**sometimes** ['sʌmtaɪmz]	manchmal	
22	**now and then** [naʊ ənd 'ðen]	ab und zu	
23	**rarely** ['reəli]	selten	

ALWAYS
USUALLY
OFTEN
SOMETIMES
RARELY
NEVER

- - - - - - - - - - - - - - - - - -

24	**already** [ɔːl'redi]	schon	➤➤ before now
25	**not ... yet** [nɒt 'jet]	noch nicht	➤➤ not ... up to now
26	**... yet?** [jet]	schon	Has the film started **yet?**

I've **already** finished.   *SCHON*   *in Aussagesätzen*
I haven**'t** finished my homework **yet**.   *NOCH NICHT*   *in verneinten Sätzen*
Has she arrived **yet**?   *SCHON*   *in Fragesätzen*

27	**ever** ['evə]	jemals	Have you **ever** been to Turkey?
28	**never** ['nevə]	niemals	➤◄ always

- - - - - - - - - - - - - - - - - -

29	**still** [stɪl]	(immer) noch	Do you **still** live in Dublin?
			Can't you sit **still**? (*ruhig*)
30	**when** [wen]	wann	**When** is your birthday?
31	**as soon as** [əz 'suːn əz]	sobald	**As soon as** I saw him, I knew something was wrong.

- - - - - - - - - - - - - - - - - -

32	**soon** [suːn]	bald	➤ in a short time
33	**before long** [bɪ'fɔː lɒŋ]	bald	➤➤ soon
34	**the next time** [nekst 'taɪm]	das nächste Mal	
35	**again** [ə'gen]	wieder; noch einmal	Please say that **again**.
36	**over and over (again)** [ˌəʊvər ənd 'əʊvə]	immer wieder	➤➤ many times

- - - - - - - - - - - - - - - - - -

37	**at first** [ət 'fɜːst]	zuerst	>< later
38	**until** [ən'tɪl]	bis	Dad has to work **until** seven today.
39	**till** [tɪl]	bis	>> until
40	**through** AE [θruː]	bis	He stayed in Chicago Friday **through** Sunday.
41	**so far** [ˌsəʊ 'fɑː]	bis jetzt	> until now
42	**by** [baɪ]	bis (spätestens)	> no(t) later than; before

BY	Can you finish the job **by** five o'clock? (… bis fünf Uhr)
	America was discovered **by** Columbus. (… von Kolumbus)
	They went to a camp site **by** the river. (… am Fluss)
	Pat and Fiona got there **by** train. (… mit dem Zug)
BEI	I was **at** the baker's. (… beim Bäcker)
	Have you got money **on** you? (… Geld bei dir?)
	You can stay **with** us. (… bei uns wohnen)

AMERICA

| 43 | **before** [bɪ'fɔː] | vor; vorher; bevor | >< after |

VOR	The German lesson is **before** lunch. (Zeitangabe)
	It's ten **to** eleven. (Uhrzeit)
	The garage is **in front of** the house. (Ortsangabe)
NACH	Let's play chess **after** school. (Zeitangabe)
	It's ten **past** eleven. (Uhrzeit)
HINTER	The hutch is **behind** the house. (Ortsangabe)

44	**after** ['ɑːftə]	nach; hinter; danach	Let's go in-line skating **after** school.
45	**afterwards** ['ɑːftəwədz]	danach	>> later
46	**finally** ['faɪnəli]	schließlich	He **finally** agreed to help us.
47	**at last** [ət 'lɑːst]	endlich	>> finally
48	**in the end** [ɪn ði 'end]	schließlich; letzten Endes	What did you do **in the end**?
49	**eventually** [ɪ'ventʃuəli]	schließlich; endlich	>> finally, at last

50	**then** [ðen]	also; nun; dann	
51	**almost** ['ɔːlməʊst]	beinahe	It's five to seven. It's **almost** seven.
52	**nearly** ['nɪəli]	fast; beinahe	>> almost

53	**at (8 o'clock)** [æt]	um (8 Uhr)	
54	**on (Monday)** [ɒn 'mʌndeɪ]	am (Montag)	
55	**in (April)** [ɪn 'eɪprəl]	im (April)	

in 2007 (year)	**at** eight o'clock	**on** Friday (day)
in summer (season)	**at** noon	**on** Christmas Eve
in September (month)	**at** night	
in the morning (part of day)	**at** Christmas/Easter	
in the evening	**at** weekends	

| 56 | **for** [fɔː] | seit |
| 57 | **since** [sɪns] | seit |

SINCE/FOR
Beide Wörter bedeuten im Deutschen „seit".

Patrick has been at the computer shop **since nine o'clock**.

9 O'CLOCK ➔ **12 O'CLOCK** | **NOW**

Wir verwenden …
since *mit* ZEITPUNKTEN, *zu denen etwas begann z.B.:*
since ten o'clock, **since** Monday,
since May 6th, **since** 1953,
since we arrived

Patrick has been at the computer shop **for three hours**.

1 HOUR | **1 HOUR** | **1 HOUR** | **12 O'CLOCK** | **NOW**

Wir verwenden …
for *mit* ZEITSPANNEN, *die angeben, wie lange etwas schon andauert z.B.:*
for three hours, **for** three days,
for some years, **for** a long time

| 58 | **ago** [ə'gəʊ] | vor |

11 O'CLOCK | **12 O'CLOCK** | **NOW**

It's 12 o'clock now. An hour **ago** his teacher phoned me.

VOR *(zeitlich)*	I was in France a year **ago**. *(vor einem Jahr)*
	I always get up **before** seven o'clock. *(vor sieben Uhr)*
	It's five **to** seven. *(fünf vor sieben)*
VOR *(örtlich)*	Our car is **in front of** the house. *(vor dem Haus)*

59	**will** [wɪl]	werden	My birthday **will** be on a Sunday next year.
60	to **be going to** [bi 'gəʊɪŋ tə]	werden	Look at the clouds. It**'s going to** rain.
61	to **be about to** do sth [bi ə'baʊt tə]	im Begriff sein etwas zu tun	We **were about to** leave the house when the dog fell down the stairs.

2 Raum

2.1 Position und Richtung
2.2 Bewegung

2.1 Position und Richtung

1	**place** [pleɪs]	Ort; Platz	
2	**site** [saɪt]	Stelle; Platz	►► place
3	**position** [pə'zɪʃn]	Stellung; Lage	
4	**location** [ləʊ'keɪʃn]	Standort; Lage; Position	The hotel was popular because of its beautiful **location**.
5	**level** ['levl]	Stand; Höhe; Niveau; Ebene	
6	to **be located** [bi ləʊ'keɪtɪd]	gelegen sein	► to be in a place
7	to **tell the way** [tel ðə 'weɪ] told, told [təʊld, təʊld]	den Weg beschreiben	The farmer **told** us **the way** …
8	to **get lost** [get 'lɒst] got, got [gɒt, gɒt]	sich verlaufen	… but we **got lost** in the field.

...

9	**space** [speɪs]	Lücke; Raum; Platz	There isn't much **space** in my room.
10	**gap** [gæp]	Lücke; Spalt; Abstand	Look at the **gaps** and fill in the words.
11	**edge** [edʒ]	Rand; Kante	She sat on the **edge** of the bed.
12	**limit** ['lɪmɪt]	Begrenzung; Grenze	
13	**border** ['bɔːdə]	Grenze	► the line between two countries or areas
14	**frontier** ['frʌntɪə]	Grenze; Grenzgebiet	►► border (*Grenzgebiet zwischen Indianergebiet und Siedlungsgebiet der Weißen*)
15	**barrier** ['bæriə]	Schranke; Barriere	

...

16	to **wait** [weɪt]	warten	Don't **wait** for Jack – he's late.
17	**wait** [weɪt]	Warten; Wartezeit	We had a long **wait** for the bus.
18	to **remain** [rɪ'meɪn]	bleiben	My parents left while I **remained** at home.
19	to **stand** [stænd] stood, stood [stʊd, stʊd]	stehen; sich hinstellen	Simon **is standing** behind Katie.
20	to **queue** [kjuː]	Schlange stehen	People **queued up** outside the shop.
21	**queue** [kjuː]	Warteschlange	a long **queue** at a bus-stop
22	**line** [laɪn]	Reihe; Schlange	►► queue

...

23	to **sit** [sɪt] sat, sat [sæt, sæt]	sitzen; sich hinsetzen	The children **sat** on the floor.
24	to **lie** [laɪ] lay, lain [leɪ, leɪn]	liegen	The dog **is lying** on the sofa.
25	to **hang** [hæŋ] hung, hung [hʌŋ, hʌŋ]	hängen	An old lamp **hung** from the ceiling.
26	to **hang around** [ˌhæŋ ə'raʊnd] hung, hung [hʌŋ, hʌŋ]	herumlungern; herumhängen	► to stand around doing nothing

...

27	**top** [tɒp]	Spitze; Gipfel	► the highest point of a mountain
28	**on top of** [ɒn 'tɒp əv]	auf; über; obendrauf	
29	**upper** ['ʌpə]	obere(r, s)	►◄ lower
30	**middle** ['mɪdl]	Mitte	►► centre

31		**centre** ['sentə]	Zentrum	Piccadilly Circus is **in the centre of** London.
		AE center ['sentə]		
32		**background**	Hintergrund	**In the background of** this photo you can see some mountains.
		['bækgraʊnd]		
33		**bottom** ['bɒtəm]	Boden; Fuß (Berg)	►◄ top
34		**surface** ['sɜːfɪs]	Oberfläche	These plants float **on the surface of** the water.
35		**underwater** [ˌʌndə'wɔːtə]	Unterwasser-	an **underwater** camera
36		**front** [frʌnt]	Vorderseite	The **front** of the building was painted red.
37		**back** [bæk]	Rückseite	
38		**side** [saɪd]	Seite	Go to the other **side** of the street.
				Buchseite = page
39		**right** [raɪt]	rechts	
40		**left** [left]	links	
41		**straight on** [ˌstreɪt 'ɒn]	geradeaus	►► straight ahead
42		**straight ahead**	geradeaus	
		[ˌstreɪt ə'hed]		
43		**here** [hɪə]	hier; hierher	
44		**there** [ðeə]	dort; dorthin	
45		**over there** [ˌəʊvə 'ðeə]	dort drüben	
46		**everywhere** ['evriweə]	überall	
47		**all over** [ɔːl 'əʊvə]	überall in	
48		**around** [ə'raʊnd]	herum; umher	
49		**round** [raʊnd]	umher; um … herum	
50		**forward(s)** ['fɔːwəd(z)]	vorwärts	►◄ backwards
51		**back** [bæk]	zurück	to **come back**, to **go back**
52		**backward(s)**	rückwärts	►◄ forwards
		['bækwəd(z)]		
53		**upside down**	verkehrt herum; auf dem Kopf stehend	
		[ˌʌpsaɪd 'daʊn]		
54		to **stand on end**	hochkant stehen	
		[stænd ɒn 'end]		
		stood, stood [stʊd, stʊd]		
55		**head over heels**	kopfüber	
		[ˌhed əʊvə 'hiːlz]		
56		**to** [tə, tʊ, tuː]	zu; in Richtung	She walked **to** the office.
57		**towards** [tə'wɔːdz]	auf … zu; in Richtung; gegen	He stood up and ran **towards** her.
58		**at** [æt]	an; auf; in	They live **at** the end of the street. (*am Ende der Straße*)
59		**away** [ə'weɪ]	weg; fort	
60		**from** [frəm]	von; aus	
61		**onto** ['ɒntə]	auf … (hinauf)	The cat jumped **onto** the chair.
62		**on** [ɒn]	auf	
63		**off** [ɒf]	von … herunter; weg	

THERE

OVER THERE

HERE

UPSIDE DOWN

This way up

64	**into** [ˈɪntə]	hinein; in		INTO
65	**in** [ɪn]	in		IN
66	**inside** [ˌɪnˈsaɪd]	innen; drinnen	➤◄ outside	
67	**out (of)** [ˈaʊt əv]	hinaus		
68	**outside** [ˌaʊtˈsaɪd]	draußen	I'll wait for her **outside**.	
69	**out** [aʊt]	hinaus; heraus		
70	**outside** [ˌaʊtˈsaɪd]	außerhalb	➤◄ inside	
71	**in front of** [ɪn ˈfrʌnt əv]	vor		
72	**ahead (of)** [əˈhed əv]	voraus; vor	➤➤ before The two boys came back five minutes **ahead of** us.	
73	**at the front** [ˌət ðə ˈfrʌnt]	vorne; an vorderster Stelle		
74	**behind** [bɪˈhaɪnd]	hinter	➤◄ in front of	
75	**across** [əˈkrɒs]	über; hinüber	➤ from one side to the other	
76	**via** [ˈvaɪə]	über; via	We're flying to LA **via** London.	
77	**halfway** [ˌhɑːfˈweɪ]	auf halbem Weg; die halbe Strecke		
78	**through** [θruː]	durch		
79	**with** [wɪð, wɪθ]	mit		
80	**within** [wɪˈðɪn]	innerhalb		

> **through** = *durch*
> **thought** = *dachte*

> **WITHIN**
>
> | RAUM | = inside | The noise came from **within** the building. |
> |---|---|---|
> | ZEIT | = before the end of | I'll be back **within** an hour. |
> | ENTFERNUNG | = no further than | Most Californians live **within** 15 miles of the coast. |

81	**without** [wɪˈðaʊt]	ohne	➤◄ with
82	**above** [əˈbʌv]	oberhalb; über	The plane is flying **above** the clouds.
83	**over** [ˈəʊvə]	über	➤◄ under
84	**below** [bɪˈləʊ]	unten; unterhalb	➤◄ above
85	**under** [ˈʌndə]	unter	AMONG
86	**between** [bɪˈtwiːn]	zwischen	
87	**among** [əˈmʌŋ]	zwischen; unter	
88	**up** [ʌp]	hinauf; herauf; nach oben	
89	**way up** [weɪ ˈʌp]	hoch hinauf; hoch oben	
90	**down** [daʊn]	unten; nach unten	
91	**downhill** [ˌdaʊnˈhɪl]	bergab	
92	**uphill** [ˌʌpˈhɪl]	bergauf	
93	**upriver** [ˌʌpˈrɪvə]	flussaufwärts	BETWEEN
94	**along** [əˈlɒŋ]	entlang	They walked **along** the river …
95	**past** [pɑːst]	an … vorbei	… and then **past** an old church.
96	**up to** [ˈʌp tə]	bis zu	Read **up to** page 30.
97	**together** [təˈgeðə]	zusammen	

98	**apart** [ə'pɑːt]	getrennt; auseinander	Mike sat **apart from** the other kids.
99	**against** [ə'genst]	gegen	►◄ for
			Don't lean **against** that wall!

100	**distance** ['dɪstəns]	Entfernung	The **distance from** my flat **to** my school is one mile.
101	**near** [nɪə]	nah	►◄ far
102	**nearby** ['nɪəbaɪ]	in der Nähe	
103	**close (to)** [kləʊs]	nahe; in der Nähe von	►► near
104	**beside** [bɪ'saɪd]	neben	►► next to
105	**next to** ['nekst tə]	neben	
106	**by** [baɪ]	an; bei; neben	►► near
			Let's have a party **by** the swimming-pool.
107	**next door** [ˌnekst 'dɔː]	nebenan	My aunt lives **next door**.
108	**next** [nekst]	nächster, nächste, nächstes	It's my birthday **next** week.

109	**far** [fɑː]	weit	►◄ near
			Fürth isn't **far** from Nürnberg.
110	**further** ['fɜːðə] farther ['fɑːðə]	weiter	Two miles **further** on we came to a train station.
111	**furthest** ['fɜːðɪst] farthest ['fɑːðɪst]	am weitesten	
112	**distant** ['dɪstənt]	weit entfernt; fern	The story takes place in the **distant past**.
113	**remote** [rɪ'məʊt]	abgelegen; entlegen; fern	► far away from places where people live
114	**outlying** ['aʊtlaɪɪŋ]	abgelegen; entlegen	*Adjektiv nur vor Nomen* the **outlying** districts of London

2.2 Bewegung

1	to **move** [muːv]	(sich) bewegen; umziehen	He **moved** towards the door.
2	**movement** ['muːvmənt]	Bewegung	**eye movement**
3	**motion** ['məʊʃn]	Bewegung	
4	**motionless** ['məʊʃnləs]	regungslos; unbeweglich	► still, not moving
5	**on** [ɒn]	weiter	She worked **on** without a break.

6	**step** [step]	Stufe; Schritt	Do the project **step by step**. (*Schritt für Schritt*)
7	**destination** [ˌdestɪ'neɪʃn]	Bestimmungsort; Ziel	► the place that you are travelling to

8	to **come** [kʌm] came, come [keɪm, kʌm]	kommen	Why don't you **come** with me?
9	to **come up to** sb [ˌkʌm 'ʌp tə] came, come [keɪm, kʌm]	auf jdn zukommen	► to move towards someone

10	oncoming ['ɒnkʌmɪŋ]	aus der Gegen-richtung	oncoming cars/traffic
11	to pass [pɑːs]	vorbeigehen; vorbeifahren	►► to go by
12	to approach [ə'prəʊtʃ]	sich nähern; näher kommen	►► to come nearer to somebody/something
13	to get to ['get tə] got, got [gɒt, gɒt]	gehen zu; kommen zu	Which is the best way to get to the cinema?
14	to go [gəʊ] went, gone [went, gɒn]	gehen	Let's go! = Auf geht's!
15	to leave [liːv] left, left [left, left]	verlassen; weggehen; abfahren	►► to go away Leave me alone. = Lass mich in Ruhe.
16	departure [dɪ'pɑːtʃə]	Abfahrt; Abreise	►◄ arrival
17	to arrive [ə'raɪv]	ankommen	►◄ to leave
18	arrival [ə'raɪvl]	Ankunft	
19	to pass [pɑːs]	durchfließen; durchgehen	►► to go through
20	to reach [riːtʃ]	erreichen	► to get to a place
21	to return [rɪ'tɜːn]	zurückkehren	►► to go back, to come back
22	return [rɪ'tɜːn]	Rückkehr	
23	to enter ['entə]	eintreten (in)	►► to go in(to), to come in(to)
24	to get on [ˌget 'ɒn] got, got [gɒt, gɒt]	einsteigen	Where did you get on the train?
25	to get in [ˌget 'ɪn] got, got [gɒt, gɒt]	einsteigen (in)	Get in the car; it's time to go now.
26	to get off [ˌget 'ɒf] got, got [gɒt, gɒt]	aussteigen	I got off the train at Victoria Station.
27	to get out (of) [ˌget 'aʊt əv] got, got [gɒt, gɒt]	aussteigen; herauskommen	► to leave a place You can get out of the car now.
28	to sit down [ˌsɪt 'daʊn] sat, sat [sæt, sæt]	sich setzen	►◄ stand up
29	to get up [ˌget 'ʌp] got, got [gɒt, gɒt]	aufstehen	On Sundays she gets up at nine o'clock.
30	jump [dʒʌmp]	Sprung	
31	to jump [dʒʌmp]	springen	
32	to climb [klaɪm]	klettern	Aussprache: Stummes 'b'! He climbed out of the window.
33	to fall [fɔːl] fell, fallen [fel, 'fɔːlən]	fallen	
34	to fall off [ˌfɔːl 'ɒf] fell, fallen [fel, 'fɔːlən]	herunterfallen	He fell off the tree and hurt his foot.
35	to fall over [ˌfɔːl 'əʊvə] fell, fallen [fel, 'fɔːlən]	hinfallen; umkippen	► to fall to the ground
36	free fall [ˌfriː 'fɔːl]	freier Fall	

37	**busy** ['bɪzi]	beschäftigt; belebt	Can you help me, Rachel? – Sorry, I'm **busy**. This road is very **busy**.
38	**still** [stɪl]	ruhig	
39	**quick** [kwɪk]	schnell	You're late, Jack. Be **quick**.
40	**fast** [fɑːst]	schnell	►► quick
41	**rapid** ['ræpɪd]	schnell; rasch	
42	**slow** [sləʊ]	langsam	►◄ fast

43	**speed** [spiːd]	Geschwindigkeit	► how fast something goes
44	to **walk** [wɔːk]	gehen; wandern	
45	**walker** ['wɔːkə]	Wanderer/Wanderin	
46	**walk** [wɔːk]	Wanderung	We were tired after the long **walk** in the mountains.
47	**on foot** [ɒn 'fʊt]	zu Fuß	► to **go on foot** = to walk
48	to **step** [step]	gehen; treten	Careful! **Don't step** on my CD.
49	to **run** [rʌn] ran, run [ræn, rʌn]	laufen, rennen	He **came running** to meet her.
50	to **walk on** [ˌwɔːk 'ɒn]	weiterlaufen; weitergehen	
51	to **wander** ['wɒndə]	wandern; schlendern	► to walk around slowly
52	to **go for a walk** [gəʊ fər ə 'wɔːk] went, gone [went, gɒn]	spazieren gehen	Let's **go for a walk**.
53	to **roam** [rəʊm]	herumstreunen	► to wander aimlessly
54	**trek** [trek]	anstrengende Wanderung	► a very long walk in the mountains
55	to **march** [mɑːtʃ]	marschieren	We watched the soldiers **marching** past.
56	**march** [mɑːtʃ]	Marsch	It was a very long **march** for the soldiers.

57	to **ride** [raɪd] rode, ridden [rəʊd, 'rɪdn]	fahren	Rex can run, but he can't **ride** a bike.
58	to **swim** [swɪm] swam, swum [swæm, swʌm]	schwimmen	
59	to **cross** [krɒs]	überqueren	
60	to **race** [reɪs]	jagen; rasen	► to move very fast
61	**progress** ['prəʊgres]	Fortschritt	Most of the pupils are **making good progress**.

62	to **crawl** [krɔːl]	kriechen; krabbeln	Look! There's a spider **crawling** up the wall.
63	to **sneak** [sniːk]	schleichen	The thief **sneaked** into the house.
64	to **slide** [slaɪd] slid, slid [slɪd, slɪd]	gleiten; rutschen	

23

65 ☐	to **float** [fləʊt]	treiben; schwimmen; schweben	The empty bottle **floated** on the river.
66 ☐	to **drive** [draɪv] drove, driven [drəʊv, 'drɪvn]	fahren	Can you **drive** me to school tomorrow?
67 ☐	to **drift** [drɪft]	treiben; sich treiben lassen	No one noticed that the boat **was drifting** out to sea.
68 ☐	to **drive** [draɪv] drove, driven [drəʊv, 'drɪvn]	(an)treiben	The cowboys **drove** the cattle to the ranch.

....

69 ☐	to **cycle** ['saɪkl]	Rad fahren	➤ to go by bike
70 ☐	to **accelerate** [ək'seləreɪt]	beschleunigen	I **accelerated** to overtake the lorry.
71 ☐	to **slow down** [ˌsləʊ 'daʊn]	(sich) verlangsamen; langsamer werden	➤ to become slower, to make something slower
72 ☐	to **overtake** [ˌəʊvə'teɪk] overtook, overtaken [ˌəʊvə'tʊk, ˌəʊvə'teɪkən]	überholen	

73 ☐	to **brake** [breɪk]	bremsen	The car in front of us **braked** suddenly.

....

74 ☐	to **hurry (up)** [ˌhʌri 'ʌp]	sich beeilen	**Hurry up!** The train is coming.
75 ☐	**hurry** ['hʌri]	Eile	Take your time – there's no **hurry**.
76 ☐	**in a hurry** [ɪn ə 'hʌri]	in Eile	➤➤ very quickly
77 ☐	to **rush** [rʌʃ]	fließen; stürzen; eilen; hetzen	They heard the sound of **rushing** water. We've got a lot of time. There's no need to **rush**.
78 ☐	**rush** [rʌʃ]	Eile	to be **in a rush**
79 ☐	to **follow** ['fɒləʊ]	folgen	➤ to come or go after someone
80 ☐	to **chase** [tʃeɪs]	verfolgen	➤ to run after somebody or something to catch them
81 ☐	to **escape** [ɪ'skeɪp]	flüchten; entkommen	The budgie **escaped from** the cage.
82 ☐	**escape** [ɪ'skeɪp]	Flucht	
83 ☐	to **flee** [fliː] fled, fled [fled, fled]	fliehen; flüchten	They were forced to **flee from** their homeland.

....

84 ☐	to **put** [pʊt] put, put [pʊt, pʊt]	setzen; stellen; legen	**Put** the hamster on the table, please.
85 ☐	to **lay** [leɪ] laid, laid [leɪd, leɪd]	legen; verlegen	She **laid** the letter **on** the chair. Can you **lay the table**, please? (*den Tisch decken*)

....

86 ☐	to **fetch** [fetʃ]	holen	➤ to go and get something
87 ☐	to **get** [get] got, got [gɒt, gɒt]	holen	

88	to **bring** [brɪŋ] brought, brought [brɔːt, brɔːt]	bringen; herbringen	Could you **bring** me some sugar, please?
89	to **take** [teɪk] took, taken [tʊk, 'teɪkən]	nehmen; bringen; wegbringen	✕ give **Take** away this plate, please, and **bring** me a coke.
90	to **take out** [ˌteɪk 'aʊt] took, taken [tʊk, 'teɪkən]	herausnehmen; herausziehen	

91	to **raise** [reɪz]	heben; hochheben	He **raised** his head to look at her.
92	to **lift** [lɪft]	hochheben	Can you **lift** this chair, please?
93	to **lower** ['ləʊə]	sinken lassen; (sich) senken	✕ raise
94	to **drop** [drɒp]	fallen lassen; fallen	Be careful! **Don't drop** the glasses!

95	to **carry** ['kæri]	tragen

TRAGEN (Gegenstand)	He**'s carrying** a heavy box.
TRAGEN (Kleidung)	The policeman **is wearing** a uniform.

96	to **lead** [liːd] led, led [led, led]	führen; leiten	The teacher **led** the pupils into the classroom. They **lead** a very busy life.

PULL

PUSH

97	to **pull** [pʊl]	ziehen
98	to **push** [pʊʃ]	schieben; anrempeln

99	to **turn** [tɜːn]	drehen	
100	to **twist** [twɪst]	sich winden; biegen; verdrehen	Can you **twist** the wire to form a circle?
101	to **bend** [bend] bent, bent [bent, bent]	biegen; sich bücken	She **bent** down to put on her shoes.
102	to **kneel** [niːl] knelt, knelt [nelt, nelt]	knien	➤ to go down on one's knees
103	to **lean** [liːn] leant/leaned, leant/leaned [lent, liːnd]	sich lehnen	She **leant against** the door.
104	to **shake** [ʃeɪk] shook, shaken [ʃʊk, 'ʃeɪkən]	schütteln; zittern	The water was so cold, we were all **shaking**.
105	to **wave** [weɪv]	winken	Why did you **wave** at her?
106	to **wave around** [ˌweɪv ə'raʊnd]	schwenken; herumfuchteln	

107	to **swing** [swɪŋ] swung, swung [swʌŋ, swʌŋ]	schwingen	

108	to **flow** [fləʊ]	fließen	Blood **flowed** from a wound on her head.
109	to **spill** [spɪl] spilt/spilled, spilt/spilled [spɪlt, spɪld]	verschütten; vergießen	Don't spill tea on your shirt.
110	to **spray** [spreɪ]	(be)sprühen	Someone **had sprayed** graffiti on the walls.
111	**spray** [spreɪ]	Sprühnebel; Spray	Look at the **spray** from the waterfall.
112	to **spread** [spred] spread, spread [spred, spred]	(sich) verbreiten; (sich) ausbreiten	The fire **spread** very rapidly.

Arten der Wortbildung

➤ *Es gibt im Wesentlichen vier Möglichkeiten, aus bekannten Wörtern neue zu bilden:*

happy	→ **unhappy**	*Hinzufügen von* **Vorsilben**
walk	→ **walker**	*Hinzufügen von* **Nachsilben**
post, man	→ **postman**	**Zusammensetzung**
tidy (*Adj*)	→ **to** tidy (*Verb*)	*Übergang in eine andere Wortart ohne Veränderung* (**Konversion**)

➤ *Oft wirken mehrere Wortbildungstypen zusammen:*

friend	(**Grundwort**)
friend**ly**	(*Grundwort* + **Nachsilbe**)
unfriendly	(**Vorsilbe** + *Grundwort* + *Nachsilbe*)
unfriendli**ness**	(*Vorsilbe* + *Grundwort* + *Nachsilbe* + **Nachsilbe**)
ball	(**Grundwort**)
football	(**Zusammensetzung**)
football**er**	(*Zusammensetzung* + **Nachsilbe**)

3 Natur

3.1 Weltall und Erde

1	**universe** ['juːnɪvɜːs]	Universum; Weltall	➤ everything that exists
2	**universal** [ˌjuːnɪ'vɜːsl]	allgemein; universal	➤ existing everywhere
3	**space** [speɪs]	Weltraum; Raum	They flew through **space** to the moon.
4	**planet** ['plænɪt]	Planet	Earth, Venus and Mars are **planets**.
5	**galaxy** ['gæləksi]	Sternsystem	➤ one of the groups of stars in the universe
6	**hyperspace** ['haɪpəspeɪs]	Hyperraum	

7	**world** [wɜːld]	Welt	Los Angeles is one of the largest cities **in the world**.
8	**worldwide** ['wɜːldwaɪd]	weltweit; global	➤➤ global
9	**globe** [gləʊb]	Kugel; Erdball; Globus	
10	**global** ['gləʊbl]	weltweit; global	➤➤ worldwide
11	**global warming** [ˌgləʊbl 'wɔːmɪŋ]	Erwärmung der Erdatmosphäre	

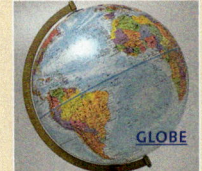

GLOBE

12	**sun** [sʌn]	Sonne	The **sun** rises in the east and sets in the west.
13	**moon** [muːn]	Mond	The **moon** moves round the earth.
14	**moonlight** ['muːnlaɪt]	Mondschein	
15	**star** [stɑː]	Stern	At night you can often see **stars** in the sky.
16	**solar** ['səʊlə]	Sonnen-; Solar-	a **solar** cell, **solar** heating
17	**solar panel** [ˌsəʊlə 'pænl]	Sonnenkollektor	
18	**asteroid** ['æstərɔɪd]	Asteroid	➤ a small planet which goes round the sun
19	**solar system** ['səʊlə sɪstəm]	Sonnensystem	➤ the sun and all the planets that move around it
20	**galactic** [gə'læktɪk]	galaktisch	inter-**galactic** travel
21	**satellite** ['sætəlaɪt]	Satellit	Last week the US launched a new **weather satellite**.
22	**earth** [ɜːθ]	Erde	➤ the world we live in
23	**orbit** ['ɔːbɪt]	Umlaufbahn	They put the spacecraft into **orbit**.
24	**to orbit** ['ɔːbɪt]	umkreisen	The earth takes a year to **orbit** the sun.
25	**observatory** [əb'zɜːvətri]	Sternwarte; Observatorium	➤ a building where you can watch the sun, the stars, etc
26	**telescope** ['telɪskəʊp]	Teleskop	

27	**zone** [zəʊn]	Zone; Bereich	➤➤ area
28	**direction** [də'rekʃn]	Richtung	to **ask for directions** = *nach dem Weg fragen*
29	**north** [nɔːθ]	Norden	
30	**south** [saʊθ]	Süden	
31	**east** [iːst]	Osten	
32	**west** [west]	Westen	
33	**northern** ['nɔːðən]	nördlich; Nord-	
34	**southern** ['sʌðən]	südlich; Süd-	

Aussprache!

35	☐	**eastern** ['iːstən]	östlich; Ost-	
36	☐	**western** ['westən]	westlich; West-	
37	☐	**eastward(s)** ['iːstwəd(z)]	ostwärts; nach Osten	➤ towards the east
38	☐	**westward(s)** ['westwəd(z)]	westwärts; nach Westen	The plane turned **westwards**.

• •

39	☐	**geography** [dʒi'ɒɡrəfi]	Geografie	➤ the study of the earth, its mountains, rivers, etc
40	☐	**map** [mæp]	Landkarte	He looked at the **map** to find his way.
41	☐	**nature** ['neɪtʃə]	Natur	No article: **Nature** is the mother of life.
42	☐	**natural** ['nætʃrəl]	natürlich; naturgegeben	
43	☐	**scenery** ['siːnəri]	(schöne) Landschaft	the spectacular **mountain scenery**
44	☐	**seaside** ['siːsaɪd]	(Meeres-)Küste	**at the seaside**

• •

45	☐	**land** [lænd]	Land	➤ the dry part of the earth
46	☐	**landscape** ['lændskeɪp]	Landschaft	➤ a large area of countryside
47	☐	**countryside** ['kʌntrisaɪd]	Landschaft	➤ land that is outside cities and towns
48	☐	**continent** ['kɒntɪnənt]	Erdteil; Kontinent	Africa is a **continent**.
49	☐	**transcontinental** [ˌtrænz̩kɒntɪ'nentl]	transkontinental	
50	☐	**mainland** ['meɪnlænd]	Festland	There's a ferry service between the islands and the **mainland**.
51	☐	**territory** ['terətri]	Gebiet	➤ land that belongs to one government
52	☐	**island** ['aɪlənd]	Insel	

• •

BEACH
COAST
SEA / OCEAN

53	☐	**sea** [siː]	Meer; die See	
54	☐	**ocean** ['əʊʃn]	Meer; Ozean	
55	☐	**tide** [taɪd]	Gezeiten	
56	☐	**tidal** ['taɪdl]	Gezeiten-	
57	☐	**pool** [puːl]	Teich; Pfütze; Lache	
58	☐	**lake** [leɪk]	See	
59	☐	**pond** [pɒnd]	Teich	
60	☐	**gulf** [gʌlf]	Golf	
61	☐	**North Sea** [ˌnɔːθ 'siː]	Nordsee	
62	☐	**the Channel** [ðə 'tʃænl]	Ärmelkanal	➤ the name of the sea between England and France
63	☐	**iceberg** ['aɪsbɜːg]	Eisberg	
64	☐	**canal** [kə'næl]	Kanal	the Panama **Canal**, the Suez **Canal**
65	☐	**dam** [dæm]	(Stau-)Damm	
66	☐	**ditch** [dɪtʃ]	Graben	
67	☐	**bay** [beɪ]	Bucht; Bai	
68	☐	**wave** [weɪv]	Welle; Woge	We heard the sound of the **waves**.
69	☐	**coast** [kəʊst]	Küste	We spent the day in a village on the west **coast** of Ireland.
70	☐	**shore** [ʃɔː]	Strand; Ufer	➤ land by the sea or a lake
71	☐	**ashore** [ə'ʃɔː]	am Ufer; ans Ufer	We swam **ashore**.
72	☐	**beach** [biːtʃ]	Strand	They met **at the beach**. She lay **on the beach**.

73	river ['rɪvə]	Fluss; Strom	The Rhine is a **river** in Germany.
74	white water [ˌwaɪt 'wɔːtə]	Wildwasser	
75	waterfall ['wɔːtəfɔːl]	Wasserfall	
76	spring [sprɪŋ]	Quelle	a **hot spring**, **spring water**
77	source [sɔːs]	Quelle; Ursprung	➤ the place where a river starts
78	geyser ['giːzə]	Geysir; Geiser	➤ a natural spring of hot water
79	stream [striːm]	Bach	➤ a small river
80	bank [bæŋk]	Ufer	We walked along the **river bank**.
81	mouth [maʊθ]	Mündung	
82	reservoir ['rezəvwɑː]	Stausee; Reservoir	
83	to irrigate ['ɪrɪgeit]	bewässern	

> bank = Ufer (Fluss, See); Bank (Geld)
>
> Bank = bench

84	formation [fɔː'meɪʃn]	Bildung; Formation	rock **formations**
85	hill [hɪl]	Hügel	A **hill** isn't as high as a mountain.
86	mountain ['maʊntən]	Berg	The highest **mountain** in the world is Mount Everest.
87	top [tɒp]	Spitze; Gipfel	➤ the highest point of a mountain
88	ridge [rɪdʒ]	Bergkamm; Grat	
89	peak [piːk]	Spitze	
90	sierra [si'erə]	Sierra (Gebirgskette)	
91	ravine [rə'viːn]	Schlucht	
92	canyon ['kænjən]	Cañon	
93	glacier ['glæsiə]	Gletscher	
94	slope [sləʊp]	Gefälle; Hang	There was a **dangerous slope** up to the castle.
95	cliff [klɪf]	Kliff; Klippe	**high/steep cliffs**, the white **cliffs** of Dover
96	steep [stiːp]	steil	We had to walk up a **steep hill**.
97	hole [həʊl]	Loch	He **dug a hole** and planted a bush.
98	pothole ['pɒthəʊl]	Höhle	
99	cave [keɪv]	Höhle	They explored the small **caves** along the beach.
100	claypit ['kleɪpɪt]	Tongrube	

101	valley ['væli]	Tal	➤◄ mountain
102	prairie ['preəri]	Prairie; Grassteppe	
103	outback ['aʊtbæk]	australisches Hinterland	➤ the Australian countryside far away from cities
104	desert ['dezət]	Wüste	The Sahara is a **desert** in Africa.
105	oasis [əʊ'eɪsɪs]	Oase	➤ a place with water and trees in a desert
106	the Highlands [ðə 'haɪləndz]	Hochland	➤ the mountain area in Scotland
107	moor [mʊə]	Heide, Hochmoor	
108	wood/woods [wʊdz]	Wald	➤ a small forest
109	forest ['fɒrɪst]	Wald; Forst	He got lost in the **forest**.
110	clearing ['klɪərɪŋ]	Lichtung	

Photo labels: PEAK, RIDGE, MOUNTAIN, GLACIER, SLOPE

111	**nature reserve** ['neɪtʃə rɪzɜːv]	Naturschutzgebiet	➤ land where all plants and animals are protected
112	**reservation** [ˌrezə'veɪʃn]	Reservat	an **Indian reservation**
113	**jungle** ['dʒʌŋgl]	Dschungel	➤ a large tropical forest
114	**rainforest** ['reɪnfɒrɪst]	Regenwald	the Amazon **rainforest**
115	**swampland** ['swɒmplənd]	Sumpfgebiet	➤ soft, wet land
116	**the tropics** [ðə 'trɒpɪks]	die Tropen	➤ the hottest and wettest area of the earth
117	**tropical** ['trɒpɪkl]	tropisch	the **tropical rainforest**
118	**earthquake** ['ɜːθkweɪk]	Erdbeben	An **earthquake** destroyed the city.
119	**avalanche** ['ævəlɑːnʃ]	Lawine	They died in an **avalanche**.
120	**disaster** [dɪ'zɑːstə]	Katastrophe	Fires and hurricanes are **disasters**.
121	**environment** [ɪn'vaɪrənmənt]	Umwelt	We must protect the **environment**.
122	**environmental** [ɪnˌvaɪrən'mentl]	Umwelt-	**environmentally** friendly = *umweltfreundlich*
123	**to pollute** [pə'luːt]	verschmutzen	➤ to make the air, water or land unsafe or dangerous
124	**pollution** [pə'luːʃn]	(Umwelt-) Verschmutzung	**air/water pollution**

3.2 Wetter

1	**weather** ['weðə]	Wetter	The **weather** is nice today. It's hot.
2	**forecast** ['fɔːkɑːst]	Vorhersage	Here's the **forecast** for tomorrow: rain in the South …
3	**to forecast** ['fɔːkɑːst] forecast/forecasted, forecast/forecasted ['fɔːkɑːst, 'fɔːkɑːstɪd]	voraussagen; vorhersehen	➤ to say what you think will happen in the future
4	**climate** ['klaɪmət]	Klima	Italy has a wonderful **climate**.
5	**temperature** ['temprətʃə]	Temperatur	The living-room had a **temperature** of 22°C.
6	**degree** [dɪ'griː]	Grad	Water boils at 100 **degrees** C.
7	**sky** [skaɪ]	Himmel	There wasn't a cloud **in the sky**.
8	**air** [eə]	Luft	Let's go out into the **fresh air**.
9	**atmosphere** ['ætməsfɪə]	Atmosphäre	➤ the gases around the earth
10	**ozone** ['əʊzəʊn]	Ozon	the **ozone layer** = *die Ozonschicht*
11	**cloud** [klaʊd]	Wolke	Look at the dark **clouds**. It's going to rain.
12	**cloudy** ['klaʊdi]	wolkig; bewölkt	➤ with a lot of clouds
13	**fog** [fɒg]	Nebel	We couldn't see the tree opposite because of the **fog**.
14	**foggy** ['fɒgi]	neblig	➤ with fog
15	**haze** [heɪz]	Dunst	
16	**smog** [smɒg]	Smog	➤ a mixture of smoke, gas and chemicals

17	to **rain** [reɪn]	regnen	Look, it**'s raining**. We can't go out. We were standing in the **pouring rain**.
18	to **pour** [pɔː]	gießen; sich ergießen	
19	**rain** [reɪn]	Regen	Look at the **rain**. Don't forget your umbrella.
20	**acid rain** [ˌæsɪd 'reɪn]	saurer Regen	**Acid rain** damages plants, trees and rivers.
21	**monsoon** [ˌmɒn'suːn]	Monsun	
22	**rainy** ['reɪni]	regnerisch	a **rainy** day
23	**rainbow** ['reɪnbəʊ]	Regenbogen	

RAINBOW

| 24 | **shower** ['ʃaʊə] | Regenschauer | Yesterday it was sunny with one or two **showers**. |

25	**snow** [snəʊ]	Schnee	The streets were covered with **snow**.
26	to **snow** [snəʊ]	schneien	It often **snows** in Alaska in winter.
27	**slush** [slʌʃ]	Schneematsch	
28	**snowstorm** ['snəʊstɔːm]	Schneesturm	
29	**blizzard** ['blɪzəd]	heftiger Schneesturm	➤ a snowstorm with strong winds They got stuck in a **blizzard** for several hours.
30	**snowflake** ['snəʊfleɪk]	Schneeflocke	
31	**snow bank** ['snəʊ bæŋk]	Schneeverwehung	
32	**ice** [aɪs]	Eis	

| ice | = Eis |
| ice-cream | = (Speise-)Eis |

33	**icy** ['aɪsi]	eisig	➤➤ very cold; covered with ice
34	to **freeze** [friːz] froze, frozen [frəʊz, 'frəʊzn]	frieren; gefrieren	Water **freezes** at 0°C.
35	to **melt** [melt]	schmelzen	The snow usually **melts** in spring.

36	**wind** [wɪnd]	Wind	
37	**windy** ['wɪndi]	windig	
38	**stormy** ['stɔːmi]	stürmisch	
39	to **blow** [bləʊ] blew, blown [bluː, bləʊn]	blasen; wehen	

SUNNY
STORMY
RAINY
CLOUDY
FOGGY
WINDY
HALLO

40	**breeze** [briːz]	Brise	
41	**storm** [stɔːm]	Sturm	
42	**thunder** ['θʌndə]	Donner	
43	**lightning** ['laɪtnɪŋ]	Blitz; Blitzschlag	Some people are afraid of **thunder and lightning**.
44	**thunderstorm** ['θʌndəstɔːm]	Gewitter	
45	**hurricane** ['hʌrɪkən]	Wirbelsturm	➤ a violent storm with very strong winds
46	**flood** [flʌd]	Flut; Überschwemmung	The heavy rain has caused **floods** in the South.

| 47 | ☐ to **flood** [flʌd] | überfluten | The river **flooded** some homes. |
| 48 | ☐ to **drown** [draʊn] | ertrinken; über- schwemmt werden | Two children **drowned** after falling into the river. |

49	☐ **scale** [skeɪl]	Maßstab	the **Centigrade/Fahrenheit scale**
50	☐ **hot** [hɒt]	heiß	It's sometimes very **hot** in Spain in summer.
51	☐ **heat** [hiːt]	Hitze	The **heat** was so strong that we stayed inside all day.
52	☐ to **heat** [hiːt]	erhitzen; heizen	➤ to make something warm(er)
53	☐ **warm** [wɔːm]	warm	➤◄ cold
54	☐ to **warm** [wɔːm]	warm werden; (sich) erwärmen	➤ to make something warm(er), to become warm(er)
55	☐ **cold** [kəʊld]	kalt	➤◄ hot
56	☐ **cool** [kuːl]	kühl	a **cool** place/evening/day, **cool** water/air
57	☐ to **cool down** [ˌkuːl ˈdaʊn]	(sich) abkühlen; sich beruhigen	➤ to become less hot; to make something less hot
58	☐ **freezing** [ˈfriːzɪŋ]	kalt; frierend	➤➤ very cold
59	☐ **frozen** [ˈfrəʊzn]	gefroren; tiefgefroren	They skated over the **frozen** pond.

60	☐ **fine** [faɪn]	gut; schön	➤ sunny and dry
61	☐ **sunny** [ˈsʌni]	sonnig	
62	☐ **wet** [wet]	nass; feucht	➤◄ dry
63	☐ **humid** [ˈhjuːmɪd]	feucht	Florida is hot and **humid** in the summer.
64	☐ **temperate** [ˈtempərət]	gemäßigt	a **temperate** climate
65	☐ **inhospitable** [ˌɪnhɒˈspɪtəbl]	unwirtlich	an **inhospitable** climate/region
66	☐ **dry** [draɪ]	trocken	➤◄ wet

3.3 Licht und Farbe

1	☐ **light** [laɪt]	Licht	The sun gives us **light**.
2	☐ **darkness** [ˈdɑːknəs]	Dunkelheit; Finsternis	I switched off the light and the room was in **darkness**.
3	☐ **shadow** [ˈʃædəʊ]	Schatten(bild)	The **shadows** became longer in the evening.
4	☐ **shade** [ʃeɪd]	Schatten	They preferred to sit **in the shade of** the tree.
5	☐ **sunshine** [ˈsʌnʃaɪn]	Sonnenschein	➤ the light of the sun
6	☐ **daylight** [ˈdeɪlaɪt]	Tageslicht	Some animals are shy and don't come out in **daylight**.

7	☐ to **shine** [ʃaɪn] shone, shone [ʃɒn, ʃɒn]	glänzen; scheinen	A light **was shining** near the forest.
8	☐ **bright** [braɪt]	hell; strahlend; klar	It was a **bright**, sunny day.
9	☐ **illuminated** [ɪˈluːmɪneɪtɪd]	beleuchtet	➤ lit with bright lights
10	☐ **flashing** [ˈflæʃɪŋ]	blinkend; blitzend	We saw the **flashing** lights of a police car.
11	☐ **sparkling** [ˈspɑːklɪŋ]	funkelnd; glänzend	a **sparkling** lake

12	**dark** [dɑːk]	dunkel	➤ with no or not much light
13	**clear** [klɪə]	klar	➤ easy to see (through)
14	**dull** [dʌl]	matt; stumpf	➤◄ bright

15	**colour** ['kʌlə] *AE* color ['kʌlə]	Farbe	**What colour is** his new car? – It's red. He bought a can of white **paint**.
16	**paint** [peɪnt]	Farbe	
17	**to colour** ['kʌlə] *AE* to color ['kʌlə]	ausmalen; kolorieren	
18	**coloured** ['kʌləd] *AE* colored ['kʌləd]	farbig	
19	**to dye** [daɪ]	färben	My sister **dyed her hair** pink.

20	**red** [red]	rot	
21	**pink** [pɪŋk]	rosarot	
22	**yellow** ['jeləʊ]	gelb	
23	**orange** ['ɒrɪndʒ]	orange	
24	**electric-orange** [ɪˌlektrɪk 'ɒrɪndʒ]	signalorange	
25	**blue** [bluː]	blau	
26	**purple** ['pɜːpl]	purpurrot	
27	**green** [griːn]	grün	
28	**brown** [braʊn]	braun	
29	**white** [waɪt]	weiß	
30	**black** [blæk]	schwarz	
31	**grey** [greɪ] *AE* gray [greɪ]	grau	
32	**light blue/red/…** [ˌlaɪt …]	hellblau/hellrot/…	
33	**colourful** ['kʌləfl] *AE* colorful ['kʌləfl]	farbenfroh; farbig	➤ with a lot of different colours

3.4 Tiere

1	**animal** ['ænɪml]	Tier	**wild/farm animals**
2	**beast** [biːst]	Tier	➤ a big animal with four feet
3	**monkey** ['mʌŋki]	Affe	
4	**gorilla** [gə'rɪlə]	Gorilla	

5	**horse** [hɔːs]	Pferd	HORSE TAIL SADDLE FORELEG
6	**saddle** ['sædl]	Sattel	
7	**foreleg** ['fɔːleg]	Vorderbein	
8	**tail** [teɪl]	Schwanz	
9	**pony** ['pəʊni]	Pony	
10	**donkey** ['dɒŋki]	Esel	
11	**mule** [mjuːl]	Maultier; Maulesel	
12	**zebra** ['zebrə]	Zebra	
13	**stripe** [straɪp]	Streifen	

14	**cow** [kaʊ]	Kuh
15	**bull** [bʊl]	Bulle; Stier

16	**calf** [kɑːf]	Kalb	
	pl calves [kɑːvz]		
17	**cattle** *pl* [ˈkætl]	Vieh; Rinder	Cows and bulls are **cattle**.
18	**ox** [ɒks]	Ochse	
	pl oxen [ˈɒksn]		
19	**buffalo** [ˈbʌfələʊ]	Bison; Büffel	
	pl buffalo, buffaloes		
20	**yak** [jæk]	Yak (tibetanischer Ochse)	

YAK

21	**sheep** [ʃiːp]	Schaf	
	pl sheep [ʃiːp]		
22	**lamb** [læm]	Lamm	
23	**goat** [gəʊt]	Ziege	
24	**pig** [pɪg]	Schwein	

25	**cat** [kæt]	Katze	
26	to **purr** [pɜː]	schnurren (Katze)	
27	**rabbit** [ˈræbɪt]	Kaninchen	
28	**hutch** [hʌtʃ]	Kaninchenstall	
29	**rabbit hole** [ˈræbɪt həʊl]	Kaninchenbau	

BUFFALO

30	**dog** [dɒg]	Hund	
31	**sheepdog** [ˈʃiːpdɒg]	Hütehund	
32	**bitch** [bɪtʃ]	Hündin	
33	to **bark** [bɑːk]	bellen	He heard a dog **bark**.
34	to **wag** [wæg]	wedeln	The dog **wagged** its **tail**.
35	to **bite** [baɪt]	beißen	Yesterday a dog **bit** my finger.
	bit, bitten [bɪt, ˈbɪtn]		
36	**wolf** [wʊlf]	Wolf	
	pl wolves [wʊlvz]		
37	**fox** [fɒks]	Fuchs	**Foxes** can **spread** …
38	**rabies** [ˈreɪbiːz]	Tollwut	… **rabies**, a dangerous disease.

39	**badger** [ˈbædʒə]	Dachs	
40	**hamster** [ˈhæmstə]	Hamster	
41	**mouse** [maʊs]	Maus	
	pl mice [maɪs]		
42	**mousetrap** [ˈmaʊstræp]	Mausefalle	
43	**rat** [ræt]	Ratte	
44	**hedgehog** [ˈhedʒhɒg]	Igel	

hamster   rat   hedgehog

45	**deer** [dɪə]	Reh; Hirsch	
	pl deer		
46	**bear** [beə]	Bär	
47	**koala bear** [kəʊˈɑːlə beə]	Koalabär	
48	**grizzly bear** [ˈgrɪzli beə]	Grizzlybär	

49	**elephant** [ˈelɪfənt]	Elefant	
50	**lion** [ˈlaɪən]	Löwe	
51	**tiger** [ˈtaɪgə]	Tiger	

TIGER

52	☐ **fish** [fɪʃ]	Fisch
	pl fish	
53	☐ **goldfish** ['gəʊldfɪʃ]	Goldfisch
54	☐ **shark** [ʃɑːk]	Hai
55	☐ **seal** [siːl]	Robbe; Seehund
56	☐ **whale** [weɪl]	Wal
57	☐ **manatee** ['mænətiː]	Seekuh
58	☐ **flipper** ['flɪpə]	Flosse; Schwimmflosse

We noticed some **fish** in the water.

a **killer whale**

• •

| 59 | ☐ **bird** [bɜːd] | Vogel |
| 60 | ☐ to **twitter** ['twɪtə] | zwitschern |

Most **birds** can fly.
When **birds twitter** they make short high sounds.

61	☐ to **fly** [flaɪ]	fliegen
	flew, flown [fluː, fləʊn]	
62	☐ **wing** [wɪŋ]	Flügel
63	☐ **nest** [nest]	Nest
64	☐ **cage** [keɪdʒ]	Käfig
65	☐ **hen** [hen]	Henne; Huhn
66	☐ **chicken** ['tʃɪkɪn]	Huhn
67	☐ **duck** [dʌk]	Ente
68	☐ **goose** [guːs]	Gans
	pl geese [giːs]	
69	☐ **turkey** ['tɜːki]	Truthahn
70	☐ **grouse** [graʊs]	Moorhuhn
71	☐ **swallow** ['swɒləʊ]	Schwalbe
72	☐ **raven** ['reɪvn]	Rabe
73	☐ **eagle** ['iːgl]	Adler
74	☐ **owl** [aʊl]	Eule
75	☐ **budgie** ['bʌdʒi]	Wellensittich
76	☐ **parrot** ['pærət]	Papagei
77	☐ **kiwi** ['kiːwiː]	Kiwi (Vogel in Neuseeland)

BIRD
NEST
WING

• •

78	☐ **bat** [bæt]	Fledermaus
79	☐ **platypus** ['plætɪpəs]	Schnabeltier
80	☐ **wombat** ['wɒmbæt]	Wombat (Beuteltier)
81	☐ **kangaroo** [ˌkæŋgə'ruː]	Känguru

WOMBAT

• •

82	☐ **reptile** ['reptaɪl]	Reptil
83	☐ **crocodile** ['krɒkədaɪl]	Krokodil
84	☐ **alligator** ['ælɪgeɪtə]	Alligator
85	☐ **snake** [sneɪk]	Schlange
86	☐ **rattlesnake** ['rætlsneɪk]	Klapperschlange
87	☐ **rattler** *slang* ['rætlə]	Klapperschlange
88	☐ **frog** [frɒg]	Frosch
89	☐ **lizard** ['lɪzəd]	Eidechse

SNAKE = *Schlange*

QUEUE = *Schlange*

• •

90	☐ **insect** ['ɪnsekt]	Insekt
91	☐ **ant** [ænt]	Ameise
92	☐ **spider** ['spaɪdə]	Spinne
93	☐ **fly** [flaɪ]	Fliege

Ants, bees and beetles are **insects**.

3 NATUR

94	bee [biː]	Biene	
95	beetle ['biːtl]	Käfer	
96	locust ['ləʊkəst]	(Wander-) Heuschrecke	Large groups of **locusts** often destroy the plants and crops of an area.
97	flea [fliː]	Floh	

'BEETLE'

98	wildlife ['waɪldlaɪf]	Tierwelt	We watched a documentary on African **wildlife**.
99	wild [waɪld]	wild; ungezügelt	►◄ tame
100	tame [teɪm]	zahm	
101	habitat ['hæbɪtæt]	Lebensraum	
102	zoo [zuː]	Zoo; Tierpark	► an area in which wild animals are kept so that people can look at them
103	keeper ['kiːpə]	Aufseher/in; Wärter/in	
104	pet [pet]	Haustier	A dog is a nice **pet**.
105	dinosaur ['daɪnəsɔː]	Dinosaurier	'Jurassic Park' is a film about **dinosaurs**.
106	monster ['mɒnstə]	Ungeheuer; Scheusal; Monster	His dog is an absolute **monster**.
107	natural history [ˌnætʃrəl 'hɪstri]	Naturkunde; Naturgeschichte	► the study of animals and plants

3.5 Pflanzen

1	plant [plɑːnt]	Pflanze	Trees and bushes are **plants**.
2	branch [brɑːntʃ]	Zweig; Ast	
3	bush [bʊʃ]	Busch; Strauch	
4	hedge [hedʒ]	Hecke	
5	flower ['flaʊə]	Blume	
6	stalk [stɔːk]	Stängel; Stiel	
7	to bloom [bluːm]	blühen	
8	rose [rəʊz]	Rose	
9	violet ['vaɪələt]	Veilchen	
10	tree [triː]	Baum	
11	tree-lined ['triːlaɪnd]	baumbestanden	
12	to fell [fel]	fällen (Baum)	
13	to cut down [ˌkʌt 'daʊn] cut, cut [kʌt, kʌt]	niederschlagen; fällen	
14	leaf [liːf] pl leaves [liːvz]	Blatt	
15	bamboo [ˌbæm'buː]	Bambus	
16	palm (tree) ['pɑːm triː]	Palme	
17	coconut ['kəʊkənʌt]	Kokosnuss	
18	redwood ['redwʊd]	Mammutbaum	
19	maple ['meɪpl]	Ahorn	
20	pine cone ['paɪn kəʊn]	Kiefernzapfen	

HEDGE   TREE   BRANCH

BUSH

21	**fruit** [fruːt]	Frucht; Obst	Oranges, apples, pears and bananas are all different kinds of **fruit**.
22	**apple** ['æpl]	Apfel	
23	**pear** [peə]	Birne	*Aussprache!*
24	**orange** ['ɒrɪndʒ]	Orange; Apfelsine	
25	**peel** [piːl]	Schale	**orange/potato peel**
26	**grapefruit** ['greɪpfruːt]	Grapefruit	
27	**lemon** ['lemən]	Zitrone	
28	**banana** [bə'nɑːnə]	Banane	
29	**kiwi** ['kiːwiː]	Kiwifrucht	
30	**mango** ['mæŋgəʊ] *pl* mangoes	Mango	
31	**grape** [greɪp]	Traube	
32	**berry** ['beri]	Beere	
33	**strawberry** ['strɔːbəri]	Erdbeere	
34	**blackberry** ['blækbəri]	Brombeere	

35	**vegetable** ['vedʒtəbl]	Gemüse	Potatoes and beans are **vegetables**.
36	**potato** [pə'teɪtəʊ] *pl* potatoes [pə'teɪtəʊz]	Kartoffel	**boiled/roast/fried potatoes**
37	**tomato** [tə'mɑːtəʊ] *pl* tomatoes [tə'mɑːtəʊz]	Tomate	
38	**cabbage** ['kæbɪdʒ]	Kohl(kopf)	
39	**bean** [biːn]	Bohne	
40	**mushroom** ['mʌʃrʊm]	Pilz	
41	**olive** ['ɒlɪv]	Olive	

42	**nut** [nʌt]	Nuss	
43	**peanut** ['piːnʌt]	Erdnuss	

44	**grass** [grɑːs]	Gras	Rabbits eat **grass**.
45	**harvest** ['hɑːvɪst]	Ernte	
46	**crop** [krɒp]	Feldfrüchte; Ernte	➤ plants that farmers grow and sell
47	**wheat** [wiːt]	Weizen	
48	**rice** [raɪs]	Reis	**Rice** is eaten by lots of people all over the world.
49	**corn** [kɔːn]	Mais	

50	**greenhouse** ['griːnhaʊs]	Gewächshaus	She grows tomatoes in her **greenhouse**. **greenhouse effect** = *Treibhauseffekt*
51	**biome** [baɪ'əʊm]	Biotop; Lebensraum; Biom	Deserts and forests are examples of **biomes**.

4 Umwelt

1	**transport** [ˈtrænspɔːt]	Transport; Beförderung	the **transport** of goods
2	to **transport** [trænsˈpɔːt]	transportieren; befördern	The new cars were **transported** by train.
3	**traffic** [ˈtræfɪk]	Verkehr	There was **heavy traffic** on the road.
4	**route** [ruːt]	Route; Strecke	➤ the way from one place to another
5	**transit** [ˈtrænzɪt]	Transit; Durchfahrt	
6	**off-road** [ˌɒfˈrəʊd]	abseits der Straße; Offroad-	

by car/bus/train/plane
aber
on foot

7	**by** [baɪ]	mit	
8	**vehicle** [ˈviːəkl]	Fahrzeug	Road **vehicles** include cars, buses and trucks.
9	**car** BE [kɑː]	Auto; Automobil	Did you come **by car**?
10	**automobile** AE [ˈɔːtəməbiːl]	Auto; Automobil	
11	**limousine** [ˈlɪməziːn]	Limousine	
12	**sports car** [ˈspɔːts kɑː]	Sportwagen	
13	**jeep** [dʒiːp]	Jeep	
14	**vintage car** [ˌvɪntɪdʒ ˈkɑː]	Oldtimer	
15	**cart** [kɑːt]	Wagen; Karren	
16	**stagecoach** [ˈsteɪdʒkəʊtʃ]	Postkutsche	

17	**brake** [breɪk]	Bremse	
18	**gear** [gɪə]	Gang	They drove along **in first gear**.
19	**horn** [hɔːn]	Hupe; Horn	to **sound** your **horn** = *hupen*
20	**steering wheel** [ˈstɪərɪŋ wiːl]	Lenkrad	
21	**windscreen** BE [ˈwɪndskriːn]	Windschutzscheibe	
22	**windshield** AE [ˈwɪndʃiːld]	Windschutzscheibe	
23	**headlights** pl [ˈhedlaɪts]	Scheinwerfer	
24	**boot** BE [buːt]	Kofferraum	
25	**trunk** AE [trʌŋk]	Kofferraum	
26	**motorist** [ˈməʊtərɪst]	Autofahrer/in	➤ a person who drives a car
27	**driver** [ˈdraɪvə]	Fahrer/in	a **bus driver**, a **taxi driver**

28	**petrol station** BE [ˈpetrəl steɪʃn]	Tankstelle	
29	**gas station** AE [ˈgæs steɪʃn]	Tankstelle	

PETROL STATION BE
GAS STATION AE

30	**taxi** [ˈtæksi]	Taxi	
31	**van** [væn]	Lieferwagen	
32	**lorry** BE [ˈlɒri]	LKW	
33	**truck** AE [trʌk]	LKW; Truck	

34	**bus** [bʌs]	Bus	
	BE pl buses, *AE pl* busses		
35	**bus service** ['bʌs sɜːvɪs]	Busverbindung	
36	to **catch a bus**	einen Bus erreichen	
	[ˌkætʃ ə 'bʌs]		
	caught, caught [kɔːt, kɔːt]		
37	to **miss the bus**	den Bus verpassen	I **missed the bus** because I got up too late.
	[ˌmɪs ðə 'bʌs]		
38	to **change** [tʃeɪndʒ]	umsteigen	➤ to go from one train/bus, etc to another
39	**coach** [kəʊtʃ]	Bus; Reisebus	➤ a bus for long journeys
40	**minibus** ['mɪnɪbʌs]	Kleinbus	➤ a small bus
41	**double-decker**	Doppeldeckerbus	
	[ˌdʌbl'dekə]		
42	**bus-stop** ['bʌs stɒp]	Bushaltestelle	Let's meet at the **bus-stop**.
43	**request stop**	Bedarfshaltestelle	
	[rɪ'kwest stɒp]		
44	**bus station** ['bʌs steɪʃn]	Busbahnhof	➤ a building where buses stop
45	**tram** [træm]	Tram; Straßenbahn	
46	**cable car** *AE* ['keɪblkɑː]	Straßenbahn (in San Francisco)	

47	**fire engine** *BE*	Feuerwehrauto	
	['faɪər endʒɪn]		
48	**fire truck** *AE* ['faɪə trʌk]	Feuerwehrauto	
49	**fireman** *BE* ['faɪəmən]	Feuerwehrmann	
	pl firemen ['faɪəmən]		
50	**firefighter** *AE* ['faɪə faɪtə]	Feuerwehrmann/ Feuerwehrfrau	

51	**bike** [baɪk]	Fahrrad	
52	**bicycle** ['baɪsɪkl]	Fahrrad	
53	**mountain bike**	Mountain-Bike	
	['maʊntən baɪk]		
54	**motorbike** ['məʊtəbaɪk]	Motorrad	
55	**cyclist** ['saɪklɪst]	Radfahrer/in	➤ someone who rides a bike
56	**biker** ['baɪkə]	Motorradfahrer/in; Radfahrer/in	➤ someone who rides a mountain bike or a motorcycle
57	to **ride a bike**	Rad fahren	➤➤ to cycle, to go by bike
	[ˌraɪd ə 'baɪk]		
	rode, ridden [rəʊd, 'rɪdn]		
58	**tyre** ['taɪə]	Reifen	**snow tyres** = *Winterreifen*
	AE tire ['taɪə]		
59	**pedal** ['pedl]	Pedal	
60	**handlebars** ['hændlbɑːz]	Lenker	
61	**puncture** ['pʌŋktʃə]	Reifenpanne; platter Reifen	

62	**lift** [lɪft]	Mitfahrgelegenheit	I need a **lift** to the airport.
63	to **give** sb **a lift** [gɪv ə 'lɪft]	jdn im Auto mitnehmen	Can you **give** me **a lift**?
	gave, given [geɪv, 'gɪvn]		

64	to **park** [pɑːk]	parken	➤ to leave a car, lorry, etc somewhere for some time
65	**rush hour** ['rʌʃ auə]	Hauptverkehrszeit; Stoßzeit	**rush hour** traffic
66	**accident** ['æksɪdənt]	Unfall	**car/traffic/road accident**
67	to **crash** [kræʃ]	zusammenstoßen mit	➤ to have an accident in a car, plane, etc
68	**crash** [kræʃ]	Zusammenstoß; Unfall	a **car crash**

....

69	**road** [rəʊd]	Straße	A lot of cars were parked in the **road**.
70	**traffic light(s)** ['træfɪk laɪt(s)]	Ampel	Turn left **at the traffic lights**.
71	**signpost** ['saɪnpəʊst]	Wegweiser	

....

72	**rail** no pl [reɪl]	Bahn	**by rail** = mit der Bahn
73	**track** [træk]	Gleisstrecke	
74	**train** [treɪn]	Zug	a **train** journey, to take a **train**
75	**carriage** ['kærɪdʒ]	Wagen; offene Kutsche	
76	**railway** BE ['reɪlweɪ]	Eisenbahn	
77	**railroad** AE ['reɪlrəʊd]	Eisenbahn	
78	**express** [ɪk'spres]	Schnellzug	➤ a fast train which only stops at a few stations
79	**station** ['steɪʃn]	Bahnhof; Station	➤ a place where trains or buses stop
80	**waiting room** ['weɪtɪŋ ruːm]	Wartesaal; Wartezimmer	➤ a room where people can wait
81	**platform** ['plætfɔːm]	Plattform; Bahnsteig	The train departs from **platform** 1.
82	**timetable** BE ['taɪmteɪbl]	Fahrplan; Zeitplan	➤ a list of the times when trains or buses arrive or leave
83	**schedule** AE ['skedʒuːl]	Fahrplan; Zeitplan	BE Aussprache: ['ʃedjuːl]
84	**conductor** [kən'dʌktə]	Schaffner/in	
85	**ticket** ['tɪkɪt]	Fahrkarte; Eintrittskarte	**train/bus/theatre ticket**
86	**single ticket** BE [ˌsɪŋgl 'tɪkɪt]	Einzelfahrschein	
87	**one-way ticket** AE [ˌwʌn weɪ 'tɪkɪt]	Einzelfahrschein	
88	**return ticket** BE [rɪˌtɜːn 'tɪkɪt]	Rückfahrkarte	➤ a ticket for a journey to a place and back again
89	**round-trip ticket** AE [ˌraʊnd trɪp 'tɪkɪt]	Rückfahrkarte	

....

90	**underground** BE ['ʌndəgraʊnd]	U-Bahn	There's an **underground** station / a **tube** station at Piccadilly Circus.
91	**tube** BE [tjuːb]	U-Bahn	➤➤ **underground**
92	**subway** AE ['sʌbweɪ]	U-Bahn	➤➤ **underground**

....

93	**boat** [bəʊt]	Boot; Schiff	
94	**ship** [ʃɪp]	Schiff	A **boat** is smaller than a **ship**.
95	**cabin** ['kæbɪn]	Kabine; Kajüte	➤ a small room on a ship where you sleep

96	**ferry** ['feri]	Fähre
97	**hovercraft** ['hɒvəkrɑːft]	Hovercraft; Luftkissenboot
98	**yacht** [jɒt]	Jacht
99	**canoe** [kə'nuː]	Kanu
100	**raft** [rɑːft]	Floß
101	**lifeboat** ['laɪfbəʊt]	Rettungsboot
102	**fishing boat** ['fɪʃɪŋ bəʊt]	Fischerboot
103	**sail** [seɪl]	Segel
104	**mast** [mɑːst]	Mast
105	**to sail** [seɪl]	segeln
106	**to sink** [sɪŋk] sank, sunk [sæŋk, sʌŋk]	sinken; untergehen
107	**sailor** ['seɪlə]	Seemann; Matrose
108	**port** [pɔːt]	Hafen; Hafenstadt
109	**harbour** ['hɑːbə] *AE* harbor ['hɑːbə]	Hafen

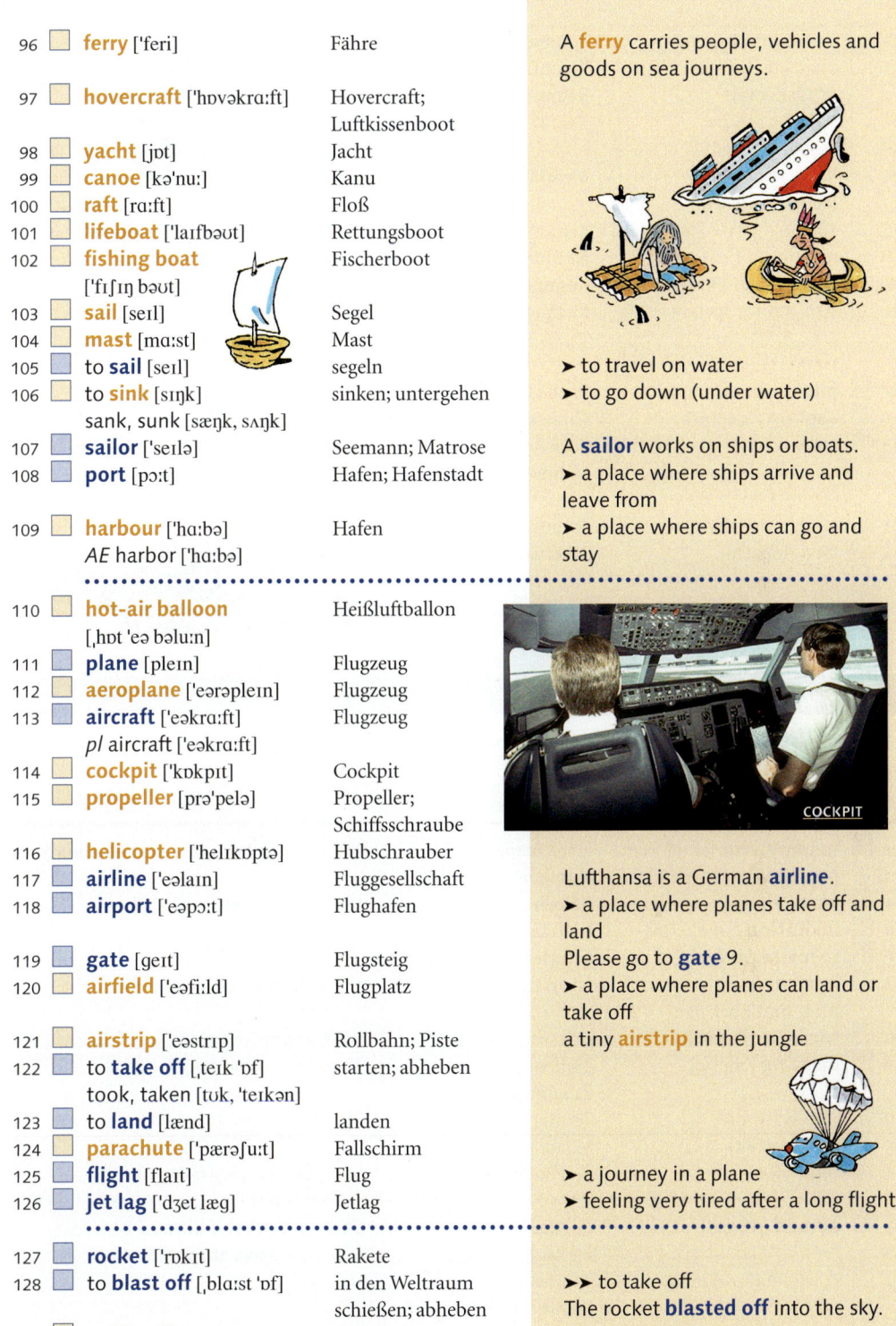

A **ferry** carries people, vehicles and goods on sea journeys.

➤ to travel on water
➤ to go down (under water)

A **sailor** works on ships or boats.
➤ a place where ships arrive and leave from
➤ a place where ships can go and stay

110	**hot-air balloon** [ˌhɒt 'eə bəluːn]	Heißluftballon
111	**plane** [pleɪn]	Flugzeug
112	**aeroplane** ['eərəpleɪn]	Flugzeug
113	**aircraft** ['eəkrɑːft] *pl* aircraft ['eəkrɑːft]	Flugzeug
114	**cockpit** ['kɒkpɪt]	Cockpit
115	**propeller** [prə'pelə]	Propeller; Schiffsschraube
116	**helicopter** ['helɪkɒptə]	Hubschrauber
117	**airline** ['eəlaɪn]	Fluggesellschaft
118	**airport** ['eəpɔːt]	Flughafen
119	**gate** [geɪt]	Flugsteig
120	**airfield** ['eəfiːld]	Flugplatz
121	**airstrip** ['eəstrɪp]	Rollbahn; Piste
122	**to take off** [ˌteɪk 'ɒf] took, taken [tʊk, 'teɪkən]	starten; abheben
123	**to land** [lænd]	landen
124	**parachute** ['pærəʃuːt]	Fallschirm
125	**flight** [flaɪt]	Flug
126	**jet lag** ['dʒet læg]	Jetlag

COCKPIT

Lufthansa is a German **airline**.
➤ a place where planes take off and land
Please go to **gate** 9.
➤ a place where planes can land or take off
a tiny **airstrip** in the jungle

➤ a journey in a plane
➤ feeling very tired after a long flight

127	**rocket** ['rɒkɪt]	Rakete
128	**to blast off** [ˌblɑːst 'ɒf]	in den Weltraum schießen; abheben
129	**to lift off** [ˌlɪft 'ɒf]	abheben
130	**off course** [ˌɒf 'kɔːs]	nicht auf Kurs
131	**to dock** [dɒk]	andocken; koppeln

➤➤ to take off
The rocket **blasted off** into the sky.

➤ going in the wrong direction
If two **spacecraft dock** they are joined together in space.

132	☐	**spaceship** ['speɪʃɪp]	Raumschiff
133	☐	**spacecraft** ['speɪskrɑːft]	Raumfahrzeug;
		pl spacecraft	Raumschiff
134	☐	**space capsule**	Raumkapsel
		['speɪs kæpsjuːl]	
135	☐	**lunar module**	Mondfähre
		[ˌluːnə 'mɒdjuːl]	
136	☐	**space shuttle** ['speɪs ʃʌtl]	Raumfähre
137	☐	**astronaut** ['æstrənɔːt]	Raumfahrer/in
138	☐	**cosmonaut** ['kɒzmənɔːt]	Kosmonaut/in
139	☐	**spacesuit** ['speɪssuːt]	Raumanzug

➤ a Russian astronaut
➤ clothing which is worn by a person who travels in space

140	☐	**pilot** ['paɪlət]	Pilot/in
141	☐	**captain** ['kæptɪn]	Kapitän
142	☐	**crew** [kruː]	Besatzung; Mannschaft; Crew

Betonung: ●●

➤ people who work together on a ship, plane or spacecraft

143	☐	**sledge** *BE* [sledʒ]	Schlitten
144	☐	**sled** *AE* [sled]	Schlitten
145	☐	**snowmobile** ['snəʊməbiːl]	Schneemobil
146	☐	**snowplough** ['snəʊplaʊ]	Schneepflug

4.2 Reisen

1	☐	to **visit** ['vɪzɪt]	besuchen; besichtigen	Which cities did you **visit** in Canada?
2	☐	to **come and see** [ˌkʌm ənd 'siː] came, come [keɪm, kʌm]	besuchen	►► to visit
3	☐	to **pay a visit** [peɪ ə 'vɪzɪt] paid, paid [peɪd, peɪd]	einen Besuch abstatten	We decided to **pay** grandma **a visit**.
4	☐	**visit** ['vɪzɪt]	Besuch	It's my first **visit** to Dublin.
5	☐	**invitation** [ˌɪnvɪ'teɪʃn]	Einladung	
6	☐	to **invite** [ɪn'vaɪt]	einladen	
7	☐	to **meet** [miːt] met, met [met, met]	(sich) treffen	Can we **meet** after school?
8	☐	to **gather** ['gæðə]	sich (ver)sammeln	►► to come together
9	☐	**meeting** ['miːtɪŋ]	Treffen; Zusammenkunft	They **had a meeting** yesterday.
10	☐	**appointment** [ə'pɔɪntmənt]	Termin; Verabredung	The doctor **made an appointment** with a patient at 9.15.
11	☐	**date** [deɪt]	Verabredung	Sabrina has got a **date** tonight.
12	☐	**abroad** [ə'brɔːd]	im Ausland; ins Ausland	She's never **lived abroad** before. He often **goes abroad** on business.
13	☐	**tourism** ['tʊərɪzəm] *no pl*	Tourismus; Fremdenverkehr	
14	☐	**travel** ['trævl]	Reisen (allgemein)	*eine bestimmte Reise* = journey, trip Heavy snow is making **travel** difficult.
15	☐	to **travel** ['trævl]	reisen	➤ to visit other places

16	**journey** ['dʒɜːni]	Reise	Is it a long **journey** from London to North Wales?
17	**voyage** ['vɔɪɪdʒ]	Seereise	➤ a long trip over the sea
18	**cruise** [kruːz]	Kreuzfahrt	➤ a holiday on a large ship
19	**trip** [trɪp]	Reise	➤➤ journey
			➤ a short journey to visit a place
			to **go on / make/take** a **trip**
20	**non-stop** [ˌnɒn'stɒp]	ohne Zwischen-landung; pausenlos; Nonstop-	➤➤ without stopping
21	**tour** [tʊə]	Rundfahrt; Führung	a **tour** of the city, a **tour** of the Tower of London
22	to **tour** [tʊə]	auf Tournee gehen; eine Tour machen	The band will **tour** Europe next summer.
23	**guided tour** [ˌɡaɪdɪd 'tʊə]	Führung (Museum)	We had a **guided tour** of the castle.
24	**safari** [sə'fɑːri]	Safari	➤ a journey to see wild animals
25	**safari park** [sə'fɑːri pɑːk]	Safaripark	
26	**expedition** [ˌekspə'dɪʃn]	Expedition; Forschungsreise	➤ a journey to find out about something
27	**sight** [saɪt]	Sehenswürdigkeit	the **sights** of London
28	**sightseeing** ['saɪtsiːɪŋ]	Stadtbesichtigung	We **went sightseeing** yesterday.

....

29	**travel agency** ['trævl eɪdʒənsi]	Reisebüro	➤ a company that plans holidays for people
30	**tourist office** ['tʊərɪst ɒfɪs]	Fremdenverkehrs-büro; Reisebüro	
31	**lost property office** [ˌlɒst 'prɒpəti ɒfɪs]	Fundbüro	

....

32	**tent** [tent]	Zelt	
33	**sleeping bag** ['sliːpɪŋbæg]	Schlafsack	
34	**rucksack** BE ['rʌksæk]	Rucksack	
35	**backpack** AE ['bæk pæk]	Rucksack	
36	**camping** ['kæmpɪŋ]	Camping; Zelten	**Camping** isn't fun when it rains.
37	**camp** [kæmp]	Lager	
38	to **camp** [kæmp]	zelten	➤ when you are on holiday and sleep in tents
39	**camp site** BE ['kæmp saɪt]	Campingplatz	
40	**camp ground** AE ['kæmp graʊnd]	Campingplatz	➤ a place where people stay in tents or caravans
41	**camper van** ['kæmpə væn]	Wohnmobil	
42	**caravan** ['kærəvæn]	Wohnwagen	
43	**youth hostel** ['juːθ hɒstl]	Jugendherberge	➤ a place where young people can stay cheaply when they are travelling
44	**dormitory** ['dɔːmɪtri]	Schlafsaal	

....

45	**hotel** [həʊ'tel]	Hotel	*Betonung:* ● ● We'll be staying at the **Hotel** Astoria.
46	**motel** [məʊ'tel]	Motel	➤ a hotel where people travelling by car can stay
47	**reception** [rɪ'sepʃn]	Empfang; Rezeption	➤ the place where you go when you arrive at a hotel

48	**receptionist** [rɪ'sepʃənɪst]	Empfangschef; Empfangsdame	➤ the person who welcomes you when you arrive at a hotel
49	**guest house** ['gesthaʊs]	Gästehaus; Pension	➤ a small hotel
50	**bed and breakfast** [ˌbed ən 'brekfəst]	Übernachtung mit Frühstück	➤ a house where you pay to sleep and have breakfast
51	**single room** [ˌsɪŋgl 'ruːm]	Einzelzimmer	
52	**double room** [ˌdʌbl 'ruːm]	Doppelzimmer	
53	to **book** [bʊk]	buchen	Have you **booked** a holiday this year?
54	to **reserve** [rɪ'zɜːv]	reservieren; buchen	➤➤ to book
55	**reservation** [ˌrezə'veɪʃn]	Reservierung	I **made a reservation for** a flight to Washington.
56	to **check in** [ˌtʃek 'ɪn]	einchecken; ankommen	You should **check in** one hour before your flight.

....

57	**visitor** ['vɪzɪtə]	Besucher/in	
58	**traveller** ['trævələ] *AE* traveler ['trævələ]	Reisende/r	➤ a person on a journey
59	**hitchhiker** ['hɪtʃhaɪkə]	Anhalter/in; Tramper/in	She often gives **hitchhikers** a lift.
60	**guest** [gest]	Gast	About 20 **guests** came to our party.
61	**host** [həʊst]	Gastgeber/in; Moderator/in	Our **host** greeted us at the entrance.
62	**hostess** ['həʊstəs]	Gastgeberin	
63	**passenger** ['pæsɪndʒə]	Fahrgast; Passagier/in	➤ someone who is travelling on a bus, train, plane or ship
64	**tourist** ['tʊərɪst]	Tourist/in	London is always full of **tourists**.

....

65	**guidebook** ['gaɪdbʊk]	Reiseführer (Buch)	
66	**guide** [gaɪd]	Führer/in	The **guide** showed us the Tower of London.

....

67	**resort** [rɪ'zɔːt]	Ferienort	➤ a place where a lot of people go for a holiday

4.3 Stadt und Land

1	**town** [taʊn]	Stadt	He lives in a little **town** on the coast.
2	**home town** [ˌhəʊm 'taʊn]	Heimatort	➤ the town/city that a person is from
3	**city** ['sɪti]	Stadt; Großstadt	➤ a large important town
4	**centre** ['sentə] *AE* center ['sentə]	Zentrum	Piccadilly Circus is **in the centre of** London.
5	**downtown** *AE* ['daʊntaʊn]	(im/ins) Stadtzentrum	➤ in or to the centre of a city
6	**capital** ['kæpɪtl]	Hauptstadt	Paris is the **capital** of France.
7	**urban** ['ɜːbən]	städtisch; Stadt-	
8	**suburb** ['sʌbɜːb]	Vorort	Wimbledon is a **suburb** of London.
9	**surroundings** *pl* [sə'raʊndɪnz]	Umgebung	➤➤ environment
10	**borough** ['bʌrə]	(Stadt-)Bezirk	the **borough** of Queens in New York City

11	**the slums** [slʌmz]	Elendsviertel	He was born in **the slums** of Chicago.
12	**ghetto** ['getəʊ]	Getto; abgesondertes	
	pl ghettos	Wohnviertel	

13	**way** [weɪ]	Weg	Do you **know the way** to the library?
14	**street** [striːt]	Straße	**in the street** = *auf der Straße*
15	**pothole** ['pɒthəʊl]	Schlagloch	➤ a large hole in the surface of a road
16	**avenue** ['ævənjuː]	Boulevard; breite Straße; Allee	➤ a road in a town The hotel is **on 11th Avenue**.
17	**lane** [leɪn]	Feldweg; Fahrspur	**Change lanes** here to turn left.
18	**trail** [treɪl]	Weg; Pfad; Spur	
19	**path** [pɑːθ]	Fußweg; Pfad	
20	**footpath** ['fʊtpɑːθ]	Fußweg	
21	**passage** ['pæsɪdʒ]	Gang; Durchgang	➤➤ corridor
22	**square** [skweə]	Platz	Trafalgar **Square**, a **market square**
23	**pedestrian precinct** [pə,destrɪən 'priːsɪŋkt]	Fußgängerzone	➤ a shopping area where cars aren't allowed
24	**pavement** *BE* ['peɪvmənt]	Gehsteig; Bürgersteig	
25	**sidewalk** *AE* ['saɪdwɔːk]	Gehsteig; Bürgersteig	
26	**crossroads** *BE* ['krɒsrəʊdz]	Kreuzung	Turn right at the **crossroads**.
27	**intersection** *AE* [,ɪntə'sekʃn]	Kreuzung; Autobahnkreuz	
28	**crossing** ['krɒsɪŋ]	Übergang; Bahn- übergang	
29	**tunnel** ['tʌnl]	Tunnel	
30	**junction** ['dʒʌŋkʃn]	Straßenkreuzung; Verkehrsknotenpunkt	
31	**dead end** [,ded 'end]	Sackgasse	
32	**motorway** *BE* ['məʊtəweɪ]	Autobahn	
33	**highway** *AE* ['haɪweɪ]	Hauptverkehrsstraße	
34	**expressway** *AE* [ɪk'spresweɪ]	Autobahn	
35	**freeway** *AE* ['friːweɪ]	(gebührenfreie) Autobahn	

MOTORWAY JUNCTION *BE*
FREEWAY/EXPRESSWAY INTERSECTION *AE*

36	**area** ['eərɪə]	Gebiet; Bereich	a working-class **area** of Liverpool
37	**region** ['riːdʒən]	Gebiet; Region	➤➤ area
38	**ground** [graʊnd]	Grund; Boden	There was snow on the **ground**.
39	**building** ['bɪldɪŋ]	Gebäude	Houses, schools and hotels are **buildings**.
40	**office block** ['ɒfɪs blɒk]	Bürogebäude; Bürokomplex	
41	**estate** [ɪ'steɪt]	Wohnsiedlung	a huge **housing estate**
42	**skyline** ['skaɪlaɪn]	Silhouette; Skyline	the Manhattan **skyline**
43	**skyscraper** ['skaɪskreɪpə]	Wolkenkratzer	➤ a very tall building
44	**bridge** [brɪdʒ]	Brücke	
45	**wharf** [wɔːf]	Kai	
	pl wharves [wɔːvz]		

46	**bend** [bend]	Kurve; Biegung	
47	**turn** [tɜːn]	Kurve; Abzweigung	➤ a change in direction
48	**turning** ['tɜːnɪŋ]	Abzweigung	
49	**to turn** [tɜːn]	einbiegen	
50	**corner** ['kɔːnə]	Ecke	

IN THE CORNER   ON THE CORNER

51	**town hall** [ˌtaʊn 'hɔːl]	Rathaus	
52	**hospital** ['hɒspɪtl]	Krankenhaus	
53	**mental hospital** [ˌmentl 'hɒspɪtl]	Heil-und Pflegeanstalt für psychisch Kranke	
54	**post office** ['pəʊst ɒfɪs]	Postamt	➤ a place where you can buy stamps and send letters and packages I need to go to the **bank**.
55	**bank** [bæŋk]	Bank(haus)	You can borrow books at a **library**.
56	**library** ['laɪbrəri]	Bibliothek; Bücherei	➤ a shop that sells books
57	**bookshop** ['bʊkʃɒp]	Buchhandlung	a **research institute**
58	**institute** ['ɪnstɪtjuːt]	Institut	
59	**museum** [mju'zɪəm]	Museum	
60	**monument** ['mɒnjumənt]	Denkmal; Monument	➤ an old building or place that is important in history
61	**statue** ['stætʃuː]	Statue	
62	**column** ['kɒləm]	Säule	
63	**tower** ['taʊə]	Turm	the Eiffel **Tower**
64	**swimming-pool** ['swɪmɪŋpuːl]	Schwimmbad	➤ a place where you can swim
65	**ice-rink** ['aɪs rɪŋk]	Kunsteisbahn	
66	**drive-in** ['draɪv ɪn]	Drive-in	A **drive-in** bank/cinema/restaurant is one that you can use or visit without getting out of your car.
67	**car park** *BE* ['kɑː pɑːk]	Parkplatz; Parkhaus	
68	**parking lot** *AE* ['pɑːkɪŋ lɒt]	Parkplatz	➤ an area where people can park their cars
69	**graffiti** [grə'fiːti]	Graffiti; Wandschmierereien	

70	**country** ['kʌntri]	Land	**in the country** = *auf dem Land*
71	**provincial** [prə'vɪnʃl]	provinziell	
72	**village** ['vɪlɪdʒ]	Dorf	➤◄ town
73	**kibbutz** [kɪ'bʊts]	Kibbuz (ländl. Siedlung in Israel)	
74	**field** [fiːld]	Feld	There were horses **in the field**.

75	**agricultural** [ˌægrɪ'kʌltʃərəl]	landwirtschaftlich	
76	**farm** [fɑːm]	Bauernhof	
77	**to farm** [fɑːm]	Landwirtschaft betreiben	
78	**farming** ['fɑːmɪŋ]	Landwirtschaft	
79	**farmhouse** ['fɑːmhaʊs]	Bauernhaus	
80	**ranch** *AE* [ræntʃ]	Ranch; Viehfarm	
81	**barn** [bɑːn]	Scheune	
82	**stable** ['steɪbl]	Pferdestall; Stall	

FARM   FARMHOUSE   STABLE   BARN

83	to **grow** [grəʊ] grew, grown [gru:, grəʊn]	anbauen; wachsen	The farmer **grows** potatoes in this field. A lot of flowers **grow** very quickly.
84	**tractor** ['træktə]	Traktor; Zugmaschine	
85	to **sow** [səʊ]	säen	Don't **sow** tomatoes before February.
86	to **dig** [dɪg] dug, dug [dʌg, dʌg]	graben	to **dig** a hole/tunnel
87	to **plant** [plɑ:nt]	pflanzen	► to put flowers, vegetables, etc in the ground to grow
88	to **weed** [wi:d]	(Unkraut) jäten	
89	**produce** ['prɒdju:s]	landwirtschaftliche(s) Erzeugnis(se)	► food that is grown on a farm *Betonung:* ● ●
90	to **muck out** [ˌmʌk 'aʊt]	ausmisten	
91	to **milk** [mɪlk]	melken	When does the farmer **milk** the cows?
92	to **groom** [gru:m]	striegeln; putzen	
93	**dung** [dʌŋ]	Mist; Dung	**cow/horse dung**
94	to **hunt** [hʌnt]	jagen	► to chase wild animals for food or sport
95	**hunter** ['hʌntə]	Jäger/in	► someone who hunts wild animals

4.4 Wohnen

1	to **live** [lɪv]	wohnen; leben	Sabine **lives** in London.
2	to **inhabit** [ɪn'hæbɪt]	bewohnen	► to live in a place
3	**inhabitant** [ɪn'hæbɪtənt]	Bewohner/in	► somebody who lives in a place
4	**resident** ['rezɪdənt]	Anwohner/in; Einwohner/in	Parking is for **residents** only.
5	**lodger** ['lɒdʒə]	Untermieter/in	► a person who pays to live in someone's house or flat
6	to **stay** [steɪ]	bleiben; wohnen	Where are you **staying**? At a hotel?
7	**stay** [steɪ]	Aufenthalt	He's back from a **short stay** with his aunt.
8	to **occupy** ['ɒkjupaɪ]	bewohnen	The house had been un**occupied** for two years.
9	to **settle** ['setl]	sich ansiedeln; sich niederlassen	► to make your home in a new place
10	to **settle down** [ˌsetl 'daʊn]	ein geregeltes Leben führen	They want to **settle down** and have children.
11	**settlement** ['setlmənt]	Siedlung	►a place in a colony where people have made their homes
12	to **resettle** [ˌri:'setl]	umsiedeln	
13	**accommodation** [əˌkɒmə'deɪʃn]	Unterkunft; Hotel	**Hotel accommodation** is included in the price of your holiday.
14	**housing** ['haʊzɪŋ]	Unterbringung; Wohnungen	bad **housing** conditions

15	residence ['rezɪdəns]	Residenz; Amtssitz	a **private residence**
16	grounds *pl* [graʊndz]	Gelände	a country house with large **grounds**
17	home [həʊm]	Heim; Zuhause	➤ the house or flat where you live
18	to **get home** [get 'həʊm]	heimkommen	
19	**at home** [ət 'həʊm]	zu Hause	We stayed **at home** all day.
20	landlord ['lændlɔːd]	Vermieter	
21	caretaker ['keəteɪkə]	Hausmeister/in	➤ someone whose job is to look after a building

22	to **build** [bɪld]	bauen	to **build** a house/road/plane
	built, built [bɪlt, bɪlt]		
23	to **put up** [ˌpʊt 'ʌp]	aufstellen; errichten;	The men **were putting up** a shed in
	put, put [pʊt, pʊt]	aufhängen	the garden.

24	bungalow ['bʌŋgələʊ]	Bungalow	
25	hut [hʌt]	Hütte	
26	cottage ['kɒtɪdʒ]	Hütte; kleines Landhaus	
27	cabin ['kæbɪn]	Hütte	
28	shack [ʃæk]	Hütte; Baracke	

BUNGALOW

| 29 | house [haʊs] | Haus | *Aussprache: pl* **houses** [haʊzɪz] He's staying at Frank's **house**. |

CHIMNEY
THATCHED ROOF
FENCE

30	roof [ruːf]	Dach	
31	thatched [θætʃt]	strohgedeckt	
32	chimney ['tʃɪmni]	Schornstein	
33	basement ['beɪsmənt]	Kellergeschoss	
34	cellar ['selə]	Keller	
35	terrace ['terəs]	Terrasse	
36	garage ['gærɑːʒ]	Garage	
37	driveway ['draɪvweɪ]	Einfahrt; Zufahrt	He parked in the **driveway**.
38	garden *BE* ['gɑːdn]	Garten	
39	yard *AE* [jɑːd]	Garten	
40	park [pɑːk]	Park	
41	backyard [ˌbæk'jɑːd]	Hinterhof	
42	fence [fens]	Zaun	
43	chain-link fence [ˌtʃeɪnlɪŋk 'fens]	Maschendrahtzaun	
44	shed [ʃed]	Schuppen; Stall	
45	ladder ['lædə]	Leiter	

HOME SWEET HOME

46	flat *BE* [flæt]	Wohnung	a two-bedroom **flat**
47	apartment *AE* [ə'pɑːtmənt]	Wohnung	
48	(two)-roomed ['tuː ruːmd]	(Zwei)-Zimmer-	a **two-roomed** flat = *Zweizimmerwohnung*
49	apartment house [ə'pɑːtmənt haʊs]	Wohnblock; Apartmenthaus	
50	block [blɒk]	Häuserblock; Wohnblock	a **block of flats**, an **office block**, an **apartment block**
51	hostel ['hɒstl]	Wohnheim	➤ a place where people can get cheap rooms

52	**wall** [wɔ:l]	Mauer; Wand	A room has got four **walls**.
53	**ceiling** ['si:lɪŋ]	Zimmerdecke	The hall was very large with a high **ceiling**.
54	**floor** [flɔ:]	Fußboden; Boden	**on the floor**
55	**window** ['wɪndəʊ]	Fenster	She looked **out of the window**.
56	**double-glazing** [ˌdʌbl 'gleɪzɪŋ]	Isolierverglasung	
57	**door** [dɔ:]	Tür	the **front/back door**
58	**gate** [geɪt]	Tor	➤ a door in a fence or wall outside
59	**entrance** ['entrəns]	Eingang	➤ way in
60	**porch** [pɔ:tʃ]	Veranda; Vorbau; Portal	
61	**doorway** ['dɔ:weɪ]	Eingang	➤ the entrance into a building
62	**doorbell** ['dɔ:bel]	Türklingel	
63	**ramp** [ræmp]	Rampe	
64	**exit** ['eksɪt]	Ausgang	➤◄ entrance ➤ the way out
65	**floor** [flɔ:]	Stockwerk; Etage	on the 22nd **floor**
66	**first floor** [ˌfɜ:st 'flɔ:]	erster Stock	

floor = *Stockwerk, Fußboden*
Flur = **hall, corridor**

67	**storey** ['stɔ:ri]	Stockwerk	a **five-storey** building
68	**stairs** [steəz]	Treppe	
69	**upstairs** [ˌʌp'steəz]	oben	➤◄ downstairs
70	**downstairs** [ˌdaʊn'steəz]	unten; die Treppe hinunter	Come **downstairs**, please. (*nach unten*)
71	**ground floor** [ˌgraʊnd 'flɔ:]	Erdgeschoss	
72	**lift** *BE* [lɪft]	Aufzug; Lift	
73	**elevator** *AE* ['elɪveɪtə]	Aufzug; Lift	
74	**room** [ru:m]	Zimmer	Adam has got a computer in his **room**.
75	**living-room** ['lɪvɪŋru:m]	Wohnzimmer	➤ the room in a house where you relax or watch television
76	**dining-room** ['daɪnɪŋru:m]	Esszimmer	➤ a room where you eat your meals
77	**bedroom** ['bedru:m]	Schlafzimmer	➤ a room for sleeping in
78	**kitchen** ['kɪtʃɪn]	Küche	➤ the room where you prepare and cook food
79	**hall** [hɔ:l]	Flur; Korridor; Halle	The toilet is just down the **hall** on the left.
80	**hallway** ['hɔ:lweɪ]	Flur; Korridor	
81	**corridor** ['kɒrɪdɔ:]	Korridor	They were standing in the **corridor**.
82	**bathroom** ['bɑ:θru:m]	Badezimmer *BE*; Toilette *AE*	Don't forget to clean the **bathroom** after you **have had a bath**.
83	**bath** [bɑ:θ]	Bad; Badewanne	
84	**toilet** ['tɔɪlət]	Toilette	Wash you hands after using the **toilet**.
85	**tap** [tæp]	Wasserhahn	Don't leave the **tap** running.
86	**towel** ['taʊəl]	Handtuch	➤ a cloth for drying your body
87	**heating** ['hi:tɪŋ]	Heizung	Please turn up the **heating**.
88	**central heating** [ˌsentrəl 'hi:tɪŋ]	Zentralheizung	Have you got **central heating** in your flat?

89	mess [mes]	Durcheinander	They **made** a terrible **mess** at the party.
90	clean-up [ˈkliːnʌp]	gründliche Reinigung	
91	to get clean got, got [ɡɒt, ɡɒt] [ˌɡet ˈkliːn]	sauber machen	She **got** her bike **clean**. (*Sie machte ihr Rad sauber.*)
92	to sweep [swiːp] swept, swept [swept, swept]	fegen	to **sweep** the **floor/street/stairs**
93	untidy [ʌnˈtaɪdi]	unordentlich	➤◄ tidy
94	dust [dʌst]	Staub	
95	to dust [dʌst]	abstauben; Staub wischen	Can you please **dust** in the living-room and **vacuum** there, too?
96	to vacuum [ˈvækjuəm]	Staub saugen	
97	to renovate [ˈrenəveɪt]	renovieren; restaurieren	➤ to repair a building so that it looks nice again

4.5 Möbel

1	furniture [ˈfɜːnɪtʃə]	Möbel; Mobiliar	Chairs, tables and beds are **furniture**.
2	to decorate [ˈdekəreɪt]	schmücken; tapezieren	We **decorated** the apartment for Christmas. (*schmückten*) He **decorated** the kitchen. (*tapezierte*)

....

3	table [ˈteɪbl]	Tisch	The sandwich is **on the table**. I eat breakfast **at the** kitchen **table**.
4	desk [desk]	Schreibtisch; Schülertisch	
5	chair [tʃeə]	Stuhl	a **kitchen chair**
6	bench [bentʃ]	Sitzbank; Bank	

....

7	bed [bed]	Bett	
8	pillow [ˈpɪləʊ]	(Kopf-)Kissen	
9	mattress [ˈmætrəs]	Matratze	
10	blanket [ˈblæŋkɪt]	Decke; Wolldecke	

PILLOW

BED

MATTRESS

....

11	wardrobe [ˈwɔːdrəʊb]	(Kleider-)Schrank	
12	shelf [ʃelf] *pl* shelves [ʃelvz]	Regal; Ablage	
13	basket [ˈbɑːskɪt]	Korb	
14	curtain [ˈkɜːtn]	Vorhang; Gardine	
15	cupboard [ˈkʌbəd]	Schrank	
16	drawer [drɔː]	Schublade	
17	picture [ˈpɪktʃə]	Bild	What's **in the picture**? (*auf dem Bild*)
18	mirror [ˈmɪrə]	Spiegel	
19	lamp [læmp]	Lampe; Leuchte	
20	air conditioning [ˈeə kəndɪʃnɪŋ]	Klimaanlage	The hotel room was very hot because it had no **air conditioning**.

....

21 ☐	**oven** ['ʌvn]	Backofen	The cake is in the **oven**.
22 ☐	**washing-machine** ['wɒʃɪŋ məʃiːn]	Waschmaschine	You can't clean those boots in the **washing-machine**!
23 ☐	**fridge** [frɪdʒ]	Kühlschrank	What's that smell in the **fridge**?
24 ☐	**microwave** ['maɪkrəʊweɪv]	Mikrowelle	My mum doesn't like using the **microwave**.

• •

25 ☐	**carpet** ['kɑːpɪt]	Teppich	
26 ☐	**mat** [mæt]	Matte	
27 ☐	**tapestry** ['tæpəstri]	Wandbehang; Wandteppich	the Bayeux **Tapestry**

4.6 Materialien

1 ☐	**material** [məˈtɪəriəl]	Material; Stoff	Wood, stones and metal are **building materials**.
2 ☐	**stuff** [stʌf]	Zeug; Sachen; Material	▶▶ things
3 ☐	**layer** ['leɪə]	Schicht	the **ozone layer**
4 ☐	**mixture** ['mɪkstʃə]	Mischung; Gemisch	▶ a group of different things put together

• •

5 ☐	**chemical** ['kemɪkl]	chemisch	**chemical weapons**
6 ☐	**atom** ['ætəm]	Atom	▶ the smallest part of an element
7 ☐	**atomic** [əˈtɒmɪk]	Atom-; atomar	the **atomic bomb**
8 ☐	**nuclear** ['njuːklɪə]	nuklear; atomar; Atom-; Kern-	a **nuclear** power station, **nuclear energy/physics**
9 ☐	**radioactive** [ˌreɪdiəʊˈæktɪv]	radioaktiv	
10 ☐	**radiation** no pl [ˌreɪdiˈeɪʃn]	Strahlung	

• •

| 11 ☐ | **laser** ['leɪzə] | Laser | |

• •

12 ☐	**metal** ['metl]	Metall	*Betonung:* ● ●
13 ☐	**gold** [gəʊld]	Gold	
14 ☐	**golden** ['gəʊldən]	golden; aus Gold	
15 ☐	**silver** ['sɪlvə]	Silber	a **silver** ring
16 ☐	**iron** ['aɪən]	Eisen	an **iron** gate
17 ☐	**steel** [stiːl]	Stahl	The bridge is **made of steel**.
18 ☐	**copper** ['kɒpə]	Kupfer; kupfern	
19 ☐	**uranium** [juˈreɪniəm]	Uran	
20 ☐	**bronze** [brɒnz]	Bronze	

• •

| 21 ☐ | **water** ['wɔːtə] | Wasser | **drinking water**, mineral **water** |
| 22 ☐ | **steam** [stiːm] | (Wasser-)Dampf | 150 years ago most engines were driven by **steam**. |

• •

23 ☐	**stone** [stəʊn]	Stein	a **stone** wall
24 ☐	**rock** [rɒk]	Fels(en); Stein	
25 ☐	**sand** [sænd]	Sand	The kids enjoyed playing **in the sand**.
26 ☐	**sandstone** ['sændstəʊn]	Sandstein	

27	flintstone ['flɪntstəʊn]	Feuerstein	
28	clay [kleɪ]	Lehm	
29	silicon ['sɪlɪkən]	Silizium	All computers have **silicon chips**.
30	concrete ['kɒnkriːt]	Beton	**Concrete** is a building material.
31	glass [glɑːs]	Glas	**coloured/broken glass**
32	diamond ['daɪəmənd]	Diamant	a **diamond** ring

33	wood [wʊd]	Holz	Our bookshelves are **made of wood**.
34	wooden ['wʊdn]	hölzern; aus Holz	a **wooden** door
35	log [lɒg]	(Holz-)Klotz	Dad is cutting up a **log** to make a fire.
36	trunk [trʌŋk]	(Baum-)Stamm	
37	lumber *AE* ['lʌmbə]	Bauholz	A lot of **lumber** comes from Canada.
38	cork [kɔːk]	Kork(en)	

39	textile ['tekstaɪl]	Textil-; Stoff-	the **textile** industry
40	wool [wʊl]	Wolle	
41	woollen ['wʊlən]	aus Wolle; Woll-	➤ made of wool
42	cotton ['kɒtn]	Baumwolle	a blue **cotton** T-shirt
43	denim ['denɪm]	Jeansstoff; Denim	
44	silk [sɪlk]	Seide	
45	canvas ['kænvəs]	Segeltuch	
46	cloth [klɒθ]	Tuch; Lappen	

cloth	= *Tuch, Lappen*
clothes	= *Kleidung*

47	leather ['leðə]	Leder	a **leather** coat/belt/bag
48	velcro ['velkrəʊ]	Klettband	
49	paper ['peɪpə]	Papier	a **piece of paper**
50	rubber ['rʌbə]	Gummi	Tyres are usually made of **rubber**.
51	plastic ['plæstɪk]	Plastik; Kunststoff	
52	wax [wæks]	Wachs	
53	soap [səʊp]	Seife	a **bar of soap**

54	raw material [ˌrɔː məˈtɪəriəl]	Rohstoff	
55	energy ['enədʒi]	Energie	**nuclear/solar energy**
56	geothermal [ˌdʒiːəʊˈθɜːml]	Erdwärme-	
57	thermal ['θɜːml]	Thermal-; thermisch	a **thermal** spring
58	fuel ['fjuːəl]	Treibstoff; Brennmaterial	➤ a substance that can be burned to produce energy
59	biofuel [ˌbaɪəʊˈfjuːəl]	biologischer Brennstoff	
60	fossil fuel ['fɒsl fjuːəl]	fossiler Brennstoff	Coal and oil are **fossil fuels**.

61	coal [kəʊl]	Kohle	a **coal** mine.
62	oil [ɔɪl]	Öl	the **oil industry**, **oil exporting countries**
63	petrol *BE* ['petrəl]	Benzin	**Petrol prices** have gone up again.
64	gas *AE* [gæs]	Benzin	
65	gas [gæs]	Gas	**Gas** is used for heating and cooking.
66	kerosine ['kerəsiːn]	Petroleum; Kerosin	➤ the fuel used for planes
67	grease [griːs]	Schmiere	

| 68 | oxygen ['ɒksɪdʒən] | Sauerstoff | All living things need **oxygen**. |
| 69 | carbon dioxide [ˌkɑːbən daɪ'ɒksaɪd] | Kohlendioxid | ➤ CO_2 |

. . . .

70	fire ['faɪə]	Feuer	Let's **make a fire** behind the house.
71	flame [fleɪm]	Flamme	The theatre was **in flames** when they arrived.
72	to light [laɪt] lit, lit [lɪt, lɪt]	anzünden	to **light** fireworks
73	to set fire to [set 'faɪə tə] set, set [set, set]	anzünden; in Brand stecken	➤ to make something start burning
74	to catch fire [ˌkætʃ 'faɪə] caught, caught [kɔːt, kɔːt]	Feuer fangen	➤ to start burning
75	firewood ['faɪəwʊd]	Brennholz	
76	ashes pl ['æʃɪz]	Asche	➤ what is left after something has been burned
77	grime [graɪm]	Ruß	
78	to burn [bɜːn] burnt, burnt [bɜːnt, bɜːnt]	verbrennen; brennen	➤ to be on fire
79	to put out [ˌpʊt 'aʊt] put, put [pʊt, pʊt]	löschen; ausmachen	➤ to stop a fire, etc burning
80	smoke [sməʊk]	Rauch	**clouds of smoke**
81	smoky ['sməʊki]	rauchig; verraucht	➤ full of smoke

. . . .

82	electricity [ɪˌlek'trɪsəti]	Elektrizität	**electricity bill** = *Stromrechnung*
83	to electrify [ɪ'lektrɪfaɪ]	elektrifizieren	
84	current ['kʌrənt]	Strömung; Strom	Turn off the **current** before you change the bulb.
85	power cut ['paʊə kʌt]	Stromsperre; Stromausfall	The blizzard caused a **power cut**.
86	volt [vəʊlt]	Volt	a 12-**volt** battery
87	watt [wɒt]	Watt	a 1000-**watt** heater
88	electric [ɪ'lektrɪk]	elektrisch	**electric light/current/power**
89	electrical [ɪ'lektrɪkl]	elektrisch; Elektro-	
90	electronic [ˌɪlek'trɒnɪk]	elektronisch	**electronic games/banking**

. . . .

91	mud [mʌd]	Schlamm; Matsch; Dreck	➤ wet earth She fell in the **mud**.
92	muddy ['mʌdi]	schlammig; matschig	➤ full of mud **muddy boots/water**
93	waste [weɪst]	Abfall	**human waste** = *Exkremente*
94	litter no pl ['lɪtə]	Abfall	➤ paper, cans and other things that people leave in the street
95	rubbish BE no pl ['rʌbɪʃ]	Müll; Abfall	In Germany people **separate rubbish**.
96	garbage AE no pl ['gɑːbɪdʒ]	Müll; Abfall	
97	to dump [dʌmp]	abladen (Müll); versenken	➤ to throw away things that you don't want
98	to contaminate [kən'tæmɪneɪt]	verseuchen; verunreinigen	The town's drinking water **was contaminated with** chemical waste.

4.7 Gegenstände

1	**thing** [θɪŋ]	Sache; Gegenstand	You can buy food and other **things** at the supermarket.
2	**object** ['ɒbdʒɪkt]	Gegenstand	➤➤ thing
3	**item** ['aɪtəm]	Artikel; Gegenstand	Tables and chairs are **items** of furniture.
4	**piece** [piːs]	Stück; Teil	a **piece** of cake/paper
5	**slice** [slaɪs]	Scheibe	a **slice** of pizza
6	**part** [pɑːt]	Teil	
7	**section** ['sekʃn]	Teil; Abschnitt	➤ a part or a piece of something
8	**block** [blɒk]	Block	
9	**brick** [brɪk]	Ziegelstein	
10	**board** [bɔːd]	Brett	
11	**pole** [pəʊl]	Pfahl; Pfosten	
12	**stick** [stɪk]	Stecken; Stock	➤ a long, thin piece of wood
13	**pipe** [paɪp]	Röhre	a **water pipe** = *Wasserleitung*
14	**tube** [tjuːb]	Röhre; Röhrchen; Schlauch; Tube	
15	**ribbon** ['rɪbən]	Band	➤ what you tie around a present
16	**strip** [strɪp]	Streifen	
17	**rope** [rəʊp]	Seil; Tau	
18	**cable** ['keɪbl]	Leitungskabel; Kabel	
19	**lead** [liːd]	Verbindungskabel; Kabel	
20	**chain** [tʃeɪn]	Kette	Some people keep their dogs on a **chain**.
21	**ring** [rɪŋ]	Ring	a **wedding ring**
22	**wheel** [wiːl]	Rad	A bike has two **wheels**.
23	**frame** [freɪm]	Rahmen	a **window/picture frame**
24	**system** ['sɪstəm]	System	➤ a group of things that work together
25	**equipment** [ɪ'kwɪpmənt] *no pl*	Ausrüstung	➤ the things that you need to do a job or an activity
26	**kit** [kɪt]	Ausrüstung; Bausatz	**sports kit** = *Sportsachen*
27	**tool** [tuːl]	Werkzeug	
28	**instrument** ['ɪnstrəmənt]	Instrument; Gerät	➤➤ device
29	**machine** [mə'ʃiːn]	Maschine	a **drinks/fax machine**
30	**device** [dɪ'vaɪs]	Gerät; Vorrichtung	
31	**robot** ['rəʊbɒt]	Roboter	
32	**machinery** [mə'ʃiːnəri]	Maschinen-; Maschinenbau	
33	**engine** ['endʒɪn]	Motor	a **car engine**
34	**motor** ['məʊtə]	Motor; Auto-	
35	**turbine** ['tɜːbaɪn]	Turbine	
36	**generator** ['dʒenəreɪtə]	Generator	
37	**battery** ['bætəri]	Batterie	My CD player needs new **batteries**.
38	**pump** [pʌmp]	Pumpe	

39	plug [plʌg]	Stecker; Stöpsel
40	to plug in [ˌplʌg ˈɪn]	einstöpseln, einstecken
41	pylon [ˈpaɪlən]	(Strom-)Mast

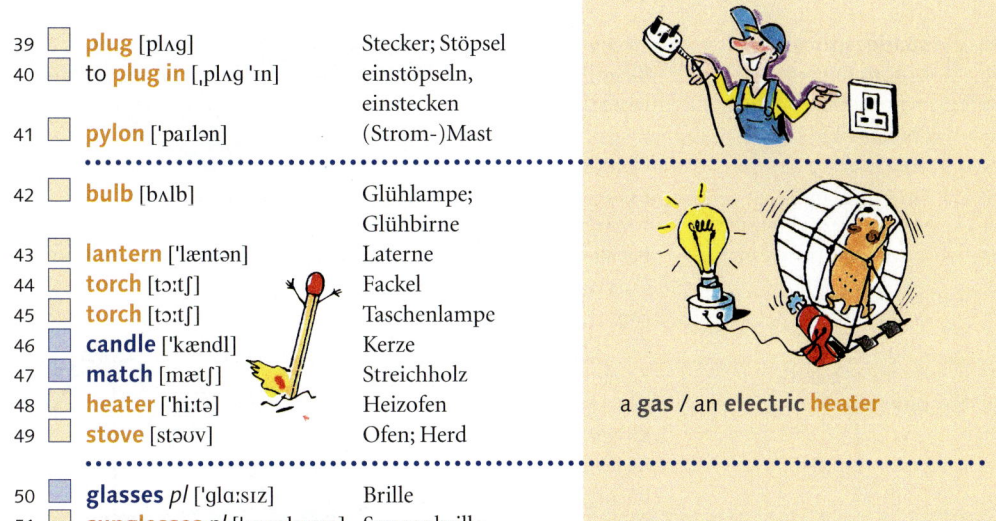

a gas / an electric heater

42	bulb [bʌlb]	Glühlampe; Glühbirne
43	lantern [ˈlæntən]	Laterne
44	torch [tɔːtʃ]	Fackel
45	torch [tɔːtʃ]	Taschenlampe
46	candle [ˈkændl]	Kerze
47	match [mætʃ]	Streichholz
48	heater [ˈhiːtə]	Heizofen
49	stove [stəʊv]	Ofen; Herd

50	glasses pl [ˈglɑːsɪz]	Brille
51	sunglasses pl [ˈsʌnglɑːsɪz]	Sonnenbrille

PAIR NOUNS

I've bought some **sunglasses**. Where are the **scissors**?
I need **a pair of jeans** and **two pairs of shorts**.
Paarwörter bezeichnen Dinge, die aus zwei gleichen Teilen bestehen. Sie können nur im Plural verwendet werden. Man kann sie nicht zusammen mit **a/an** *oder einer Zahl verwenden. Um eine genaue Anzahl anzugeben kann man* **a/one pair of**, **two/three/... pairs of** *verwenden.*
Weitere Paarwörtern: **trousers** *BE /* **pants** *AE (Hose);* **shorts**; **jeans**; **pyjamas** *BE /* **pajamas** *AE (Schlafanzug);* **headphones** *(Kopfhörer);* **scissors** *(Schere),* **tights** *(Strumpfhose)*

52	bell [bel]	Glocke; Klingel	The **bell rang** and the maths lesson was over.
53	needle [ˈniːdl]	Nadel	
54	flag [flæg]	Flagge	The French **flag** has blue, white and red stripes.
55	poster [ˈpəʊstə]	Poster	
56	badge [bædʒ]	Abzeichen; Button	
57	lock [lɒk]	Schloss (Tür)	a **safety lock** = *Sicherheitsschloss*
58	key [kiː]	Schlüssel	I can't find my **house keys**.
59	scissors pl [ˈsɪzəz]	Schere	Small children shouldn't play with **scissors**.
60	saw [sɔː]	Säge	**Saws** and ...
61	axe [æks]	Axt	... **axes** are used to cut up wood.
62	pickaxe [ˈpɪkæks]	Spitzhacke	
63	chainsaw [ˈtʃeɪnsɔː]	Kettensäge	
64	hammer [ˈhæmə]	Hammer	
65	nail [neɪl]	Nagel	
66	spike [spaɪk]	Nagel; Spike	
67	crampon [ˈkræmpɒn]	Steigeisen	
68	jack [dʒæk]	Wagenheber; Winde	You need a **jack** to change a wheel.

69	spade [speɪd]	Spaten	A **spade** is a garden tool.
70	broom [bruːm]	Besen	You use a **broom** for sweeping floors.
71	broomstick ['bruːmstɪk]	Besen(stiel)	
72	stilt [stɪlt]	Pfahl; Stelze	
73	crane [kreɪn]	Kran	

74	container [kən'teɪnə]	Behälter; Gefäß; Container	Baskets, boxes, bags, cans, jars and bottles are **containers**.
75	barrel ['bærəl]	Fass	a **barrel** of beer/oil
76	drum [drʌm]	Fass (Öl); Tonne	an **oil** **drum**
77	bucket ['bʌkɪt]	Eimer	
78	box [bɒks]	Kiste; Schachtel; Kasten	
79	crate [kreɪt]	Kiste	
80	tin [tɪn]	Büchse; Dose	
81	can [kæn]	Dose	
82	funnel ['fʌnl]	Trichter	
83	packet ['pækɪt]	Paket; Päckchen	a **packet** of crisps/cigarettes
84	parcel ['pɑːsl]	Paket	The **parcel** was sent by post.
85	suitcase ['suːtkeɪs]	Koffer	The hotel lobby was full of **suitcases**.
86	case [keɪs]	Koffer	
87	bag [bæg]	Tasche	My **bag** was stolen at the airport.
88	luggage ['lʌgɪdʒ]	Gepäck	➤ bags, suitcases, etc for travelling

89	to collect [kə'lekt]	sammeln; einsammeln	He **collects** stamps and coins.
90	to pick up [ˌpɪk 'ʌp]	aufheben; aufsammeln	She **picked up** a coin that was lying on the ground.
91	collection [kə'lekʃn]	Sammlung	➤ a number of things that have been collected
92	to remove [rɪ'muːv]	wegnehmen; entfernen	➤➤ to take away
93	to cover ['kʌvə]	bedecken	He **covered** the child **with** a blanket.

94	to contain [kən'teɪn]	enthalten; beinhalten	Does this drink **contain** alcohol?
95	to hold [həʊld] held, held [held, held]	enthalten; fassen	I don't think your suitcase will **hold** all your skirts and T-shirts.
96	to include [ɪn'kluːd]	einschließen; beinhalten	Does the price for the room **include** breakfast?
97	including [ɪn'kluːdɪŋ]	einschließlich; inbegriffen	My mobile was €59.99, **including** postage and packaging.
98	to pack [pæk]	(ver)packen; einpacken	➤ to put things into a bag, box, etc
99	to wrap up [ˌræp 'ʌp]	einwickeln	She **wrapped up** the present.

4 UMWELT

5 Mensch

1	to **be** [biː] was/were, been [wəz, wə, biːn]	sein; existieren	'To **be** or not to **be**, that is the question.' (Shakespeare's 'Hamlet')
2	to **exist** [ɪgˈzɪst]	existieren; vorhanden sein	Does life **exist** on Mars?
3	**existing** [ɪgˈzɪstɪŋ]	vorhanden; existierend	
4	to **create** [kriˈeɪt]	erschaffen; hervorbringen; verursachen	➤ to make something happen or exist
5	**genetic** [dʒəˈnetɪk]	genetisch	a **genetic** disease
6	to **clone** [kləʊn]	klonen	➤ to create an exact copy of an animal or a plant
7	**clone** [kləʊn]	geklontes Wesen	➤ the exact copy of something or someone
8	**pregnant** [ˈpregnənt]	schwanger	She's six and a half months **pregnant**.
9	**labour ward** [ˈleɪbə wɔːd]	Kreißsaal	
10	to **be born** [bi ˈbɔːn]	geboren werden	He **was born** in a small village.
11	**the pains** [ðə ˈpeɪnz]	die Wehen	
12	**fetal** [ˈfiːtl]	fetal; Fetal-	
13	**native** [ˈneɪtɪv]	gebürtig; eingeboren; Eingeborene/r	He's a **native** of Venezuela.
14	**birth** [bɜːθ]	Geburt	➤◄ death at **birth** = bei der Geburt
15	**birthday** [ˈbɜːθdeɪ]	Geburtstag	It's my **birthday** today.
16	**birthplace** [ˈbɜːθpleɪs]	Geburtsort	➤ the house or area where a person was born
17	to **live** [lɪv]	leben	His grandad **lived** until he was 80.
18	**life** [laɪf] pl lives [laɪvz]	Leben	**Life** is very hard for Jessica. (Das Leben …) Her brother leads a very dangerous **life**.
19	**alive** [əˈlaɪv]	lebendig; am Leben	➤◄ dead
20	to **die** [daɪ]	sterben	➤◄ to be born
21	to **die out** [ˌdaɪ ˈaʊt]	aussterben	Dinosaurs **died out** millions of years ago.
22	**dead** [ded]	tot	
23	**death** [deθ]	Tod	➤◄ life pl lives
24	**cot death** [ˈkɒt deθ]	plötzlicher Kindstod	
25	**fatal** [ˈfeɪtl]	tödlich; mit tödlichem Ausgang	a **fatal** accident/ illness/injury
26	to **kill** [kɪl]	töten; umbringen	➤ to make a person or animal die
27	**corpse** [kɔːps]	Leiche	➤ a dead body
28	to **survive** [səˈvaɪv]	überleben	Four people died in the accident. Only one person **survived**.

| 29 | survival [sə'vaɪvl] | Überleben | **chances of survival** = *Überlebens-chancen* |
| 30 | survivor [sə'vaɪvə] | Überlebende/r | the **survivors** of the crash |

31	sex [seks]	Geschlecht; Sex; Geschlechtsverkehr	What **sex** is your dog? – Terry is female.
32	male [meɪl]	männlich	►◄ female
33	female ['fiːmeɪl]	weiblich	
34	virgin ['vɜːdʒɪn]	Jungfrau; jungfräulich	► someone who has never had sex
35	gay [geɪ]	schwul	
36	lesbian ['lezbiən]	lesbisch	

5.2 Lebensalter

1	old [əʊld]	alt	►◄ young
2	age [eɪdʒ]	Alter	What's your **age**? = How old are you?
3	aged [eɪdʒd]	im Alter von	► at the age of He married **aged** 29.
4	elderly ['eldəli]	älter	an **elderly** woman
5	young [jʌŋ]	jung	►◄ old
6	baby ['beɪbi]	Baby	► a very young child
7	child [tʃaɪld] *pl* children ['tʃɪldrən]	Kind	She lived in Italy as a **child**. (*als Kind*)
8	boy [bɔɪ]	Junge	►◄ girl
9	girl [gɜːl]	Mädchen	►◄ boy
10	teenager ['tiːneɪdʒə]	Teenager	► a boy or girl aged between 13–19
11	teenage ['tiːneɪdʒ]	im Teenagealter	
12	adult ['ædʌlt]	Erwachsene/r; erwachsen	►◄ child
13	grown-up ['grəʊnʌp]	Erwachsene/r; erwachsen	

> **UNREGELMÄßIGE PLURALFORMEN**
> baby – bab**ies** *aber* boy – boy**s**;
> man – m**e**n; woman – wom**e**n;
> child – child**ren**; mouse – m**ice**;
> person – **people**

| 14 | man [mæn]
pl men [men] | Mann | |
| 15 | woman ['wʊmən]
pl women ['wɪmɪn] | Frau | |

16	to develop [dɪ'veləp]	(sich) entwickeln	► to become bigger / more important
17	to grow up [ˌgrəʊ 'ʌp] grew, grown [gruː, grəʊn]	aufwachsen; erwachsen werden	► to become older or an adult She **grew up** in Scotland.
18	development [dɪ'veləpmənt]	Entwicklung	Healthy food is important for a child's **development**.

19	youth [juːθ]	Jugend	► the time when someone is young
20	childhood ['tʃaɪldhʊd]	Kindheit	► the time when you are a child
21	generation [ˌdʒenə'reɪʃn]	Generation	► all people of about the same age
22	life expectancy ['laɪf ɪk'spektənsi]	Lebenserwartung	

1	**body** ['bɒdi]	Körper	Sport is good for your **body**.
2	**physical** ['fɪzɪkl]	körperlich	**physical exercise/activity**

3	**head** [hed]	Kopf	She **shook** her **head**.
4	to **nod** [nɒd]	nicken	Are you OK? – She **nodded** her **head**.
5	**brain** [breɪn]	Gehirn	Your **brain** controls thought, movement, memory and feeling.

6	**neck** [nek]	Hals	
7	**throat** [θrəʊt]	Kehle; Hals	I have a **sore throat**. (*Halsschmerzen*)
8	**face** [feɪs]	Gesicht	
9	to **screw up your face** [ˌskruː ʌp jɔː 'feɪs]	das Gesicht verziehen	
10	**hair** [heə]	Haar	Your **hair is** short. = *Deine Haare **sind** kurz.*
11	**eye** [aɪ]	Auge	
12	**pupil** ['pjuːpl]	Pupille	
13	**eyelash** ['aɪlæʃ]	Augenwimper	
14	to **wink** [wɪŋk]	blinzeln; zwinkern	to **wink** = *zwinkern* *winken* = to **wave** (your hand)
15	**tear** [tɪə]	Träne	
16	**ear** [ɪə]	Ohr	
17	**nose** [nəʊz]	Nase	
18	**mouth** [maʊθ]	Mund	
19	to **spit** [spɪt] spat, spat [spæt, spæt]	spucken	
20	**lip** [lɪp]	Lippe	
21	**tooth** [tuːθ] *pl* teeth [tiːθ]	Zahn	
22	**cheek** [tʃiːk]	Wange; Backe	
23	to **blush** [blʌʃ]	erröten	When you **blush**, your face goes red.

24	**heart** [hɑːt]	Herz	Her **heart** was **beating** very fast.
25	**heartbeat** ['hɑːtbiːt]	Herzschlag	
26	**blood** [blʌd]	Blut	*Vorsicht bei der Aussprache!* He **lost** a lot of **blood** in the accident. ➤ to lose blood
27	to **bleed** [bliːd] bled, bled [bled, bled]	bluten	

28	**back** [bæk]	Rücken	
29	**shoulder** ['ʃəʊldə]	Schulter	
30	**arm** [ɑːm]	Arm	
31	**elbow** ['elbəʊ]	Ellenbogen	
32	**hand** [hænd]	Hand	
33	to **shake** [ʃeɪk] shook, shaken [ʃʊk, 'ʃeɪkən]	zittern	Her hands were **shaking**. The two footballers **shook hands**.
34	to **shake hands** [ʃeɪk 'hændz] shook, shaken [ʃʊk, 'ʃeɪkən]	die Hand geben	
35	to **be left-handed** [bi ˌleft'hændɪd]	Linkshänder/in sein	

36	**fist** [fɪst]	Faust	
37	**wrist** [rɪst]	Handgelenk	
38	**finger** ['fɪŋə]	Finger	
39	**thumb** [θʌm]	Daumen	*Aussprache: Stummes 'b'!*
40	**knuckle** ['nʌkl]	Fingerknöchel	

41	**stomach** ['stʌmək]	Magen; Bauch	➤➤ belly
42	**belly** ['beli]	Bauch	
43	**leg** [leg]	Bein	
44	**knee** [niː]	Knie	
45	**foot** [fʊt]	Fuß	**on foot**
	pl feet [fiːt]		= *zu Fuß*
46	**toe** [təʊ]	Zehe	
47	**ankle** ['æŋkl]	Knöchel; Fußgelenk	

48	**muscle** ['mʌsl]	Muskel	**arm/leg/neck/stomach muscles**
49	**nerve** [nɜːv]	Nerv	
50	**skin** [skɪn]	Haut; Fell	**fair/pale/dark/soft skin**
51	to **itch** [ɪtʃ]	jucken; brennen	
52	to **scratch** [skrætʃ]	kratzen	He **scratched** his **head**.
53	**freckles** ['freklz]	Sommersprossen	
54	**blister** ['blɪstə]	Blase	My new shoes gave me **blisters**.
55	**bone** [bəʊn]	Knochen	He **broke** two **bones** in the accident.

56	to **wake** [weɪk]	wecken	Can you **wake** me at six?
	woke, woken		
	[wəʊk, 'wəʊkən]		
57	to **wake up** [,weɪk 'ʌp]	aufwachen;	
	woke, woken	aufwecken	
	[wəʊk, 'wəʊkən]		
58	to **awake** [ə'weɪk]	aufwachen	
	awoke, awoken		
	[ə'wəʊk, ə'wəʊkən]		
59	**awake** [ə'weɪk]	wach	
60	to **sleep** [sliːp]	schlafen	
	slept, slept [slept, slept]		
61	**sleep** [sliːp]	Schlaf	I didn't get much **sleep** last night.
62	to **fall asleep** [,fɔːl ə'sliːp]	einschlafen	➤➤ to begin to sleep
	fell, fallen [fel, 'fɔːlən]		
63	to **be asleep** [bi ə'sliːp]	schlafen	He**'s** still **asleep**. Don't wake him.
64	**nightmare** ['naɪtmeə]	Albtraum	➤ a very frightening dream; a very bad situation
65	to **cat-nap** ['kætnæp]	dösen; ein Nicker- chen machen	➤ to have a short sleep
66	**siesta** [si'estə]	Siesta; Nachmittagsschlaf	to **have/take a siesta**
67	to **dream (of)** [driːm]	träumen (von)	She**'s dreaming of** becoming a rock star.
	dreamt/dreamed, dreamt/dreamed [dremt, dremt]		
68	**dream** [driːm]	Traum	My sister **had** a bad **dream** last night.

> **SLEEP ODER BE ASLEEP?**
> I normally **sleep** on my back.
> Be quiet! The baby **is asleep**.
> I always **fall asleep** in front of the TV.
> (*schlafe ein*)
> *Normalerweise verwendet man* **is asleep**
> *statt* **is sleeping** *wenn jemand gerade*
> *schläft.*

69	to **rest** [rest]	ausruhen	➤➤ to relax
70	**rest** [rest]	Ruhe	to **have a rest**
71	to **unwind** [ˌʌn'waɪnd]	abschalten;	➤➤ to relax
	unwound, unwound	sich entspannen	Listening to music helps me to
	[ˌʌn'waund, ˌʌn'waund]		**unwind** after a busy day.
72	to **relax** [rɪ'læks]	sich erholen	Just **relax** and enjoy the movie.
73	to **take it easy**	sich schonen	Why don't you **take it easy** for a
	[ˌteɪk ɪt 'iːzi]		few days?
	took, taken [tʊk, 'teɪkən]		
74	**tired** ['taɪəd]	müde	I **felt** so **tired** last week.
75	**exhausted** [ɪg'zɔːstɪd]	erschöpft	➤➤ very tired

5.4 Gesundheit und Medizin

1	**physiology** [ˌfɪzi'ɒlədʒi]	Physiologie	*(Lehre von den Lebensvorgängen)*
2	**healthy** ['helθi]	gesund	**healthy** children/food/air
3	**health** [helθ]	Gesundheit(szustand)	He's in **poor/good/excellent health**.
4	**well** [wel]	gesund	She's got flu. She's not **well**.
	better ['betə]		I hope she **gets better** soon.
5	**fit** [fɪt]	fit; geeignet	➤ well and strong
6	**fitness** ['fɪtnəs]	Fitness	
7	**better** ['betə]	besser	I hope your cold gets **better** soon.
8	**all right** [ɔːl 'raɪt]	in Ordnung	➤➤ OK
			Are you feeling **all right**, Sandra?
9	**OK** [ˌəʊ'keɪ]	OK	➤➤ all right
10	**I'm fine** [aɪm 'faɪn]	Mir geht's gut.	How are you? – **I'm fine**, thanks.
11	**ill** [ɪl]	krank	Adam is **ill**. He's not at school.
12	**sick** [sɪk]	krank	I **feel sick**. = *Mir ist übel.*
			The boy **was sick** in the toilet.
			(übergab sich)
13	**bad** [bæd]	schlecht	➤◄ healthy
	worse, worst		I feel **bad**.
	[wɜːs, wɜːst]		
14	**illness** ['ɪlnəs]	Krankheit	James has never had
			any serious **illnesses**.
15	**disease** [dɪ'ziːz]	Krankheit	Malaria is a **disease**.
16	**AIDS** [eɪdz]	Aids	
17	**asthma** ['æsmə]	Asthma	
18	**bronchial** ['brɒŋkiəl]	bronchial	
19	**cancer** ['kænsə]	Krebs	
20	**cerebral palsy**	zerebrale	
	[ˌserəbrəl 'pɔːlzi]	Bewegungsstörung	
21	**leprosy** ['leprəsi]	Lepra	
22	**malaria** [mə'leəriə]	Malaria	**Malaria** is spread by mosquitoes.
23	**smallpox** ['smɔːlpɒks]	Pocken	
24	**typhoid fever**	Typhus	
	[ˌtaɪfɔɪd 'fiːvə]		
25	**diarrhoea**	Durchfall	Bad food can give you **diarrhoea**.
	[ˌdaɪə'rɪə]		

SICK/ILL
I was at home because I was **sick**.
He can't go to school today. He's **ill**.
She looked after her **sick** mother
ill *kann nicht vor einem Nomen stehen!*

26	disabled [dɪsˈeɪbld]	behindert	Jessica is **disabled** – she's in a **wheelchair**.
27	disability [ˌdɪsəˈbɪləti]	Behinderung	a **learning/physical disability**
28	wheelchair [ˈwiːltʃeə]	Rollstuhl	

. . . .

29	pain [peɪn]	Schmerz	I have **a pain in** my left arm.
30	agony [ˈægəni]	Qual	➤ very bad pain
31	to hurt [hɜːt] hurt, hurt [hɜːt, hɜːt]	schmerzen; weh tun	I can't move my leg. It **hurts**.
32	to injure [ˈɪndʒə]	verletzen	➤➤ to hurt someone/something He fell from the pony and **injured** his back.
33	injury [ˈɪndʒəri]	Verletzung	**internal injuries**
34	to harm [hɑːm]	schaden; verletzen	No one **was harmed** by the explosion.
35	to suffer (from) [ˈsʌfə]	leiden (an); erleiden	Lots of people in Africa **suffer from** AIDS.
36	internal [ɪnˈtɜːnl]	innerlich; innere(r, s)	➤ inside your body
37	bruised [bruːzd]	mit Blutergüssen; mit blauen Flecken	a badly **bruised leg/arm**
38	burn [bɜːn]	Verbrennung	
39	rupture [ˈrʌptʃə]	Bruch; Riss	
40	to cut [kʌt] cut, cut [kʌt, kʌt]	schneiden; zerschneiden	Don't **cut** yourself with that knife.
41	to wound [wuːnd]	verwunden	➤ to injure somebody with a knife, gun, etc
42	to break [breɪk] broke, broken [brəʊk, ˈbrəʊkən]	brechen	
43	bandage [ˈbændɪdʒ]	Verband; Bandage	
44	cast [kɑːst]	Gipsverband	

. . . .

45	to faint [feɪnt]	ohnmächtig werden	➤ to become unconscious
46	to collapse [kəˈlæps]	zusammenbrechen; einen Kollaps erleiden	➤ to fall down
47	unconscious [ʌnˈkɒnʃəs]	bewusstlos	He fell on his head and was **unconscious** for ten minutes.
48	to groan [grəʊn]	stöhnen	
49	sigh [saɪ]	Seufzer	After the treatment he gave a deep **sigh** of relief.

. . . .

50	headache [ˈhedeɪk]	Kopfschmerzen	➤ a pain in your head She **had** a very bad **headache**.
51	cold [kəʊld]	Erkältung	to **catch a cold** = sich erkälten
52	breath [breθ]	Atem; Atemzug	He was **out of breath** after the race.
53	to breathe [briːð]	(ein)atmen	She was **breathing** heavily after her long run.
54	to cough [kɒf]	husten	Alice was **coughing** all the time because of her cold.
55	to pant [pænt]	keuchen; hecheln	
56	to choke on sth [ˈtʃəʊk ɒn]	sich an etwas verschlucken	If you talk while you are eating, you might **choke on** something.

57 ☐	**flu** [fluː]	Grippe	Steven's still **in bed with flu**. He's **got the flu**.
58 ☐	**influenza** [ˌɪnflu'enzə]	Grippe	➤➤ flu
59 ☐	**fever** ['fiːvə]	Fieber	**Has she got** a **fever**? – Yes, 39.3°C.
60 ☐	**toothache** ['tuːθeɪk]	Zahnschmerzen	➤ a pain in a tooth

61 ☐	**heart attack** ['hɑːt ətæk]	Herzanfall; Herzinfarkt	Her dad **had a heart attack** and was taken to hospital.
62 ☐	**first aid** [ˌfɜːst 'eɪd]	erste Hilfe	
63 ☐	**doctor** ['dɒktə]	Arzt; Ärztin	She should **go to** the **doctor** with that cough.
64 ☐	**patient** ['peɪʃnt]	Patient/in	Dr Muzzolini is very popular with his **patients**.
65 ☐	**syndrome** ['sɪndrəʊm]	Syndrom	
66 ☐	**seizure** ['siːʒə]	Anfall	➤ a sudden attack of an illness
67 ☐	**tic** [tɪk]	Zucken; Tic	
68 ☐	to **examine** [ɪg'zæmɪn]	untersuchen	➤ to look at someone or something carefully
69 ☐	**examination** [ɪgˌzæmɪ'neɪʃn]	Untersuchung	She was given a long **medical examination**.
70 ☐	**X-ray** ['eksreɪ]	Röntgenaufnahme	
71 ☐	**diagnosis** [ˌdaɪəg'nəʊsɪs] *pl* diagnoses [ˌdaɪəg'nəʊsiːz]	Diagnose	
72 ☐	**test** [test]	Untersuchung; Test	an **eye test**, a **blood test**
73 ☐	to **treat** [triːt]	behandeln	AIDS can be **treated** with drugs.
74 ☐	**treatment** ['triːtmənt]	Behandlung	**hospital treatment**
75 ☐	**therapy** ['θerəpi]	Therapie; Behandlung	*Betonung:* ●●●
76 ☐	to **cure** [kjʊə]	heilen	➤ to make somebody healthy again
77 ☐	**operation** [ˌɒpə'reɪʃn]	Operation	He's going to **have an operation on** his knee.
78 ☐	to **amputate** ['æmpjuteɪt]	amputieren	

79 ☐	**medical** ['medɪkl]	medizinisch	**medical students/treatment**
80 ☐	**hospital** ['hɒspɪtl]	Krankenhaus	
81 ☐	**nurse** [nɜːs]	Krankenschwester; Krankenpfleger	
82 ☐	**ambulance** ['æmbjələns]	Krankenwagen	
83 ☐	**paramedic** [ˌpærə'medɪk]	Rettungsassistent/in	
84 ☐	**stretcher** ['stretʃə]	Tragbahre	

85 ☐	to **look after** [ˌlʊk 'ɑːftə]	sich kümmern um	A nurse **looks after** sick people.
86 ☐	to **take care of** [teɪk 'keər əv] took, taken [tʊk, 'teɪkən]	sich kümmern um	➤➤ to look after
87 ☐	to **care (for)** [keə]	sich kümmern um	➤➤ to look after
88 ☐	to **recover** [rɪ'kʌvə]	sich erholen	➤ to get better after an illness or injury

89	**prescription** [prɪˈskrɪpʃn]	Rezept	
90	**medicine** [ˈmedsn]	Medizin	You can buy **medicines** …
91	**chemist** [ˈkemɪst]	Apotheker/in; Drogist/in	**at a chemist**'s = *in einer Apotheke*
92	**pill** [pɪl]	Pille	
93	**aspirin** [ˈæsprɪn]	Aspirin	He took some **aspirin** for his headache.
94	**toothpaste** [ˈtuːθpeɪst]	Zahnpasta	
95	**drug** [drʌg]	Droge; Medikament	Heroin is a dangerous **drug**.
96	**soft drug** [ˌsɒft ˈdrʌg]	weiche Droge	
97	**cannabis** [ˈkænəbɪs]	Haschisch	
98	**Ecstasy** [ˈekstəsi]	Ecstasy (Droge)	
99	**LSD** [ˌel es ˈdiː]	LSD	
100	**heroin** [ˈherəʊɪn]	Heroin	
101	**poison** [ˈpɔɪzn]	Gift	**rat poison**
102	**poisonous** [ˈpɔɪzənəs]	giftig	**poisonous** snakes/plants

5.5 Aussehen

1	**little** [ˈlɪtl]	klein	Look at that **little** boy.
2	**small** [smɔːl]	klein	►◄ big
3	**short** [ʃɔːt]	kurz	►◄ long
4	**tall** [tɔːl]	groß	**How tall is** Stephanie?
5	**big** [bɪg]	groß	►◄ small
6	**strong** [strɒŋ]	stark	Is he **strong** enough to carry this box?
7	**weak** [wiːk]	schwach	►◄ strong
8	**slim** [slɪm]	schlank	
9	**thin** [θɪn]	dünn	►◄ fat
10	**skinny** [ˈskɪni]	dürr	►► very thin
11	**underweight** [ˌʌndəˈweɪt]	untergewichtig	
12	**fat** [fæt]	dick; fett	He's **fat** because he eats too much.
13	**naked** [ˈneɪkɪd]	nackt	► not covered by clothes
14	**barefoot** [ˈbeəfʊt]	barfuß	► with nothing on your feet They were **walking barefoot** along the beach.

15	to **look** [lʊk]	aussehen	She **looked** tired.
16	**like** [laɪk]	wie	*Wie sieht er aus?* = **What** does he **look like**?
17	**image** [ˈɪmɪdʒ]	Bild	

18	**pretty** [ˈprɪti]	hübsch	►► lovely
19	**attractive** [əˈtræktɪv]	attraktiv; anziehend	His girlfriend is very **attractive**.
20	**beautiful** [ˈbjuːtɪfl]	schön; hübsch	►► lovely
21	**beauty** [ˈbjuːti]	Schönheit	**beauty** products
22	**good-looking** [ˌgʊdˈlʊkɪŋ]	gut aussehend	a very **good-looking** young man
23	**lovely** [ˈlʌvli]	schön; hübsch	You look **lovely** with your new haircut.
24	**girlie** *AE* [ˈgɜːli]	mädchenhaft	Do you think this shirt looks too **girlie**?

25	☐	**handsome** [ˈhænsəm]	gut aussehend

MAN	a **good-looking** man	a **handsome** man	an **attractive** young man
WOMAN	a **good-looking** woman	his **beautiful** girlfriend	an **attractive** model
CHILD	a **pretty** child	a **beautiful** child	
	a **pretty** girl	a **handsome** boy	
THING	a **pretty** picture	a **beautiful** house	an **attractive** town

Achtung: **handsome** *wird nur für Männer verwendet!*

26	☐	**smart** [smɑːt]	schick; elegant; flott	Someone who **looks smart** wears nice clothes and looks very neat.

• •

27	☐	**wrinkled** [ˈrɪŋkld]	runzlig; faltig	a **wrinkled face**
28	☐	**ugly** [ˈʌgli]	häßlich	➤ very unattractive to look at

• •

29	☐	**blonde** [blɒnd]	blond	His sister is **blonde** and very pretty.
30	☐	**fair** [feə]	blond	
31	☐	**fair-haired** [ˌfeə(ˈheəd)]	blond	
32	☐	**dark** [dɑːk]	dunkel	My brother has **dark** hair.
33	☐	**pale** [peɪl]	bleich; blass	➤ with little colour
34	☐	**curly** [ˈkɜːli]	lockig; kraus	a **curly**-haired girl
35	☐	**beard** [bɪəd]	Bart	His father **had** a black **beard**.

• •

36	☐	to **sunbathe** [ˈsʌnbeɪð]	sonnenbaden	➤ to lie in the sun in order to become brown
37	☐	**suntan** [(ˈsʌn)tæn]	(Sonnen-)Bräune; Farbe	Sheila got a nice **suntan** during her holiday.
38	☐	**tan** [(ˈsʌn)tæn]	(Sonnen-)Bräune; Farbe	
39	☐	to **tan** [tæn]	bräunen	

5.6 Kleidung und Körperpflege

1	☐	**clothes** [kləʊðz]	Kleidung	*Aussprache!*
2	☐	**clothing** [ˈkləʊðɪŋ]	Bekleidung; Kleidung	the **clothing** industry, warm **clothing**
3	☐	**garment** [ˈgɑːmənt]	Kleidungsstück	➤➤ a piece of clothing **garment** *klingt förmlich*
4	☐	**dress** [dres]	Kleid	Her mother was **wearing** a red **dress**.
5	☐	to **dress** [dres]	anziehen	Can you **dress** the children, please.
6	☐	to **get dressed** [get ˈdrest] got, got [gɒt, gɒt]	sich anziehen	Hurry up and **get dressed**.
7	☐	**uniform** [ˈjuːnɪfɔːm]	Uniform	*Aussprache:* a **uniform** [ə ˈjuːnɪfɔːm] the **uniform** [ðə ˈjuːnɪfɔːm]
8	☐	**costume** [ˈkɒstjuːm]	Kostüm	She **wore** a bear **costume**.
9	☐	**gown** [gaʊn]	Robe; Talar	Priests wear **gowns**.
10	☐	**sari** [ˈsɑːri]	Sari (indisches Kleidungsstück)	
11	☐	**apron** [ˈeɪprən]	Schürze	

• •

12	to **wear** [weə] wore, worn [wɔː, wɔːn]	tragen	to **wear** a dress / a uniform / a shirt / a T-shirt
13	to **put on** [ˌpʊt ˈɒn] put, put [pʊt, pʊt]	anziehen	➤◄ take off
14	to **take off** [ˌteɪk ˈɒf] took, taken [tʊk, ˈteɪkən]	abnehmen; ausziehen	Please **take off** your dirty shoes.
15	to **change** [tʃeɪndʒ]	sich umziehen	➤ to take off your clothes and put on different ones

. . . .

16	**disguise** [dɪsˈgaɪz]	Verkleidung	➤ something that you wear to hide who you are
17	**mask** [mɑːsk]	Maske	
18	**wig** [wɪg]	Perücke	
19	to **try on** [ˌtraɪ ˈɒn]	anprobieren	I'd like to **try** these shoes **on**.
20	to **dress up** (as) [ˌdres ˈʌp əz]	sich verkleiden (als)	➤ to wear special clothes for fun

. . . .

21	**fashion** [ˈfæʃn]	Mode	Jeans are still **in fashion**.
22	**model** [ˈmɒdl]	Modell; Fotomodell	
23	**punk** [pʌŋk]	Punk	

. . . .

24	to **suit** [suːt]	stehen	Blue **suits** her.

PASSEN		
TO FIT	This key doesn't **fit** the lock.	(der Größe nach) passen
TO SUIT	This colour doesn't **suit** me.	stehen, zusagen, gefallen
TO MATCH	The chairs don't **match** the carpet.	(in der Farbe) zusammenpassen

25	**suit** [suːt]	Anzug	All the businessmen were **wearing suits**.
26	**skirt** [skɜːt]	Rock	
27	**miniskirt** [ˈmɪnɪskɜːt]	Minirock	➤ a very short skirt
28	**hot pants** pl [ˈhɒt pænts]	Hotpants	➤ very short tight women's shorts
29	**jumpsuit** [ˈdʒʌmpsuːt]	Overall	
30	**trousers** BE pl [ˈtraʊzəz]	Hose	**trousers** ist immer Plural: Is that a new **pair of trousers**? – Yes, I bought them this morning.
31	**pants** AE pl [pænts]	Hose	
32	**jeans** pl [dʒiːnz]	Jeans	
33	**flared** [fleəd]	ausgestellt	**flared** trousers
34	**bell-bottom trousers** pl [ˌbelbɒtəm ˈtraʊzəz]	Schlaghosen	
35	**leggings** pl [ˈlegɪŋz]	Leggings	
36	**jacket** [ˈdʒækɪt]	Jacke; Jackett	
37	**pocket** [ˈpɒkɪt]	Tasche (Jacke/Hose)	
38	**brassiere/bra** [ˈbræzɪə, brɑː]	BH; Büstenhalter	
39	**tights** pl [taɪts]	Strumpfhose	
40	**shorts** pl [ʃɔːts]	kurze Hose; Shorts	Football players **wear shorts**.
41	**underwear** [ˈʌndəweə]	Unterwäsche	➤ clothes that you wear under other clothes

42	**swimsuit** ['swɪmsjuːt]	Badeanzug	➤ what you wear to go swimming
43	**pyjamas** *pl* [pə'dʒɑːməz] *AE pl* pajamas [pə'dʒɑːməz]	Schlafanzug	➤ light trousers and a shirt that you wear in bed
44	**nightdress** ['naɪtdres]	Nachthemd	
45	**dressing gown** ['dresɪŋ gaʊn]	Bademantel	
46	**coat** [kəʊt]	Mantel	He put on his **coat** and went outside.
47	**waterproof** ['wɔːtəpruːf]	Regenmantel; wasserundurchlässiges Kleidungsstück	
48	**parka** ['pɑːkə]	Parka	
49	**umbrella** [ʌm'brelə]	Regenschirm	
50	**pullover** ['pʊləʊvə]	Pullover	➤➤ sweater
51	**sweater** ['swetə]	Pullover	
52	**cardigan** ['kɑːdɪgən]	Strickjacke	My grandfather always wears a **cardigan**.
53	**shirt** [ʃɜːt]	Hemd	
54	**T-shirt** ['tiːʃɜːt]	T-Shirt	
55	**blouse** [blaʊz]	Bluse	➤ a shirt for a woman or girl
56	**top** [tɒp]	Oberteil; Top	
57	**sleeve** [sliːv]	Ärmel	
58	**long-sleeved** [ˌlɒŋ'sliːvd]	langärmlig	a **long-sleeved** sweater
59	**tie** [taɪ]	Krawatte	Some men hate wearing a **tie**.
60	**button** ['bʌtn]	Knopf	
61	**hat** [hæt]	Hut	**Hats** and …
62	**cap** [kæp]	Mütze	… **caps** keep you warm in winter.
63	**helmet** ['helmɪt]	Helm; Schutzhelm	Don't ride a bike without a **helmet**.
64	**tracksuit** ['træksuːt]	Trainingsanzug	
65	**purse** [pɜːs]	Geldbeutel	You can keep your money in a **purse**.
66	**handbag** *BE* ['hændbæg]	Handtasche	Women carry personal things in a **handbag**.
67	**purse** *AE* [pɜːs]	Handtasche	
68	**scarf** [skɑːf] *pl* scarves [skɑːvz]	Schal	
69	**belt** [belt]	Gürtel; Gurt	
70	**glove** [glʌv]	Handschuh	a **pair of gloves**
71	**handkerchief** ['hæŋkətʃɪf]	Taschentuch	
72	**tissue** ['tɪʃuː]	Papiertaschentuch	a **box of tissues**
73	**jewellery** ['dʒuːəlri] *AE* jewelry ['dʒuːəlri]	Schmuck; Juwelen	➤ rings and precious stones
74	**jewel** ['dʒuːəl]	Juwel; Edelstein	**jewels** = *Schmuck, Juwelen*
75	**brooch** [brəʊtʃ]	Brosche	
76	**hairpin** ['heəpɪn]	Haarnadel	
77	**piercing** ['pɪəsɪŋ]	Piercing	He has several tattoos and **piercings**.

ATISHOO!

78	**shoe** [ʃuː]	Schuh	
79	**boot** [buːt]	Stiefel	
80	**sneaker** ['sniːkə]	Turnschuh	➤ shoes that you wear for sports
81	**moccasin** ['mɒkasɪn]	Mokassin	**Moccasins** are soft shoes …
82	**sole** [səʊl]	Sohle	… with flat **soles**.
83	**sock** [sɒk]	Socke	
84	**pair** [peə]	Paar	**a pair of shoes/socks**

···

85	**hygiene** ['haɪdʒiːn]	Hygiene; Gesundheitspflege	
86	to **wash** [wɒʃ]	(sich) waschen	➤ to clean with soap and water I **got washed** quickly and left.
87	to **shave** [ʃeɪv]	sich rasieren	He **shaved** his beard …
88	**shaver** ['ʃeɪvə]	Rasierapparat	with an **electric shaver**.
89	**toothbrush** ['tuːθbrʌʃ]	Zahnbürste	
90	to **clean** [kliːn]	sauber machen; putzen	We **clean** the apartment every Saturday.
91	to **wipe** [waɪp]	wischen; abwischen	She **wiped** her hands on her trousers.
92	to **tidy** ['taɪdi]	aufräumen	Please **tidy** your room before lunch.
93	to **have (a bath/shower)** [həv ə 'bɑːθ]	ein Bad nehmen; duschen	I usually **have a bath** in the morning.
94	to **bathe** [beɪð]	baden; ein Bad nehmen	
95	**shower** ['ʃaʊə]	Dusche	I'm going to **have a shower** before breakfast.
96	**comb** [kəʊm]	Kamm	*Aussprache: Stummes 'b'!*
97	to **comb** [kəʊm]	kämmen	*Aussprache: Stummes 'b'!*
98	**brush** [brʌʃ]	Bürste	
99	to **brush** [brʌʃ]	bürsten; putzen	She **brushed** her hair, **her teeth** and **her shoes**.

···

100	to **iron** [aɪən]	bügeln	**Did** you **iron** my T-shirt?
101	to **press** [pres]	bügeln	Could you **press** my trousers, please?
102	**clean** [kliːn]	sauber	➤◄ dirty
103	**tidy** ['taɪdi]	ordentlich	Her room is always **tidy**.
104	**neat** [niːt]	ordentlich; sauber; gepflegt	➤➤ tidy
105	**fresh** [freʃ]	frisch	**fresh** milk/air/colours/ideas
106	**pure** [pjʊə]	rein	**pure** wool/cotton
107	**dirty** ['dɜːti]	schmutzig	**dirty** socks/dishes/jokes
108	**dirt** [dɜːt]	Schmutz; Dreck	The farmer came back from the field with **dirt** on his shoes.
109	**impure** [ɪm'pjʊə]	verunreinigt	
110	**filthy** ['fɪlθi]	dreckig	➤➤ very dirty
111	**spot** [spɒt]	Fleck(en)	

···

112	**haircut** ['heəkʌt]	Haarschnitt	He should **have a haircut**.
113	**cosmetics** [kɒz'metɪks]	Kosmetika	
114	**cream** [kriːm]	Creme	**face cream**
115	**sun cream** ['sʌn kriːm]	Sonnencreme	
116	**LPF** [ˌel piː 'ef]	Lichtschutzfaktor	**L**ight **P**rotection **F**actor
117	**make-up** ['meɪkʌp]	Make-up	She's **wearing** too much **make-up**.

1	**hungry** ['hʌŋgri]	hungrig	I'm **hungry**.
2	**hunger** ['hʌŋgə]	Hunger	The baby was crying with **hunger**.
3	to **starve** [stɑːv]	verhungern	A lot of animals **starved to death** last winter.
4	**famine** ['fæmɪn]	Hungersnot	
5	**appetite** ['æpɪtaɪt]	Appetit	„Guten Appetit!" existiert im Englischen nicht.
6	**not** to **agree with** [nɒt ə'griː wɪð]	jdm nicht bekommen; etwas nicht vertragen	If a type of food or drink **does not agree with** you, it makes you feel ill.
7	**diet** ['daɪət]	Diät	I won't eat any cake. I'm **on a diet**.
8	**thirsty** ['θɜːsti]	durstig	►◄ hungry
9	**thirst** [θɜːst]	Durst	
10	**food** [fuːd]	Essen; Lebensmittel	Do you like the **food** at school?
11	**raw** [rɔː]	roh	►◄ cooked **raw** meat/vegetables
12	to **eat** [iːt] ate, eaten [et, 'iːtn]	essen	Would you like **something to eat**?
13	to **feed** [fiːd] fed, fed [fed, fed]	füttern	She**'s feeding** her baby.
14	to **have** [hæv/həv] had, had [həd, həd]	zu sich nehmen; trinken	They**'re having** steak tonight. Let's go and **have** a coke.
15	to **chew** [tʃuː]	kauen	I couldn't **chew** the hard bread.
16	**meal** [miːl]	Mahlzeit	Breakfast, lunch and tea are **meals**.
17	**picnic** ['pɪknɪk]	Picknick	They **had a picnic** near a lake.
18	**barbecue** ['bɑːbɪkjuː]	Grillparty; Grillgericht	Let's **have a barbecue** at the beach.
19	**breakfast** ['brekfəst]	Frühstück	I always eat toast **for breakfast**.
20	**lunch** [lʌntʃ]	Mittagessen	It's one o'clock. It's time **for lunch**.
21	**dinner** ['dɪnə]	Hauptmahlzeit	Ein **dinner** ist immer formell und wird zu besonderen Anlässen gegeben.
22	**tea** [tiː]	Abendessen	What's **for tea**? – Bread and cheese.
23	**supper** ['sʌpə]	warme Abendmahlzeit; Abendessen	Have you already **eaten supper**?
24	**dish** [dɪʃ]	Gericht; Speise; Teller	I like Japanese **dishes**.
25	**meat** [miːt]	Fleisch	Butchers sell different kinds of **meat**.
26	**beef** [biːf]	Rindfleisch	
27	**pork** [pɔːk]	Schweinefleisch	
28	**veal** [viːl]	Kalbfleisch	
29	**mutton** ['mʌtn]	Hammelfleisch	
30	**ham** [hæm]	Schinken	a **ham** sandwich
31	**jellied** ['dʒelid]	in Aspik	
32	**steak** [steɪk]	Steak	Aussprache!
33	**pizza** ['piːtsə]	Pizza	
34	**seafood** ['siːfuːd]	Meeresfrüchte	

5 MENSCH

35	**spaghetti** [spə'geti]	Spaghetti	**Spaghetti is** my favourite food. (*Spaghetti sind …*)
36	**pasta** ['pæstə]	Nudeln	**Pasta is** often eaten with tomato sauce.

37	**corned beef** [ˌkɔːnd 'biːf]	Corned Beef	
38	**baked beans** *pl* [beɪkt 'biːnz]	gebackene Bohnen	Can I have **baked beans** with my egg?
39	**stew** [stjuː]	Eintopf	**beef stew**
40	**haggis** ['hægɪs]	Haggis	**Haggis** is a traditional Scottish dish.
41	**sausage** ['sɒsɪdʒ]	Wurst	
42	**bacon** ['beɪkən]	Speck	**bacon** and eggs

43	**fast food** [ˌfɑːst 'fuːd]	Fastfood	
44	**hamburger** ['hæmbɜːgə]	Hamburger	
45	**burger** ['bɜːgə]	Hamburger	
46	**cheeseburger** ['tʃiːzbɜːgə]	Cheeseburger	I'll have a **cheeseburger** and chips.
47	**sandwich** ['sænwɪdʒ]	Sandwich; belegtes Brot	Don't forget to take your **sandwiches** to school.
48	**chips** *BE pl* [tʃɪps]	Pommes frites	
49	**french fries** *AE pl* [ˌfrentʃ 'fraɪz]	Pommes frites	

> *Kartoffelchips =* **crisps**
> **chips** *= Pommes frites*

50	**crisps** *BE pl* [krɪsps]	Kartoffelchips	
51	**potato chips** *AE pl* [pə'teɪtə ˌtʃɪps]	Kartoffelchips	
52	**nachos** *pl* ['nætʃəʊz]	Nachos	► *gebackene Tortilla-Chips, die aus Maismehl und Pflanzenöl bestehen*
53	**salt** [sɔːlt]	Salz	There's not enough **salt** in this soup.
54	**pepper** ['pepə]	Pfeffer	
55	**oil** [ɔɪl]	Öl	olive/sunflower **oil**
56	**fatty** ['fæti]	fetthaltig; fettig	
57	**spice** [spaɪs]	Gewürz	You add **spices** to give food a special taste.
58	**mint** [mɪnt]	Minze	
59	**sauce** [sɔːs]	Soße; Sauce	tomato/wine **sauce**
60	**salad** ['sæləd]	Salat	a large mixed **salad**
61	**soup** [suːp]	Suppe	tomato/onion **soup**

62	**bread** [bred]	Brot	a loaf of **bread** = *ein Brot(laib)*
63	**roll** [rəʊl]	Brötchen	
64	**cake** [keɪk]	Kuchen	a birthday/cheese **cake**
65	**pie** [paɪ]	Pastete; Obstkuchen	
66	**biscuit** ['bɪskɪt]	Keks	a **biscuit** tin = *eine Keksdose*

67	**dough** [dəʊ]	Teig	
68	**doughnut** ['dəʊnʌt]	Berliner; Krapfen	
69	**jam** [dʒæm]	Marmelade; Konfitüre	

70	**honey** ['hʌni]	Honig	
71	**jelly** ['dʒeli]	Götterspeise; Gelee	Raspberry **jelly** is my favourite.

72	marmalade ['mɑːmǝleɪd]	Marmelade	marmalade wird nur aus Orangen und anderen Zitrusfrüchten hergestellt. Andere Marmelade heißt jam.

73	sugar ['ʃʊgǝ]	Zucker	Do you take sugar in your tea?
74	chocolate ['tʃɒklǝt]	Schokolade	milk chocolate, a bar of chocolate
75	sweets pl [swiːts]	Süßigkeiten	Don't eat too many sweets.

76	chewing gum ['tʃuːɪŋ gʌm]	Kaugummi	
77	butter ['bʌtǝ]	Butter	bread and butter
78	buttered ['bʌtǝd]	mit Butter bestrichen	buttered bread
79	cheese [tʃiːz]	Käse	
80	milk [mɪlk]	Milch	English people like their tea with milk.
81	egg [eg]	Ei	They had bacon and eggs for breakfast.
82	cream [kriːm]	Sahne; Rahm	Do you like cream in your coffee?
83	yoghurt ['jɒgǝt]	Joghurt	
84	ice-cream [ˌaɪs'kriːm]	Speiseeis; Eis	

85	breakfast cereals pl ['brekfǝst ˌsɪǝriǝlz]	Frühstücksflocken	
86	cornflakes pl ['kɔːnfleɪks]	Cornflakes	
87	toast [tǝʊst]	Toast	
88	to toast [tǝʊst]	toasten	

ENGLISH BREAKFAST

89	to drink [drɪŋk] drank, drunk [dræŋk, drʌŋk]	trinken	
90	to drink up [ˌdrɪŋk 'ʌp] drank, drunk [dræŋk, drʌŋk]	austrinken	Come on, drink up your beer.
91	drink [drɪŋk]	Getränk	Have a drink of lemonade.
92	coffee ['kɒfi]	Kaffee	Would you like a cup of coffee?
93	tea [tiː]	Tee; Schwarzer Tee	Das Wort tea bezeichnet sowohl das Getränk als auch das Abendessen. Is Mum making tea?
94	beer [bɪǝ]	Bier	a pint of beer
95	wine [waɪn]	Wein	a glass of wine, red/white wine
96	whisky ['wɪski]	Whisky	
97	vodka ['vɒdkǝ]	Wodka	
98	alcohol ['ælkǝhɒl]	Alkohol	I never drink any alcohol.
99	alcoholic [ˌælkǝ'hɒlɪk]	alkoholisch	an alcoholic drink ➤◄ a soft drink
100	mineral water ['mɪnǝrǝl wɔːtǝ]	Mineralwasser	Betonung: ●●●●●
101	soda ['sǝʊdǝ]	Soda(wasser)	
102	drunk [drʌŋk]	betrunken	Mike got really drunk at Tina's party.

103	soft drink [ˌsɒft 'drɪŋk]	alkoholfreies Getränk	Soft drinks contain no alcohol.

104	coke [kəʊk]	Coca-Cola	
105	cola ['kəʊlə]	Cola	a bottle of cola
106	lemonade [ˌleməˈneɪd]	Zitronenlimonade	Would you like a glass of lemonade?
107	juice [dʒuːs]	Saft	fruit/orange juice
108	squash [skwɒʃ]	Fruchtsaftgetränk	

• •

109	to bake [beɪk]	backen	Her father is baking a cake.
110	to cook [kʊk]	kochen	
111	cook [kʊk]	Koch; Köchin	
112	to boil [bɔɪl]	sieden; kochen	
113	fried [fraɪd]	gebraten	
114	to prepare [prɪˈpeə]	zubereiten	

> to **cook a meal** = *Essen kochen*
> *Tee/Kaffee kochen* = to **make tea/coffee**

Jack spent all day
preparing the meal.

115	to stir [stɜː]	umrühren	
116	to peel [piːl]	schälen	
117	to cut off [ˌkʌt ˈɒf] cut, cut [kʌt, kʌt]	abschneiden	
118	to serve [sɜːv]	servieren; bedienen	➤ to give someone a meal or a drink
119	to wash up [ˌwɒʃ ˈʌp]	abspülen	
120	to wash the dishes [wɒʃ ðə ˈdɪʃɪz]	Geschirr abwaschen	

• •

121	pot [pɒt]	Topf	
122	pan [pæn]	Pfanne	
123	plate [pleɪt]	Teller	
124	fork [fɔːk]	Gabel	
125	knife [naɪf] pl knives [naɪvz]	Messer	
126	spoon [spuːn]	Löffel	
127	chopsticks pl ['tʃɒpstɪks]	Essstäbchen	
128	corkscrew ['kɔːkskruː]	Korkenzieher	
129	to lay the table [leɪ ðə ˈteɪbl] laid, laid [leɪd, leɪd]	den Tisch decken	➤ to put knives, forks, plates, etc on a table before a meal
130	cup [kʌp]	Tasse	You drink tea out of a cup …
131	glass [glɑːs]	Glas; Trinkglas	… and water out of a glass.
132	jar [dʒɑː]	Krug; Gefäß; Marmeladenglas	My mum made 50 jars of strawberry jam last summer.
133	bottle ['bɒtl]	Flasche	a bottle of wine/mineral water

FORK
KNIFE
SPOON

• •

134	catering ['keɪtərɪŋ]	Gastronomie; Catering	The restaurant also does catering.
135	self-catering [ˌselfˈkeɪtərɪŋ]	mit Selbstversorgung	self-catering accommodation
136	restaurant ['restrɒnt]	Restaurant	A restaurant is a place where you can buy and eat a meal.
137	menu ['menjuː]	Speisekarte	Is there any seafood on the menu?
138	cafeteria [ˌkæfəˈtɪəriə]	Cafeteria	
139	canteen [kænˈtiːn]	Kantine; Mensa	
140	inn [ɪn]	Gasthaus	➤ a small hotel or pub
141	burger bar ['bɜːgə bɑː]	Hamburgerlokal	

142	snack [snæk]	Imbiss	➤ food that you eat between meals
143	café ['kæfeɪ]	Imbiss; Café	
144	pub [pʌb]	Kneipe; Pub	➤ a place where people go to have a drink and meet their friends
145	bar [bɑː]	Bar	➤ a place where you can buy and drink alcohol
146	banquet ['bæŋkwɪt]	Bankett	
147	waiter ['weɪtə]	Kellner; Ober	Please ask the waiter to bring us the menu.
148	waitress ['weɪtrəs]	Kellnerin; Bedienung	➤ a woman who serves food and drink in a restaurant
149	tip [tɪp]	Trinkgeld	to leave a tip
150	to tip [tɪp]	Trinkgeld geben	Did you tip the waitress?

• •

151	tobacco [tə'bækəʊ]	Tabak	
152	cigarette [ˌsɪgə'ret]	Zigarette	a packet of cigarettes
153	cigar [sɪ'gɑː]	Zigarre	
154	pipe [paɪp]	Pfeife	
155	ashtray ['æʃtreɪ]	Aschenbecher	
156	to smoke [sməʊk]	rauchen	When you see this sign you mustn't smoke.

Wortbildung mit Vorsilben 1

➤ *Durch* **Vorsilben** *ändert sich zwar die* **Wortbedeutung**, *die Wortart bleibt jedoch meist erhalten.*

un-	→ unfair, unlucky, unhappy
dis-	→ dislike, disagree
in- (im-, il-, ir-)	→ incorrect, impossible, illegal, irregular
non-	→ nonsense, non-smoker, non-stop,

Durch diese Vorsilben wird das Gegenteil der ursprünglichen Wortbedeutung ausgedrückt.

6 Wesensart

6.1 Charaktereigenschaften

1	☐	**personality** [ˌpɜːsə'næləti]	Persönlichkeit	He's a man with a **strong personality**.
2	☐	**reputation** [ˌrepju'teɪʃn]	Ruf	a **good/bad reputation**
3	☐	**moral** ['mɒrəl]	Moral	Betonung: ●●
4	☐	**conscience** ['kɒnʃəns]	Gewissen	a **clear/guilty conscience**
5	☐	**honour** ['ɒnə]	Ehre	
6	☐	**power** ['paʊə]	Macht; Kraft; Fähigkeit	Her job allowed her **to exercise power**. (Macht auszuüben)
7	☐	**good** [gʊd] better, best ['betə, best]	gut	Her behaviour is always **good**. Ben is Adam's **best** friend.
8	☐	**well** [wel] better, best ['betə, best]	gut	**well**-meant advice = gut gemeinter Rat
9	☐	**nice** [naɪs]	nett; schön; hübsch	It was **nice** of you to help me.
10	☐	**posh** [pɒʃ]	schick; vornehm; nobel	She wanted people to think that she was **posh**.
11	☐	**pleasant** ['pleznt]	angenehm; erfreulich	►► nice, friendly
12	☐	**charming** ['tʃɑːmɪŋ]	charmant; bezaubernd	►► very attractive
13	☐	**kind** [kaɪnd]	freundlich; nett	The teacher was always **kind to** the pupils.
14	☐	**warm-hearted** [ˌwɔːm'hɑːtɪd]	warmherzig	► kind
15	☐	**romantic** [rəʊ'mæntɪk]	romantisch	a **romantic** novel/story/comedy
16	☐	**friendly** ['frendli]	freundlich	►► nice
17	☐	**helpful** ['helpfl]	hilfreich	
18	☐	**co-operative** [kəʊ'ɒpərətɪv]	hilfsbereit; kooperativ	► willing to help
19	☐	**careful** ['keəfl]	vorsichtig; sorgfältig	Be **careful**. You almost dropped the baby.
20	☐	**supportive** [sə'pɔːtɪv]	verständnisvoll; hilfreich	She's a great team player. She's always **supportive** of others.
21	☐	**popular** ['pɒpjələ]	beliebt	► liked by many people
22	☐	**great** [greɪt]	großartig	►► very nice, super
23	☐	**super** ['suːpə]	super	What a **super** idea!
24	☐	**glamorous** ['glæmərəs]	glanzvoll; glamourös	
25	☐	**brilliant** ['brɪliənt]	großartig; glänzend; strahlend	►► very good
26	☐	**wonderful** ['wʌndəfl]	wunderbar	►► fantastic
27	☐	**marvellous** ['mɑːvələs]	fabelhaft	►► wonderful
28	☐	**terrific** [tə'rɪfɪk]	toll	►► great
29	☐	**cool** [kuːl]	cool	She's **pretty cool**.
30	☐	**bad** [bæd] worse, worst [wɜːs, wɜːst]	schlecht	►◄ good I **feel bad**.
31	☐	**terrible** ['terəbl]	schrecklich	►► very bad, awful
32	☐	**awful** ['ɔːfl]	schrecklich	► really unpleasant
33	☐	**unpleasant** [ʌn'pleznt]	unangenehm; unerfreulich	►◄ pleasant
34	☐	**nasty** ['nɑːsti]	ekelhaft; scheußlich	►► very bad

35	prejudiced ['predʒədɪst]	voreingenommen; befangen; mit vorgefasster Meinung	I think he's **prejudiced against** foreigners.
36	mean [miːn]	gemein; geizig	It was **mean of him** not to invite you. He's always **mean with** his money.
37	greedy ['griːdi]	habgierig; gierig	Don't be so **greedy** – you've had three hamburgers already.
38	evil ['iːvl]	böse; schlecht; übel	➤ bad and cruel
39	cruel ['kruːəl]	grausam	
40	brutal ['bruːtl]	brutal	a **brutal** murder/man
41	violent ['vaɪələnt]	gewalttätig	**violent** crime
42	violence ['vaɪələns]	Gewalt	There is too much **violence** on TV.
43	non-violent [ˌnɒn 'vaɪələnt]	gewaltfrei; gewaltlos	**non-violent** protests
44	obscene [əb'siːn]	obszön; unverschämt; widerlich	an **obscene** phone call

• •

45	funny ['fʌni]	witzig; komisch; seltsam	a **funny** story/film
46	strange [streɪndʒ]	merkwürdig	Does his behaviour seem **strange** to you?
47	absent-minded [ˌæbsənt 'maɪndɪd]	geistesabwesend; zerstreut	
48	amusing [ə'mjuːzɪŋ]	lustig; amüsant	➤➤ funny
49	lively ['laɪvli]	lebendig; rege; lebhaft	➤ full of life
50	ridiculous [rɪ'dɪkjələs]	lächerlich	It's an **absolutely** ridiculous idea.
51	clumsy ['klʌmzi]	unhandlich; ungeschickt	He was tall and **clumsy** as a child.
52	surprising [sə'praɪzɪŋ]	überraschend	**It's surprising that** he can't write.
53	serious ['sɪəriəs]	ernst	Are you **serious about** your offer?
54	lazy ['leɪzi]	faul	Paul isn't stupid, just **lazy**.

• •

55	fair [feə]	fair; gerecht	Life isn't always **fair**.
56	polite [pə'laɪt]	höflich	It's **polite** to say 'please' and 'thank you'.
57	rude [ruːd]	unhöflich; rüde	➤◄ polite
58	unfriendly [ʌn'frendli]	unfreundlich	➤◄ friendly
59	disadvantaged [ˌdɪsəd'vɑːntɪdʒd]	benachteiligt	
60	reckless ['rekləs]	leichtsinnig; unbesonnen; rücksichtslos	He was fined for **reckless** driving.
61	willing ['wɪlɪŋ]	bereitwillig; gewillt	➤➤ happy to do something
62	to be unwilling to do sth [bi ʌn'wɪlɪŋ]	nicht bereit sein; nicht gewillt sein, etwas zu tun	She **was unwilling to** pay the fine.
63	bad-tempered [ˌbæd'tempəd]	schlecht gelaunt	Why are you so **bad-tempered** today?
64	cheeky ['tʃiːki]	frech	➤◄ polite
65	offensive [ə'fensɪv]	beleidigend; kränkend	

• •

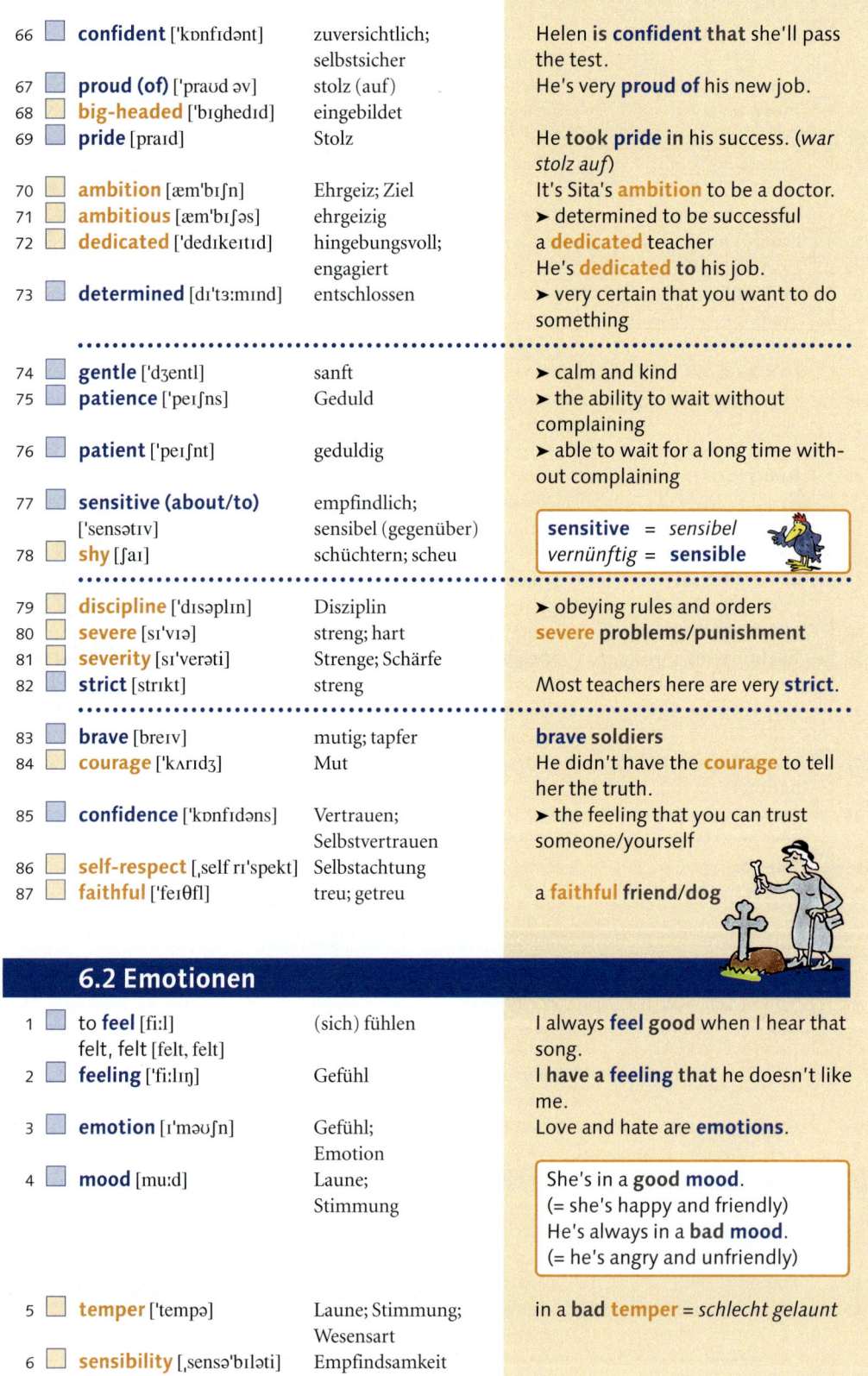

66	**confident** ['kɒnfɪdənt]	zuversichtlich; selbstsicher	Helen **is confident that** she'll pass the test.
67	**proud (of)** ['praʊd əv]	stolz (auf)	He's very **proud of** his new job.
68	**big-headed** ['bɪghedɪd]	eingebildet	
69	**pride** [praɪd]	Stolz	He **took pride** in his success. (*war stolz auf*)
70	**ambition** [æm'bɪʃn]	Ehrgeiz; Ziel	It's Sita's **ambition** to be a doctor.
71	**ambitious** [æm'bɪʃəs]	ehrgeizig	➤ determined to be successful
72	**dedicated** ['dedɪkeɪtɪd]	hingebungsvoll; engagiert	a **dedicated** teacher He's **dedicated** to his job.
73	**determined** [dɪ'tɜ:mɪnd]	entschlossen	➤ very certain that you want to do something
74	**gentle** ['dʒentl]	sanft	➤ calm and kind
75	**patience** ['peɪʃns]	Geduld	➤ the ability to wait without complaining
76	**patient** ['peɪʃnt]	geduldig	➤ able to wait for a long time without complaining
77	**sensitive (about/to)** ['sensətɪv]	empfindlich; sensibel (gegenüber)	**sensitive** = *sensibel* *vernünftig* = **sensible**
78	**shy** [ʃaɪ]	schüchtern; scheu	
79	**discipline** ['dɪsəplɪn]	Disziplin	➤ obeying rules and orders
80	**severe** [sɪ'vɪə]	streng; hart	**severe** problems/punishment
81	**severity** [sɪ'verəti]	Strenge; Schärfe	
82	**strict** [strɪkt]	streng	Most teachers here are very **strict**.
83	**brave** [breɪv]	mutig; tapfer	**brave** soldiers
84	**courage** ['kʌrɪdʒ]	Mut	He didn't have the **courage** to tell her the truth.
85	**confidence** ['kɒnfɪdəns]	Vertrauen; Selbstvertrauen	➤ the feeling that you can trust someone/yourself
86	**self-respect** [,self rɪ'spekt]	Selbstachtung	
87	**faithful** ['feɪθfl]	treu; getreu	a **faithful** friend/dog

6.2 Emotionen

1	to **feel** [fi:l] felt, felt [felt, felt]	(sich) fühlen	I always **feel good** when I hear that song.
2	**feeling** ['fi:lɪŋ]	Gefühl	I **have a feeling that** he doesn't like me.
3	**emotion** [ɪ'məʊʃn]	Gefühl; Emotion	Love and hate are **emotions**.
4	**mood** [mu:d]	Laune; Stimmung	She's in a **good mood**. (= she's happy and friendly) He's always in a **bad mood**. (= he's angry and unfriendly)
5	**temper** ['tempə]	Laune; Stimmung; Wesensart	in a **bad temper** = *schlecht gelaunt*
6	**sensibility** [,sensə'bɪləti]	Empfindsamkeit	

7	harmony ['hɑːməni]	Eintracht; Harmonie	
8	ups and downs [ˌʌps ən 'daʊnz]	Höhen und Tiefen (des Lebens)	➤ the good and bad things in life

• •

9	to like [laɪk]	mögen	She really likes this movie.
10	to like doing sth [laɪk]	etwas gerne tun	He has never liked dancing.
11	to like to do sth [laɪk]	etwas gerne tun	I really like to travel.

VERB + INFINITIVE WITH TO *ODER* VERB + VERB-ING

I **like to read** in bed.   I **like reading** in bed.
Ann **hates to clean** the car.   Ann **hates cleaning** the car.
Nach **like**, **love** *und* **hate** *kann der* **infinitive with to** *oder die* **ing-form** *folgen.*

NUR VERB + INFINITIVE WITH TO

I**'d like to read** Michael Crichton's new novel.
I **would love to come** to your birthday party.
Nach **would like**, **would love**, **would hate** *und* **would prefer** *steht nur der* **infinitive with to**.

12	to love [lʌv]	lieben	Most boys love playing football.
13	to fancy ['fænsi]	mögen	I think he fancies you.
14	to be fond of [bi 'fɒnd əv]	mögen; gernhaben	➤➤ to like very much
15	would like [wʊd 'laɪk]	möchte gern	Would you like a cup of tea?
16	would like to do sth [wʊd 'laɪk]	möchte gerne etwas tun	I'd like to go out tonight.
17	would love to do sth [wʊd 'lʌv]	möchte gerne etwas tun	I'd love to go to the theatre with you.
18	favourite ['feɪvərɪt]	Lieblings-	Tom Hanks is my favourite film star.
19	in favour of [ɪn 'feɪvər əv]	für (etwas)	
20	love [lʌv]	Liebe	
21	beloved [bɪ'lʌvd]	geliebt (förmlich)	➤ loved very much
22	sympathy ['sɪmpəθi]	Mitgefühl; Mitleid; Verständnis	➤ understanding of other people's feelings
23	to prefer [prɪ'fɜː]	vorziehen; lieber haben	His grandfather always preferred tea to coffee.
24	preference ['prefrəns]	Vorliebe	
25	would rather [wʊd 'rɑːðə]	möchte lieber	I'd rather go shopping tomorrow.
26	rather than ['rɑːðə ðən]	eher als; statt	I'll have a coke rather than coffee.
27	to enjoy [ɪn'dʒɔɪ]	gernhaben; genießen	➤➤ to like very much
28	to enjoy doing sth [ɪn'dʒɔɪ]	gerne etwas tun	I enjoy reading when I have time.
29	treat [triːt]	Genuss; etwas Besonderes	I took him to the cinema as a treat.

• •

30	to want [wɒnt]	wollen	I want this comic because I want to read it.
31	to wish [wɪʃ]	wünschen	I wish we had a bigger flat.
32	wish [wɪʃ]	Wunsch	
33	desire [dɪ'zaɪə]	Verlangen; Wunsch; Begierde	➤ a feeling that you want something very much
34	to feel like ['fiːl laɪk] felt, felt [felt, felt]	Lust haben auf	Do you feel like going for a swim?

35 ☐	to **be keen on** do**ing** sth/ **to** do sth [bi ˈkiːn ɒn]	darauf wild sein etwas zu tun; gern mögen	She**'s keen on** cycl**ing**.
36 ☐	to **envy** [ˈenvi]	beneiden	Jill was beautiful and rich. All the other girls **envied** her.
37 ☐	to **trust** [trʌst]	vertrauen	I don't **trust** him.

| 38 ☐ | to **dislike** [dɪsˈlaɪk] | nicht mögen; nicht gernhaben | ➤◄ to like |
| 39 ☐ | **unpopular** [ʌnˈpɒpjələ] | unbeliebt | ➤◄ popular |

| 40 ☐ | to **be interested in** [bi ˈɪntrəstɪd ɪn] | interessiert sein (an) | ➤◄ to be bored with |
| 41 ☐ | to **be interested in** do**ing** sth [bi ˈɪntrəstɪd ɪn] | interessiert daran sein, etwas zu tun | Would you **be interested in** going to Florida with me this summer? |

INTERESTING AND INTERESTED

This book on dinosaurs is very **interesting**. (*interessant*)

Zoe is very **interested** in learning about dinosaurs. (*interessiert an*)

Die Adjektive auf -ing beschreiben, wie Dinge sind. Die Adjektive auf -ed beschreiben, welches Gefühl sie bei Menschen auslösen. Weitere Beispiele:

amazing	*erstaunlich*	amazed	*erstaunt*
annoying	*ärgerlich*	annoyed	*verärgert*
boring	*langweilig*	bored	*gelangweilt*
depressing	*deprimierend*	depressed	*niedergeschlagen*
exciting	*aufregend*	excited	*begeistert*
exhausting	*anstrengend*	exhausted	*erschöpft*
shocking	*schockierend*	shocked	*bestürzt*
surprising	*überraschend*	surprised	*überrascht*

---

42 ☐	**interest** [ˈɪntrəst]	Interesse	He **showed interest** in my problems.
43 ☐	**interesting** [ˈɪntrəstɪŋ]	interessant	He leads an **interesting** life.
44 ☐	to **be into** sth [bi ˈɪntə]	auf etwas stehen; auf etwas abfahren	➤➤ to be interested in Hugh **is** really **into** skydiving.
45 ☐	to **wonder** [ˈwʌndə]	sich fragen; gerne wissen wollen	➤➤ to ask oneself I don't know the girl over there. I **wonder** who she is.

46 ☐	**happy** [ˈhæpi]	glücklich; froh	
47 ☐	to **be pleased** [pliːzd]	erfreut; zufrieden sein	➤➤ to be happy
48 ☐	to **be glad** [glæd]	froh sein	➤➤ to be happy
49 ☐	**comfortable** [ˈkʌmftəbl]	bequem; angenehm	a **comfortable** chair/bed/hotel
50 ☐	**satisfied** [ˈsætɪsfaɪd]	zufrieden	I was **satisfied** with my test results.
51 ☐	**satisfaction** [ˌsætɪsˈfækʃn]	Befriedigung	
52 ☐	**excited** [ɪkˈsaɪtɪd]	aufgeregt; begeistert	Ella was very **excited** about her party.
53 ☐	**excitement** [ɪkˈsaɪtmənt]	Aufregung	
54 ☐	**exciting** [ɪkˈsaɪtɪŋ]	spannend; aufregend	We spent an **exciting** day in London.
55 ☐	**fascinating** [ˈfæsɪneɪtɪŋ]	faszinierend; fesselnd	➤➤ very interesting
56 ☐	to **be fascinated by** [bi ˈfæsɪneɪtɪd baɪ]	fasziniert sein von	➤➤ to be very interested in
57 ☐	**happiness** [ˈhæpinəs]	Glück(lichsein)	
58 ☐	**joy** [dʒɔɪ]	Freude	➤ the feeling of great happiness

59	to **be alone** [bi ə'ləʊn]	allein sein	She doesn't like **being alone**.
60	**by yourself** [baɪ jɔː'self]	ganz allein	➤ with no one else there
61	**solo** ['səʊləʊ]	Solo-; allein	a **solo** flight/performance
62	**lonely** ['ləʊnli]	einsam	She led a **lonely** life. I don't think she had any friends.
63	**loneliness** ['ləʊnlinəs]	Einsamkeit	
64	to **miss** [mɪs]	vermissen	He **missed** his girlfriend.

· ·

65	**boring** ['bɔːrɪŋ]	langweilig	➤◄ interesting
66	**bored** [bɔːd]	gelangweilt	The kids soon **got bored with** the new computer game.
67	**boredom** ['bɔːdəm]	Langeweile	
68	to **be tired of** doing sth [bi 'taɪəd əv]	es satt haben, etwas zu tun	They **were** soon **tired of** watching tennis.
69	to **be fed up (with)** [ˌfed 'ʌp (wɪð)]	die Nase voll haben	I'm really **fed up with** my brother; he's always teasing me.

· ·

70	**sad** [sæd]	traurig	➤◄ happy
71	**unhappy** [ʌn'hæpi]	unglücklich	➤◄ happy
72	**depressed** [dɪ'prest]	niedergeschlagen; deprimiert	
73	**miserable** ['mɪzrəbl]	elend; furchtbar; armselig	➤ very unhappy and uncomfortable
74	**unfortunate** [ʌn'fɔːtʃənət]	unglücklich; bedauerlich	➤◄ fortunate
75	**pitiful** ['pɪtɪfl]	mitleiderregend; jämmerlich	The poor African children were a **pitiful** sight.
76	to **mourn** [mɔːn]	betrauern; beklagen	➤ to feel sad because somebody has died or something is lost
77	**disappointed** [ˌdɪsə'pɔɪntɪd]	enttäuscht	I was deeply **disappointed with** the results. I'm **disappointed** in you, Peter.
78	**heartbreak** ['hɑːtbreɪk]	Kummer; Leid	
79	to **regret** [rɪ'gret]	bedauern; bereuen	➤➤ to feel sorry I really **regret that** I was so unfriendly to her.

· ·

80	**nervous** ['nɜːvəs]	nervös	I always **get nervous** before a test.
81	**upset** [ˌʌp'set]	aufgebracht	Her mother **got upset** when Amy didn't phone.
82	**worried** ['wʌrid]	besorgt	
83	**tension** ['tenʃn]	Anspannung; Spannung	
84	**worry** ['wʌri]	Sorge	
85	to **worry** ['wʌri]	sich sorgen	**Don't worry.** = *Mach dir keine Sorgen.*

· ·

86	to **be afraid** [bi ə'freɪd]	Angst haben	She's **afraid of** dogs.
87	to **be afraid of** doing sth [bi ə'freɪd əv]	Angst davor haben, etwas zu tun	She's **afraid of** meeting her new boss.
88	to **be scared (of)** [bi 'skeəd]	Angst haben (vor)	➤➤ to be afraid (of)

89	to **be frightened (of)** [bi ˈfraɪtnd əv]	Angst haben (vor)	➤➤ to be afraid (of)
90	to **be terrified (of)** [bi ˈterɪfaɪd]	schreckliche Angst haben (vor)	➤➤ to be scared (of) She's **terrified of** the dark.
91	to **fear** [fɪə]	fürchten; befürchten	➤ to be afraid of
92	**fear** [fɪə]	Furcht; Angst	a **fear of** flying
93	**fright** [fraɪt]	Angst; Furcht	
94	**horror** [ˈhɒrə]	Horror	a **horror** film/story
95	**terror** [ˈterə]	panische Angst; Schrecken	➤ extreme fear
96	**frightening** [ˈfraɪtnɪŋ]	furchterregend	
97	**terrifying** [ˈterɪfaɪɪŋ]	furchterregend; schrecklich	➤➤ very frightening
98	**scary** [ˈskeəri]	unheimlich; gruselig; beängstigend	➤➤ frightening a **scary** movie/story
99	**horrible** [ˈhɒrəbl]	fürchterlich; schrecklich	➤➤ terrible, awful
100	**panic** [ˈpænɪk]	Panik	They ran away **in panic**.
101	to **panic** [ˈpænɪk]	in Panik geraten	The crowd **panicked** when the shots rang out.
102	**frantic** [ˈfræntɪk]	wild; aufgeregt; außer sich	The boy's mother was **frantic with worry** when he didn't come home.
103	**shocked** [ʃɒkt]	erschüttert; entsetzt	

••

104	**surprised** [səˈpraɪzd]	überrascht	She was **surprised at** his answer.
105	**surprise** [səˈpraɪz]	Überraschung	
106	**amazed** [əˈmeɪzd]	erstaunt	➤➤ very surprised
107	**amazing** [əˈmeɪzɪŋ]	erstaunlich	➤➤ extremely surprising
108	**wonder** [ˈwʌndə]	Wunder	

••

109	**angry** [ˈæŋgri]	wütend; verärgert	His mother was **angry about** his bad marks.
110	**furious** [ˈfjʊəriəs]	wütend	➤ very angry
111	**annoyed** [əˈnɔɪd]	verärgert	
112	**annoying** [əˈnɔɪɪŋ]	ärgerlich	It's **annoying that** he didn't warn us.
113	to **get mad with** sb [get ˈmæd wɪð] got, got [gɒt, gɒt,]	mit jdm böse werden	➤➤ to get angry with someone
114	**fury** [ˈfjʊəri]	Wut	He was **shaking with fury**.
115	**rage** [reɪdʒ]	Wut; Zorn	Her face was **red with rage**.
116	to **hate** [heɪt]	hassen; gar nicht mögen	➤◄ to love
117	**hate** [heɪt]	Hass	➤◄ love
118	**revenge** [rɪˈvendʒ]	Rache	He **took revenge on** his enemies.

••

119	to **hope** [həʊp]	hoffen	I **hope** you can come today.
120	to **hope to** do sth [həʊp]	hoffen etwas zu tun	I **hope to** meet him soon.
121	**hopeful** [ˈhəʊpfl]	optimistisch; voller Hoffnung	
122	**hope** [həʊp]	Hoffnung	They have **given up hope** of finding the missing child.

123	to **expect** [ɪk'spekt]	erwarten	I can't go out now. I'**m expecting** visitors.
124	**hopeless** ['həʊpləs]	hoffnungslos	
125	to **look forward to** [,lʊk 'fɔːwəd tə]	sich freuen auf	All pupils **look forward to** the holidays.
126	to **look forward to** do**ing** sth [,lʊk 'fɔːwəd tə]	sich darauf freuen etwas zu tun	I'**m** really **looking forward to** visit**ing** my pen-friend in the USA.

··

127	**embarrassing** [ɪm'bærəsɪŋ]	peinlich	If something is **embarrassing** it makes you feel uncomfortable.
128	**uncomfortable** [ʌn'kʌmftəbl]	unbequem; unangenehm	an **uncomfortable** silence
129	**trouble** ['trʌbl]	Mühe; Umstände	It's **no trouble**.
130	**demanding** [dɪ'mɑːndɪŋ]	anstrengend; anspruchsvoll	a **demanding** child/boss Her job is extremely **demanding**.
131	**burden** ['bɜːdn]	Belastung; Last	

··

132	**calm** [kɑːm]	ruhig; still	It's important to **keep calm** in an emergency.
133	**peaceful** ['piːsfl]	friedlich	
134	**relieved** [rɪ'liːvd]	erleichtert	They **felt relieved** at the good news.
135	**relief** [rɪ'liːf]	Erleichterung	**That's a relief!** = *Mir fällt ein Stein vom Herzen!*
136	**grateful** ['greɪtfl]	dankbar	I'm **grateful to** you for your help.

6.3 Verhalten

1	to **behave** [bɪ'heɪv]	sich verhalten; sich benehmen	**Did** the children **behave well**?
2	**behaviour** [bɪ'heɪvjə]	Benehmen; Verhalten	Can violence on TV start **violent behaviour**?
3	**manners** *pl* ['mænəz]	Manieren; Umgangsformen	It's **bad manners** to talk with your mouth full.
4	**attitude** ['ætɪtjuːd]	Haltung; Einstellung	► what you think about something

··

5	**favour** ['feɪvə]	Gefallen	Can you **do** me a **favour**?
6	**habit** ['hæbɪt]	Gewohnheit	**eating habits**
7	**routine** [ruː'tiːn]	Routine	

··

8	to **smile** [smaɪl]	lächeln	Why **did** you **smile** at the old lady?
9	**smile** [smaɪl]	Lächeln	'Hi', he said **with a smile**.
10	**laugh** [lɑːf]	Lachen	The policeman **gave** a short **laugh**.
11	to **laugh (at)** [lɑːf]	lachen (über)	**Don't laugh at** him. He isn't silly. He's nice.

··

12	to **frown (at** sth/sb) [fraʊn]	die Stirn runzeln (über etwas/jdn)	What **are** you **frowning at** me for?
13	to **shrug** [ʃrʌg]	mit den Achseln zucken	He **shrugged his shoulders** and left.
14	to **tease** [tiːz]	necken; verspotten	He **teased** her **about** her hair.
15	to **insult** [ɪn'sʌlt]	beleidigen	I should apologize for **insulting** her.

16	**insult** ['ɪnsʌlt]	Beleidigung; Beschimpfung	➤ saying something rude
17	to **cry** [kraɪ]	weinen; schreien	He **cried** for help. (*schrie*) Ann **cried** when her budgie died.(*weinte*)
18	to **weep** [wi:p] wept,wept [wept, wept]	weinen	➤ to cry (because you feel sad)
19	to **yell** [jel]	brüllen; laut schreien	➤ to shout something very loudly
20	**scream** [skri:m]	Schrei	They heard **screams** from the building.
21	to **dare** [deə]	wagen; sich trauen	He didn't **dare** (to) admit the truth.
22	to **pretend** [prɪ'tend]	so tun, als ob; etw vorgeben	The children **pretended** they were wild animals.
23	to **pretend to** do sth [prɪ'tend]	vorgeben, etwas zu tun	She **pretended to** be ill because she didn't want to go to school
24	to **lie** [laɪ]	lügen	He **lied** to me.
25	**lie** [laɪ]	Lüge	She **told** me a **lie**.
26	to **quarrel** ['kwɒrəl]	streiten	She always **quarrels with** her mum.
27	**quarrel** ['kwɒrəl]	Streit; Auseinandersetzung	They **had a quarrel about** money.
28	to **argue** ['ɑːgjuː]	streiten; argumentieren	➤ to talk angrily with someone because you don't agree
29	**argument** ['ɑːgjumənt]	Streit	
30	to **disturb** [dɪ'stɜːb]	stören	Sorry to **disturb** you, but it's urgent.
31	to **trouble** ['trʌbl]	beunruhigen; stören	
32	to **irritate** ['ɪrɪteɪt]	ärgern; reizen	➤ to make somebody rather angry
33	**nuisance** ['njuːsns]	Ärgernis; Quälgeist	That fly is a **real nuisance**!
34	**harassment** ['hærəsmənt]	Belästigung; Schikane	
35	to **get on** sb's **nerves** [get ɒn sʌmbɒdiz 'nɜːrvz] got, got [gɒt, gɒt,]	jdm auf die Nerven gehen	She's always complaining. It really **gets on my nerves**.
36	to **frighten** ['fraɪtn]	jdn erschrecken	➤ to make someone feel afraid
37	**shock** [ʃɒk]	Schock	She's **had a terrible shock**.
38	to **shock** [ʃɒk]	schockieren	The murder **shocked** the whole town.
39	**shocking** ['ʃɒkɪŋ]	schockierend; fürchterlich	**shocking** news
40	to **faze** [feɪz]	aus der Fassung bringen	Nothing seemed to **faze** him.
41	to **reassure** [ˌriːə'ʃʊə]	beruhigen; versichern	➤ to make someone feel less worried
42	to **comfort** ['kʌmfət]	trösten	
43	to **bother** (**with/about** sth) ['bɒðə]	sich (um etw) kümmern	He **doesn't bother** much **about** fashion.
44	to **admire** [əd'maɪə]	bewundern	➤ to have a high opinion of someone
45	**admirer** [əd'maɪərə]	Bewunderer/in	Her appearance …
46	to **attract** [ə'trækt]	anziehen; reizen	… **attracted** a lot of **admirers**.

47	attraction [əˈtrækʃn]	Attraktion; Anziehung	There was a strong **attraction** between them.
48	to impress [ɪmˈpres]	beeindrucken	
49	respect [rɪˈspekt]	Respekt; Achtung	He had great **respect for** his teacher.
50	to respect [rɪˈspekt]	achten; respektieren	
51	to sweet-talk [ˈswiːt tɔːk]	jdm schmeicheln	

• •

| 52 | to disappoint [ˌdɪsəˈpɔɪnt] | enttäuschen | |
| 53 | to thank sb for doing sth [ˈθæŋk fə] | jdm danken, etwas getan zu haben | I must **thank** her **for** sending the money. |

6.4 Sinne

1	sense [sens]	Sinn	She has a **good sense** of smell. (*eine feine Nase*)
2	visual [ˈvɪʒuəl]	visuell	
3	to see [siː] saw, seen [sɔː, siːn]	sehen	➤ to use your eyes
4	to look [lʊk]	schauen	**Look**, here's your mother.
5	to look at [ˈlʊk ət]	ansehen; anschauen	Please **look at** the board.
6	to look round [ˌlʊk ˈraʊnd]	sich umschauen	
7	to have a look [həv ə ˈlʊk]	etwas ansehen	**Have a look** at my new car.
8	to watch [wɒtʃ]	sehen; beobachten	to **watch** TV / a film / the news
9	to face sth [feɪs]	vor etw stehen; gegenüber sein	She**'s faced with** a difficult problem. They sat **facing** each other.
10	to stare at [ˈsteər ət]	anstarren	What **are** you **staring at**?
11	to recognize [ˈrekəgnaɪz]	erkennen; anerkennen	I **recognized** her but I couldn't remember her name.
12	look [lʊk]	Blick	
13	glimpse [glɪmps]	flüchtiger Blick	She **caught** a **glimpse** of him as she passed.
14	sighting [ˈsaɪtɪŋ]	Sichten	They reported another **sighting** of the Loch Ness monster.
15	to come into view [ˌkʌm ɪntə ˈvjuː] came, come [keɪm, kʌm]	sichtbar werden	
16	to lose sight of [ˌluːz ˈsaɪt əv] lost, lost [lɒst, lɒst]	aus den Augen verlieren	He soon **lost sight of** the girls in the crowd.
17	to overlook [ˌəʊvəˈlʊk]	übersehen	➤➤ to miss, to fail to see
18	invisible [ɪnˈvɪzəbl]	unsichtbar	If something is **invisible** you can't see it.
19	apparent [əˈpærənt]	offensichtlich; scheinbar	**It was apparent** to everyone that she was unhappy.
20	apparently [əˈpærəntli]	anscheinend; offensichtlich	
21	view [vjuː]	Blick; Ausblick	There's a wonderful **view** from the mountain.

• •

22	**blind** [blaɪnd]	blind	He's **blind**; he can't see you.
23	**snowblind** ['snəʊblaɪnd]	schneeblind	➤ when bright snow makes you blind

24	to **hear** [hɪə] heard, heard [hɜːd, hɜːd]	hören	He called her name, but she **didn't hear** him.
25	**hearing** ['hɪərɪŋ]	Hören; Gehör	
26	to **listen (to)** ['lɪsn tə]	zuhören	He**'s listening to** the radio. (*bewusst zuhören*)
27	**listening** ['lɪsnɪŋ]	Hörverstehen	Can you **hear** me?
28	**noise** [nɔɪz]	Lärm	(*akustisch wahrnehmen*)
29	**noisy** ['nɔɪzi]	laut; lautstark	
30	**sound** [saʊnd]	Klang; Laut	
31	to **sound** [saʊnd]	klingen	That new film **sounds** interesting.
32	**loud** [laʊd]	laut	➤◄ quiet
33	**aloud** [ə'laʊd]	laut	Please read the text **aloud**.
34	**quiet** ['kwaɪət]	ruhig; still	'**Be quiet**,' the teacher said.
35	**silent** ['saɪlənt]	stumm; still	a **silent movie**
36	to **ring** [rɪŋ]	läuten; klingeln	
37	to **knock** [nɒk]	klopfen	Somebody **knocked** on the door.
38	**crash** [kræʃ]	Krach(en)	The tree fell down with a **crash**.
39	to **pound** [paʊnd]	hämmern; dröhnen	
40	**roar** [rɔː]	Tosen; Toben; Brüllen	
41	to **buzz** [bʌz]	brummen; summen	
42	to **beep** [biːp]	piepen; hupen	
43	**deaf** [def]	taub	➤ not able to hear well
44	to **deafen** ['defn]	taub machen	
45	to **notice** ['nəʊtɪs]	bemerken	➤ to see something or someone
46	**notice** ['nəʊtɪs]	Zettel; Notiz	
47	to **take notice of** sth [teɪk 'nəʊtɪs əv] took, taken [tʊk, 'teɪkən]	etwas beachten; etwas zur Kenntnis nehmen	➤➤ to pay attention to something She waved but he **took no notice**.

48	**smell** [smel]	Geruch; Gestank	Oh! What a **smell**!
49	to **smell** [smel] smelt/smelled, smelt/smelled [smelt, smeld]	riechen	That cheese **smells** awful.
50	to **stink** [stɪŋk] stank, stunk [stæŋk, stʌŋk]	stinken	It **stinks** in here.

51	to **taste** [teɪst]	schmecken	This tea **tastes** lovely.
52	**taste** [teɪst]	Geschmack	
53	**sweet** [swiːt]	süß	**Sweet** food is bad for your teeth.
54	**bitter** ['bɪtə]	bitter	**bitter chocolate**
55	**sour** ['saʊə]	sauer	**sour** lemons
56	**yummy** ['jʌmi]	lecker; schmackhaft	➤ very good to eat

57	to **touch** [tʌtʃ]	berühren	Don't **touch** that plant – it's poisonous!
58	**touch** [tʌtʃ]	Berührung	
59	to **bump** [bʌmp]	stoßen; holpern	
60	**contact** ['kɒntækt]	Kontakt	He stayed **in contact** with me all the time.

7 Verstand

1	**mind** [maɪnd]	Verstand; Geist	An idea began to form in my **mind**.
2	**sense** [sens]	Sinn; Gefühl; Verstand	She has a good **sense** of direction. (*Orientierungssinn*)
3	**idea** [aɪ'dɪə]	Idee	That's **a good idea**.
4	**creative** [kri'eɪtɪv]	kreativ; schöpferisch	
5	**daydream** ['deɪdriːm]	Tagtraum	She seemed to be in a **daydream**.
6	**fantasy** ['fæntəsi]	Fantasie	to live in a **fantasy** world

7	to **think** [θɪŋk] thought, thought [θɔːt, θɔːt]	denken; meinen	Michael **thought** about his career. Everyone **thinks that** she's very bright.
8	to **mean** [miːn] meant, meant [ment, ment]	meinen; sagen wollen	**What do you mean**?
9	to **make up** [ˌmeɪk 'ʌp] made, made [meɪd, meɪd]	erfinden; sich ausdenken	I didn't know the correct answer so I **made** something **up**.
10	**unthinkable** [ʌn'θɪŋkəbl]	unvorstellbar; undenkbar	
11	**thought** [θɔːt]	Gedanke	▶ thinking I've just **had a thought**: Why don't we go to the cinema tonight?
12	**a matter of opinion** [ˌmætər əv ə'pɪnɪən]	Ansichtssache	That's **a matter of opinion**.
13	to **suppose** [sə'pəʊz]	annehmen; vermuten	▶ to think that something is probably true

14	to **consider** [kən'sɪdə]	sich überlegen; erwägen; halten für	He **considered** living abroad.
15	**problem** ['prɒbləm]	Problem	I have a **problem with** my computer.
16	**mystery** ['mɪstri]	Rätsel; Geheimnis	
17	**secret** ['siːkrɪt]	geheim	**secret** information/ talks/agent
18	**secret** ['siːkrɪt]	Geheimnis	to **keep a secret**; to **tell somebody a secret**
19	to **puzzle** ['pʌzl]	Rätsel aufgeben; verwirren	The problem has **puzzled** lots of scientists.
20	to **solve** [sɒlv]	lösen	▶ to find the correct answer to a problem
21	**solution** [sə'luːʃn]	Lösung	There are no simple **solutions** to the problem.

22	**project** ['prɒdʒekt]	Projekt	
23	to **schedule** sth (**for** sth) ['ʃedjuːl]	etw (für etw) ansetzen; planen	The meeting **is scheduled for** tomorrow evening.
24	to **plan** [plæn]	planen	We**'re planning** a holiday in the USA.
25	to **plan to** do sth [plæn]	planen, etw zu tun	She **plans to** get a job as a teacher.
26	to **intend to** do sth [ɪn'tend]	beabsichtigen etw zu tun	▶▶ to plan to do something

27	**plan** [plæn]	Plan	Do you **have** any **plans for** your holidays?
28	**scheme** [ski:m]	Plan; Programm	
29	**tactic** ['tæktɪk]	Taktik; taktischer Zug	➤ an action that you plan carefully
30	**strategy** ['strætədʒi]	Strategie	

31	**aim** [eɪm]	Ziel	Her **aim** is to find a good job.
32	**object** ['ɒbdʒekt]	Ziel	➤ the thing you are trying to do
33	**motive** ['məʊtɪv]	Motiv	*Betonung:* ●●
34	**purpose** ['pɜːpəs]	Zweck; Ziel; Absicht	What's the **purpose** of your visit? = Why are you here?
35	**deliberate** [dɪ'lɪbərət]	absichtlich; bewusst	The attack was **deliberate**.
36	**resolution** [ˌrezə'luːʃn]	Vorsatz; Beschluss	**New Year's resolutions**
37	**point** [pɔɪnt]	Sinn; Zweck	There's no **point** in getting upset. What's the **point** of that?
38	**pointless** ['pɔɪntləs]	sinnlos; zwecklos	➤ not worth doing
39	**it's no good** [ɪts nəʊ 'gʊd]	es ist sinnlos	➤➤ it's no use
40	**it's worth** do**ing** sth [ɪts 'wɜːθ]	es lohnt sich, etw zu tun	**Is it worth** go**ing** to see the film?

EXPRESSION + VERB-ING

What/How about ... ?	**What/How about** watch**ing** 'Lord of the Rings'?
It's worth ...	Yes, **it might be worth** watch**ing**.
It's no use ...	**It's no use** try**ing** to get tickets. Look, it says 'sold out'.

Nach **what/how about ...** , **it's worth ...** *und* **it's no use ...** *kann ein Verb in der* **-ing form** *folgen.*

41	to **make sure** [ˌmeɪk 'ʃʊə]	sicherstellen; sorgen für	**Make sure** that the door is locked at night.

42	to **regard (as)** [rɪ'gɑːd əz]	betrachten (als); halten (für)	Lots of people **regard** Mahatma Gandhi **as** a hero.
43	**attention** [ə'tenʃn]	Aufmerksamkeit	Can I **have** your **attention**, please?
44	to **pay attention** [peɪ ə'tenʃn] paid, paid [peɪd, peɪd]	beachten	Please **pay attention to** the teacher.
45	to **concentrate (on)** ['kɒnsntreɪt ɒn]	sich konzentrieren (auf)	She tried to **concentrate on** her book.
46	to **focus** ['fəʊkəs]	bündeln; konzentrieren	She tried to **focus her mind on** the problem.
47	to **imagine** [ɪ'mædʒɪn]	sich vorstellen	Play this computer game and **imagine flying** a jet plane.
48	**imagination** *no pl* [ɪˌmædʒɪ'neɪʃn]	Fantasie	**fantasy** = *Fantasiegebilde* **imagination** = *Vorstellungskraft*

49	to **remember** [rɪ'membə]	sich erinnern	➤◄ to forget
50	to **remind** [rɪ'maɪnd]	erinnern	**Remind** me to buy some milk.
51	**memory** ['meməri]	Erinnerung; Gedächtnis	He's got **a good memory**.

52	to **forget** [fə'get] forgot, forgotten [fə'gɒt, fə'gɒtn]	vergessen		**Don't forget** to feed the rabbit.
53	to **confuse** [kən'fjuːz]	verwechseln; durcheinanderbringen		I always **confuse** him **with** his brother.
54	to **be aware (of)** [bi ə'weər əv]	sich einer Sache bewusst sein		He **was aware of** the problem.

. . . .

55	to **know** [nəʊ] knew, known [njuː, nəʊn]	wissen; kennen		**Do** you **know** Emily? – Yes, of course. She's in my class.
56	**knowledge** ['nɒlɪdʒ]	Wissen; Kenntnis		Her **knowledge of** French is good.
57	**famous** ['feɪməs]	berühmt		London is **famous for** its red buses.
58	**well-known** [ˌwel'nəʊn]	berühmt		▶▶ famous
59	**best-known** [ˌbest'nəʊn]	bekannteste(r, s)		What's the **best-known** bar in town?
60	**world-famous** [ˌwɜːld'feɪməs]	weltberühmt		Albert Einstein is **world-famous**. Most people have heard of him.

. . . .

61	**ignorant** ['ɪgnərənt]	unwissend		
62	**doubt** [daʊt]	Zweifel		**There is no doubt that** we did the right thing.
63	to **doubt** [daʊt]	bezweifeln		▶ to think that something may not be true
64	to **suspect** [sə'spekt]	vermuten		I **suspect** it's going to be a difficult day.
65	to **guess** [ges]	annehmen; vermuten		

. . . .

66	to **see** [siː] saw, seen [sɔː, siːn]	verstehen		Do you **see** what I mean? Oh, I **see**. = *Ach, ja!*
67	to **understand** [ˌʌndə'stænd] understood, understood [ˌʌndə'stʊd, ˌʌndə'stʊd]	verstehen		I don't **understand** this word. What is it in German?
68	**understanding** [ˌʌndə'stændɪŋ]	Verständnis		

. . . .

69	to **predict** [prɪ'dɪkt]	vorhersagen		▶ to say that something will happen
70	**prediction** [prɪ'dɪkʃn]	Vorhersage		It's difficult to make any **predictions about** the future.
71	**unpredictable** [ˌʌnprɪ'dɪktəbl]	unvorhersagbar		

. . . .

The weather forecast...

72	to **go mad** [gəʊ 'mæd] went, gone [went, gɒn]	verrückt werden		
73	**crazy** ['kreɪzi]	verrückt		
74	**absurd** [əb'sɜːd]	absurd		
75	**psycho** *slang* ['saɪkəʊ]	Verrückte(r)		

7.2 Urteilen

1	to **decide** [dɪ'saɪd]	(sich) entscheiden; beschließen	I can't **decide** **which** game to buy.
2	to **decide to** do sth [dɪ'saɪd]	sich entschließen etw zu tun	We **decided to** visit the Roman museum.
3	to **make up one's mind** [ˌmeɪk ʌp wʌnz 'maɪnd] made, made [meɪd, meɪd]	sich entschließen	➤ to decide about something
4	to **change one's mind** [ˌtʃeɪndʒ wʌnz 'maɪnd]	seine Meinung ändern	➤ to change your opinion about something
5	**decision** [dɪ'sɪʒn]	Entscheidung	They'll **reach/make/come to a decision** in a few minutes.
6	to **choose to** do sth [tʃuːz] chose, chosen [tʃəʊz, 'tʃəʊzn]	beschließen etw zu tun	She **chose to** learn French at school.

•••

7	**opinion** [ə'pɪniən]	Meinung	What's your **opinion** **of** our work?
8	**impression** [ɪm'preʃn]	Eindruck	a **bad/false** **impression**
9	to **guess** [ges]	raten; schätzen	Can you **guess** my age?
10	to **criticize** ['krɪtɪsaɪz]	kritisieren	He **criticizes** everything I do.
11	**prejudice** ['predʒudɪs]	Vorurteil	➤ an unfair opinion

7.3 Lernen

1	**experience** [ɪk'spɪəriəns]	Erfahrung	**childhood** **experiences**
2	to **experience** [ɪk'spɪəriəns]	erleben; erfahren	She **experienced** some problems at work.
3	**experienced** [ɪk'spɪəriənst]	erfahren	a very **experienced** teacher

•••

4	to **learn** [lɜːn] learnt/learned, learnt/learned [lɜːnt, lɜːnt]	lernen; erfahren	How long have you been **learning** Chinese?
5	to **learn to** do sth [lɜːn] learnt/learned, learnt/learned [lɜːnt, lɜːnt]	lernen etw zu tun	He**'s learning to** dance.
6	to **study** ['stʌdi]	studieren; sich genau ansehen	She**'s studying** to be a doctor.
7	to **train** [treɪn]	trainieren; schulen	➤ to learn the skills of a job

> **LERNEN**
> Sandra **is training** to be a nurse. *(eine praktische Ausbildung machen)*
> Michael **is studying** music at university. *(etwas aus Büchern und in Kursen lernen)*
> How long **have** you **been learning** English? *(lernen allgemein)*

8	to **revise** [rɪ'vaɪz]	(Lehrstoff) wiederholen	➤ to prepare for an exam
9	**by heart** [baɪ 'hɑːt]	auswendig	I've learned this song **by heart**.

•••

10	to **be able to** [bi 'eɪbl]	können; in der Lage sein	Stacy **won't be able to** come to the party on Friday. She's ill.
11	to **be capable of** [bi 'keɪpəbl əv]	fähig sein / imstande ➤ to be able to sein zu	
12	to **be unable to** do sth [bi ʌn'eɪbl tə]	unfähig sein / nicht in der Lage sein, etw zu tun	Let me know if you**'re unable to** come.
13	**ability** [ə'bɪləti]	Fähigkeit	➤ the power to do something
14	**skill** [skɪl]	Fertigkeit; Geschicklichkeit	You need management **skills** for that job.
15	**skilled** [skɪld]	ausgebildet; geschickt; Fach-	a **skilled** worker

•••

16	**normal** ['nɔːml]	normal	►► ordinary
17	**clever** ['klevə]	klug	►◄ stupid
18	**smart** [smɑːt]	clever; raffiniert	►► very clever
19	**intelligent** [ɪn'telɪdʒənt]	intelligent	► good at learning, understanding and thinking
20	**talented** ['tæləntɪd]	begabt	
21	to **be good at** doing sth ['gʊd ət]	gut sein in; etw gut können	Zoe **is good at** learning languages.

•••

22	**silly** ['sɪli]	albern	That was a **silly** mistake.
23	**stupid** ['stjuːpɪd]	dumm; blöd	►► silly
24	**stupid** ['stjuːpɪd]	Dummkopf	
25	**foolish** ['fuːlɪʃ]	dumm, töricht	►► stupid
26	**fool** [fuːl]	Narr; Dummkopf	► a stupid person
27	to **fool** [fuːl]	zum Narren halten	**You can't fool** me with your excuses.
28	**mad** [mæd]	verrückt	What a **mad** idea!
29	**idiot** ['ɪdiət]	Dummkopf; Idiot	► a stupid person

Wortbildung mit Vorsilben 2

➤ *Durch Vorsilben ändert sich zwar die Wortbedeutung, die Wortart bleibt jedoch meist erhalten.*

➤ *Diese Vorsilben drücken einen räumlichen Bezug oder einen höheren bzw. geringeren Grad aus.*

SUB-	unter	**subway** (*U-Bahn*), **submarine** (*U-Boot*)
INTER-	zwischen	**interpreter**, **intercontinental**
TRANS-	hinüber	**transport**, **translate** (*übersetzen*)
SUPER-	über	**superman**, **supermarket**
MINI-	klein	**minibus**, **miniskirt** (*Minirock*)

➤ *Durch diese Vorsilben werden zeitliche Beziehungen ausgedrückt.*

PRE-	vor	**pre-war** (*vor dem Krieg*), **prepare**
POST-	nach	**post-war** (*nach dem Krieg*)
RE-	wieder	**rebuild**, **reuse**

8 Sprache

1	to **communicate** [kə'mjuːnɪkeɪt]	in Verbindung stehen; kommunizieren	They only **communicate** by e-mail.
2	to **speak** [spiːk] spoke, spoken [spəʊk, 'spəʊkən]	sprechen	Hello, can I **speak to** Mr Billows, please?
3	to **say** [seɪ] said, said [sed, sed]	sagen	Can you **say** *Rabe* in English?
4	to **tell** [tel] told, told [təʊld, təʊld]	erzählen; mitteilen	**Tell** us **about** your pets.
5	to **tell** [tel] told, told [təʊld, təʊld]	sagen; erkennen	It's hard to **tell**.
6	to **point** sth **out** [ˌpɔɪnt 'aʊt]	auf etwas hinweisen	► to make somebody notice something

• •

7	to **name** [neɪm]	nennen	She **named** the baby Jenny.
8	to **be called** [bi 'kɔːld]	heißen	Emily's brother **is called** Adam.
9	**call** [kɔːl]	Ruf; Anruf	
10	to **talk** [tɔːk]	reden	Sorry, I can't **talk** now. I'm in a hurry.
11	to **chat** [tʃæt]	plaudern	► to talk in a friendly way
12	to **interview** ['ɪntəvjuː]	interviewen	► to meet someone and ask questions
13	**interview** ['ɪntəvjuː]	Gespräch; Interview	**job interview** = *Vorstellungsgespräch*
14	to **whisper** ['wɪspə]	flüstern	She **whispered** something in my ear.
15	to **shut up** [ˌʃʌt 'ʌp] shut, shut [ʃʌt, ʃʌt]	den Mund halten	►► to stop talking

• •

16	**conversation** [ˌkɒnvə'seɪʃn]	Gespräch	I **had a conversation** with the headmaster yesterday.
17	**speech** [spiːtʃ]	Rede	to **make a speech** = *eine Rede halten*
18	**talk** [tɔːk]	Vortrag; Unterredung; Unterhaltung	We must **have a talk** about your schoolwork.
19	**talks** *pl* [tɔːks]	Gespräche; Verhandlungen	► discussions between countries, leaders or organizations
20	**dialogue** ['daɪəlɒg]	Dialog	
21	**lecture** ['lektʃə]	Vortrag; Vorlesung; Standpauke	

> **lecture** = *Vorlesung*
> *Lekture* = **something to read**

• •

22	**speaker** ['spiːkə]	Sprecher/in; Redner/in	The **speaker** opened the conference.
23	**interviewer** ['ɪntəvjuːə]	Interviewer/in	The **interviewer** interrupted her all the time.
24	**conference** ['kɒnfərəns]	Konferenz; Besprechung	They **held** a **conference** on women's rights.
25	**according to** [ə'kɔːdɪŋ tə]	zufolge; laut; entsprechend	**According to** William, the kids took the money. (= William says …)
26	to **interrupt** [ˌɪntə'rʌpt]	unterbrechen	**Sorry to interrupt**, but we need your help.
27	to **shout** [ʃaʊt]	schreien; rufen	Mr Foster is angry. He'**s shouting at** Adam.

28	to **scream** [skri:m]	schreien; kreischen	They **screamed** for help.
29	to **cheer** [tʃɪə]	zujubeln; bejubeln; anfeuern	➤ to shout to show that you like someone
30	**cheer** [tʃɪə]	Beifallsruf; Jubel	**loud cheers**
31	to **repeat** [rɪ'pi:t]	wiederholen	➤ to say or do something again
32	to **explain** [ɪk'spleɪn]	erklären	I don't understand these questions. Can you **explain** them **to** me?
33	to **describe** [dɪ'skraɪb]	beschreiben	
34	**description** [dɪ'skrɪpʃn]	Beschreibung	Can you give us a full **description of** the missing child?
35	to **express** [ɪk'spres]	ausdrücken	➤➤ to say
36	**explanation** [ˌeksplə'neɪʃn]	Erklärung	➤ to show feelings or thoughts to **give** an **explanation** of/for something
37	to **announce** [ə'naʊns]	ansagen; bekannt geben	➤ to tell people some important news
38	to **declare** [dɪ'kleə]	erklären; bekannt geben	He **declared that** he was against war.
39	to **comment** ['kɒment]	kommentieren	*Betonung:* ●●
40	**comment** ['kɒment]	Bemerkung; Kommentar	
41	to **discuss** [dɪ'skʌs]	besprechen; diskutieren	Tomorrow we**'ll discuss** the problem in class.
42	**discussion** [dɪ'skʌʃn]	Diskussion; Besprechung	We **had a discussion about** unemployment.
43	**debate** [dɪ'beɪt]	Debatte	
44	to **mention** ['menʃn]	erwähnen	➤ to say or write about something in a few words
45	to **greet** [gri:t]	grüßen; begrüßen	➤ to welcome somebody
46	**greetings** *pl* ['gri:tɪŋz]	Grüße; Glückwünsche	
47	**welcome** ['welkəm]	willkommen	
48	**Welcome** ['welkəm]	Willkommen	**Welcome** to the USA!
49	to **welcome** ['welkəm]	begrüßen; willkommen heißen	She **welcomed** me with a big smile.
50	to **introduce** sb (**to** sb) [ˌɪntrə'dju:s]	jdn (jdm) vorstellen	➤ to tell somebody another person's name
51	to **congratulate (on)** [kən'grætʃuleɪt ɒn]	gratulieren (zu)	They **congratulated** him **on** winning the prize.
52	to **ask** [ɑ:sk]	fragen; bitten	What's *Wellensittich* in English? – **Ask** your teacher.
53	to **beg** [beg]	betteln; bitten	A man **was begging** in the street.
54	to **question** ['kwestʃən]	fragen; befragen	The police **questioned** him **about** the robbery.
55	**question** ['kwestʃən]	Frage	➤◄ answer
56	to **consult** [kən'sʌlt]	fragen; konsultieren	You **consult** a **lawyer** or a **doctor**.
57	**request** [rɪ'kwest]	Aufforderung; Bitte	'Please shut the door' is a **request**.
58	**enquiry** [ɪn'kwaɪəri]	Untersuchung; Nachforschung	There was an **enquiry** after the accident.

59	to **answer** ['ɑːnsə]	antworten; beantworten	They refused to **answer my questions**.
60	to **reply** [rɪ'plaɪ]	antworten	
61	**answer** ['ɑːnsə]	Antwort	*Aussprache: stummes 'w'!*
62	**reply** [rɪ'plaɪ]	Antwort	➤➤ answer
63	to **respond (to)** [rɪ'spɒnd tə]	reagieren (auf); antworten	➤➤ to react, to answer

64	**excuse** [ɪk'skjuːs]	Entschuldigung	What's your **excuse for** your strange behaviour?
65	to **admit** [əd'mɪt]	zugeben; eingestehen	➤ to say that you've done something wrong
66	**pardon?** ['pɑːdn]	Verzeihung?	**Pardon?** What did you say?

67	to **promise** sth (**to** sb) ['prɒmɪs]	(jdm) etw versprechen	You can't have the DVD. I **promised** it **to** Frank.
68	**promise** ['prɒmɪs]	Versprechen	to **keep/break** a **promise**
69	to **suggest** [sə'dʒest]	vorschlagen	➤ to give someone an idea
70	**suggestion** [sə'dʒestʃən]	Vorschlag	to **make** a **suggestion**

71	to **recommend** [ˌrekə'mend]	empfehlen	Can you **recommend** a good lawyer?
72	**advice** [əd'vaɪs] *no pl*	Rat	I need some **advice on** what to wear for the party.

> *Wir können nicht sagen:* ~~an advice~~, ~~some advices~~. *Meint man einen konkreten Ratschlag, so sagt man* **a piece of advice**: My mother gave me **a** good **piece of advice**.

73	to **advise** [əd'vaɪz]	den Rat geben; raten	➤ to tell somebody what they should do
74	to **persuade** sb **to** do sth [pə'sweɪd]	jdn überreden etw zu tun	We **persuaded** Claire **to** come with us.

75	to **order** ['ɔːdə]	befehlen	'Don't move,' the detective **ordered**.
76	**instruction** [ɪn'strʌkʃn]	Anweisung	to **follow (the) instructions**
77	**order** ['ɔːdə]	Befehl	Soldiers must **obey orders**.
78	to **obey** [ə'beɪ]	gehorchen	➤ to do what someone tells you to do

79	to **support** [sə'pɔːt]	unterstützen	Adam **supports** Manchester United.
80	**support** [sə'pɔːt]	Unterstützung; Hilfe	➤➤ help
81	to **insist on** doing sth [ɪn'sɪst ɒn]	darauf bestehen etw zu tun	She **insisted on** doing everything herself.
82	to **claim** [kleɪm]	beanspruchen	

83	to **warn** [wɔːn]	warnen	She **warned** him **about** the dangers.
84	**warning** ['wɔːnɪŋ]	Warnung	
85	to **threaten** ['θretn]	(be)drohen	The terrorist **threatened** to kill everyone.
86	**threat** [θret]	Drohung	
87	to **grumble** ['grʌmbl]	meckern	He's always **grumbling** about something.

88	to **complain** [kəm'pleɪn]	sich beschweren	➤ to say angrily that you don't like something
89	**complaint** [kəm'pleɪnt]	Beschwerde	He **made a complaint** to the teacher.
90	to **blame** [bleɪm]	die Schuld geben (an)	Don't **blame** her. It's not her fault.

91	to **swear** [sweə] swore, sworn [swɔː, swɔːn]	fluchen	Don't **swear** in front of your grandmother.
92	**bad language** [bæd 'læŋgwɪdʒ]	Kraftausdrücke; unanständige Ausdrücke	'Damn' and 'bastard' are **bad language**.
93	**damn** *slang* [dæm]	verflucht; verdammt	
94	**bastard** *slang* ['bɑːstəd]	Mistkerl; Schwein	
95	to **call** sb **names** [kɔːl 'neɪmz]	jdn beschimpfen	Don't **call** him **names**. It's not nice.
96	**sweet talk** ['swiːt tɔːk]	Schmeicheleien; schöne Worte	He's a funny guy – full of **sweet talk**.

97	to **accept** [ək'sept]	annehmen; akzeptieren	They **accepted** the plan.
98	**acceptable** [ək'septəbl]	annehmbar; zulässig	
99	to **approve of** sb/sth [ə'pruːv əv]	mit jdm/etw einverstanden sein	Her mother didn't **approve of** her boyfriend.
100	to **agree** [ə'griː]	zustimmen; einwilligen	Do you **agree with** me?

101	to **arrange** [ə'reɪndʒ]	vereinbaren; anordnen	I **arranged** a trip to Canada.
102	**arrangement** [ə'reɪndʒmənt]	Vereinbarung	a **business arrangement**
103	to **arrange to** do sth [ə'reɪndʒ]	vereinbaren, etw zu tun	We **arranged to** go to Scotland for the holidays.

104	to **give in** [ˌgɪv 'ɪn] gave, given [geɪv, 'gɪvn]	nachgeben	Eventually they **gave in** and agreed to help.
105	**apologize** (**to** sb) **for** sth [ə'pɒlədʒaɪz fə]	sich bei jdm für etw entschuldigen	I **apologized to** the man **for** stepping on his foot.
106	**agreement** [ə'griːmənt]	Übereinstimmung; Zustimmung	We can **come to an agreement**, I think.

107	to **disagree** [ˌdɪsə'griː]	anderer Meinung sein	➤◄ to agree I'm afraid I **disagree** with you.
108	to **object to** [əb'dʒekt tə]	dagegen sein	I really **object to** her political views.
109	**disagreement** [ˌdɪsə'griːmənt]	Meinungs- verschiedenheit	We only had a little **disagreement**. It was not important at all.
110	to **refuse** [rɪ'fjuːz]	sich weigern	I asked Jack to help but he **refused**.
111	to **refuse to** do sth [rɪ'fjuːz]	sich weigern etw zu tun	The teacher **refused to** discuss the matter.
112	to **reject** [rɪ'dʒekt]	zurückweisen; ablehnen	➤ to refuse to accept
113	to **mind** [maɪnd]	etw einzuwenden haben gegen	

mind nur in Fragen und Verneinungen:
Do you **mind** opening the window?
– No, I **don't mind**.

1 ☐ **excuse me** [ɪk'skjuːz mi]   Entschuldigung   **Excuse me**, could you tell me the time, please?

> Wenn du von jemandem etwas möchtest, verwendest du: **Excuse me**, …
> **Excuse me,** can you tell me the way to the library? (*Entschuldigung, …*)
> *Wenn du dich für etwas entschuldigst, verwendest du:* **Sorry! / I'm sorry!**
> **Sorry**, but I don't like mini-golf. (*Tut mir leid. / Entschuldigung.*)

2 ☐ **please** [pliːz]   bitte   ►◄ thank you / thanks
3 ☐ **thank you** ['θæŋk ju]   danke
4 ☐ **thanks** [θæŋks]   danke

> *Wenn sich jemand bedankt, kann man wie folgt reagieren:*
> Thank you for your help. –
> **Don't mention it. / Not at all. / It's a pleasure.**

5 ☐ **it's a pleasure**   es ist mir ein
  [ɪts ə 'pleʒə]   Vergnügen
6 ☐ **don't mention it**   keine Ursache;
  [dəʊnt 'menʃn ɪt]   gern geschehen
7 ☐ **not at all** [nɒt ət 'ɔːl]   nichts zu danken

8 ☐ **what's up?** [wɒts 'ʌp]   was ist los?   ►► What's the matter?
9 ☐ **so what?** [səʊ 'wɒt]   na und?   You're late again. – **So what?**
10 ☐ **what for?** [wɒt 'fɔː]   wozu?   ►► why?
11 ☐ **Ugh!** [ɜː]   Bah   **Ugh!** That tastes awful!
12 ☐ **it doesn't matter**   es macht nichts   **It doesn't matter** when you arrive.
  [ɪt dʌznt 'mætə]   We'll be at home.
13 ☐ **what's the matter?**   was ist los?   **What's the matter** with him?
  [ˌwɒts ðə 'mætə]
14 ☐ **never mind**   macht nichts;   ► Don't worry about it.
  [ˌnevə 'maɪnd]   vergiss es
15 ☐ **it/that depends**   je nachdem; das   How much do you need? – I don't
  [ɪt dɪ'pendz]   kommt darauf an   know. **It depends**.
16 ☐ **mind your own**   kümmere dich um   Have you got a boyfriend? – **Mind**
  business [maɪnd jɔːr   deine Angelegen-   **your own business.**
  ˌəʊn 'bɪznəs]   heiten

17 ☐ **congratulations**   Glückwünsche;   **Congratulations on** your new job!
  [kənˌgrætʃu'leɪʃnz]   ich gratuliere
18 ☐ **enjoy yourself!**   viel Spaß!   ►► Have a good time!
  [ɪn'dʒɔɪ jəself]

19 ☐ **sorry** ['sɒri]   tut mir leid   Have you got a pencil?
  – No, **sorry**.
20 ☐ **I can't help it**   ich kann nicht anders   Stop laughing. – **I can't help it.**
  [aɪ kɑːnt 'help ɪt]   I **couldn't help** thinking he knew
  more than he told us.
21 ☐ **it's/that's a pity**   schade   ► it is sad
  [ˌɪts ə 'pɪti, ðæts ə 'pɪti]
22 ☐ **I'm afraid** [aɪm ə'freɪd]   ich fürchte; leider   **I'm afraid** we can't come.
23 ☐ **no way!** [ˌnəʊ 'weɪ]   kommt überhaupt   Why don't you go out with Pete?
  nicht infrage!   – **No way!**

24	**let's** [lets]	lass(t) uns	**Let's** visit Auntie Jill. – No, **let's not**.
25	**how about?** [ˌhaʊ əˈbaʊt]	wie wär's mit … ?	**How about** going by train? – Yes, good idea.
26	**what about?** [ˈwɒt əbaʊt]	wie wär's mit … ?	**What about** a game of tennis?
27	**by the way** [baɪ ðə ˈweɪ]	übrigens	

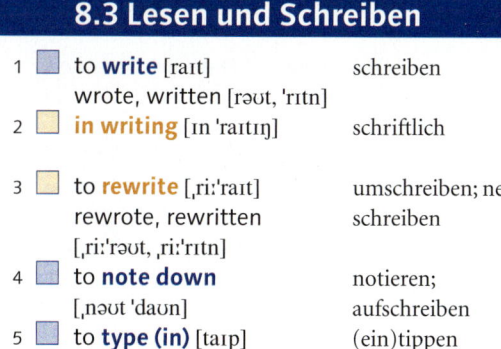

8.3 Lesen und Schreiben

1	**to write** [raɪt] wrote, written [rəʊt, ˈrɪtn]	schreiben	*Aussprache: stummes 'w'!*
2	**in writing** [ɪn ˈraɪtɪŋ]	schriftlich	I informed him **in writing** that I couldn't come.
3	**to rewrite** [ˌriːˈraɪt] rewrote, rewritten [ˌriːˈrəʊt, ˌriːˈrɪtn]	umschreiben; neu schreiben	➤ to write something again in a different way
4	**to note down** [ˌnəʊt ˈdaʊn]	notieren; aufschreiben	➤ to write something down to remember it
5	**to type (in)** [taɪp]	(ein)tippen	**Type in** your name and password.
6	**to photocopy** [ˈfəʊtəʊkɒpi]	fotokopieren	

• •

7	**to read** [riːd] read, read [red, red]	lesen	My sister likes **reading** about horses.
8	**reader** [ˈriːdə]	Leser/in; Lesebuch; Lektüre	➤ someone who reads ➤ a book for reading in class
9	**to spell** [spel] spelt, spelt [spelt, spelt]	buchstabieren	Please **spell** your name. – A-S-H-L-E-Y
10	**spelling** [ˈspelɪŋ]	Rechtschreibung	The American **spelling** for 'centre' is 'center'.
11	**alphabet** [ˈælfəbet]	Alphabet	The **alphabet** has got 26 **letters**.
12	**letter** [ˈletə]	Buchstabe	
13	**capital letter** [ˈkæpɪtl letə]	Großbuchstabe	
14	**bold** [bəʊld]	fettgedruckt	The word '**letter**' is printed **in bold**.
15	**italics** *pl* [ɪˈtælɪks]	Kursivdruck	*This sentence is in italics.*
16	**code** [kəʊd]	Code; Chiffre	

• •

17	**full stop** *BE* [ˌfʊl ˈstɒp]	Punkt	
18	**period** *AE* [ˈpɪəriəd]	Punkt	
19	**comma** [ˈkɒmə]	Komma	
20	**semicolon** [ˌsemiˈkəʊlən]	Strichpunkt; Semikolon	
21	**question mark** [ˈkwestʃən mɑːk]	Fragezeichen	
22	**exclamation mark** [ekskləˈmeɪʃn mɑːk]	Ausrufezeichen	
23	**apostrophe** [əˈpɒstrəfi]	Apostroph	
24	**quotation marks** [kwəʊˈteɪʃn mɑːks]	Anführungszeichen/ Schlusszeichen	
25	**colon** [ˈkəʊlən]	Doppelpunkt	
26	**hyphen** [ˈhaɪfn]	Bindestrich	

27 ☐	**dash** [dæʃ]	Gedankenstrich	
28 ☐	**brackets** ['brækɪts]	Klammern	

- -

29 ☐	**pen** [pen]	Füllfederhalter; Füller	You must use a **pen** to write the test.
30 ☐	**ball pen** ['bɔːl pen]	Kugelschreiber	You are not allowed to use a **ball pen**.
31 ☐	**pencil** ['pensl]	Bleistift	
32 ☐	**typewriter** ['taɪpraɪtə]	Schreibmaschine	Computers have replaced **typewriters**.

- -

33 ☐	to **underline** [ˌʌndə'laɪn]	unterstreichen	➤ to draw a line under a word or sentence
34 ☐	**underlined** [ˌʌndə'laɪnd]	unterstrichen	
35 ☐	to **draw** [drɔː] drew, drawn [druː, drɔːn]	ziehen; zeichnen	Can you **draw** a picture of an elephant?
36 ☐	**ruler** ['ruːlə]	Lineal	
37 ☐	**eraser** [ɪ'reɪzə]	Radiergummi	

- -

38 ☐	**form** [fɔːm]	Formular	Please fill in the **application form**.
39 ☐	to **register** ['redʒɪstə]	sich einschreiben; sich registrieren lassen	➤ to put your name on a list
40 ☐	**list** [lɪst]	Liste	a **shopping list**
41 ☐	**questionnaire** [ˌkwestʃə'neə]	Fragebogen	Please complete this **questionnaire**.
42 ☐	**papers** pl ['peɪpəz]	Unterlagen; Dokumente	Important **papers** are put together in a **file**.
43 ☐	**file** [faɪl]	Datei; Akte	
44 ☐	to **file** [faɪl]	ablegen	The secretary **filed** all the papers.
45 ☐	**note** [nəʊt]	Notiz	

note = Notiz
Note = **mark**

46 ☐	**label** ['leɪbl]	Etikett; Schildchen	All the files need **labels**.

8.4 Texte

1 ☐	**text** [tekst]	Text	This **text** is full of mistakes. …
2 ☐	to **edit** ['edɪt]	redigieren; herausgeben	… **Hasn't** it **been edited**?
3 ☐	**version** ['vɜːʃn]	Version; Fassung	Did you read that **version** of 'Alice in Wonderland'?
4 ☐	**context** ['kɒntekst]	Kontext; Textzusammenhang	Can you guess the meaning of the word from the **context**?
5 ☐	**topic** ['tɒpɪk]	Thema	➤➤ subject
6 ☐	**theme** [θiːm]	Thema; Motto	➤➤ subject
7 ☐	**style** [staɪl]	Stil	I don't like his **style** of writing.
8 ☐	**hint** [hɪnt]	Hinweis; Tipp	
9 ☐	**paragraph** ['pærəɡrɑːf]	Absatz; Abschnitt	
10 ☐	**heading** ['hedɪŋ]	Überschrift	
11 ☐	**title** ['taɪtl]	Titel	
12 ☐	**slogan** ['sləʊɡən]	Slogan; Parole; Wahlspruch	

102

13	**introduction** [ˌɪntrəˈdʌkʃn]	Einführung	➤ the first part of a book
14	**ending** [ˈendɪŋ]	Endung; Ende	The story had a sad **ending**.
15	**summary** [ˈsʌməri]	Zusammenfassung	His **summary** didn't mention some …
16	**aspect** [ˈæspekt]	Aspekt; Seite	… important **aspects** of the story.

17	**literature** [ˈlɪtrətʃə]	Literatur	great **works of literature**
18	**story** [ˈstɔːri]	Geschichte	
19	**fiction** [ˈfɪkʃn]	Unterhaltungs-literatur; Fiktion; Märchen	➤ literature that describes imaginary people and events
20	**novel** [ˈnɒvl]	Roman	'David Copperfield' is a **novel** by Charles Dickens.
21	**poem** [ˈpəʊɪm]	Gedicht	A limerick is a sort of **poem**.
22	**poetry** [ˈpəʊətri]	Lyrik; Dichtung	➤➤ poems
23	**verse** [vɜːs]	Vers	
24	**rhyme** [raɪm]	Reim	
25	to **rhyme** [raɪm]	(sich) reimen	'Tip' **rhymes** with 'ship'.
26	**quote** [kwəʊt]	Zitat	➤➤ quotation
27	**tale** [teɪl]	Geschichte; Erzählung	➤➤ story
28	**fable** [ˈfeɪbl]	Fabel	➤ a short story that teaches something
29	**biography** [baɪˈɒɡrəfi]	Lebensbeschreibung	➤ a book about a person's life
30	**autobiographical** [ˌɔːtəˌbaɪəˈɡræfɪkl]	autobiografisch	**semi-autobiographical** = *halbautobiografisch*
31	**satire** [ˈsætaɪə]	Satire	
32	**sketch** [sketʃ]	Sketch	
33	**science fiction** [ˌsaɪəns ˈfɪkʃn]	Science Fiction	➤ books or films about space travel and life on other planets

34	to **be set (in)** [bi ˈset ɪn]	spielen in (Handlung)	'West Side Story' **is set in** New York in the late 1950s.
35	**plot** [plɒt]	Handlung (Theater, Literatur)	➤ what happens in a story or play
36	**imaginary** [ɪˈmædʒɪnəri]	frei erfunden; eingebildet	➤◄ real
37	to **be based on** [bi ˈbeɪst ɒn]	sich stützen auf; basieren auf	The musical **is based on** real-life events.
38	**adapted** [əˈdæptɪd]	adaptiert	

39	**book** [bʊk]	Buch	
40	**dictionary** [ˈdɪkʃənri]	Wörterbuch	**Look up** the word in your **dictionary**.
41	**encyclopedia** [ɪnˌsaɪkləˈpiːdiə]	Lexikon; Enzyklopädie	An **encyclopedia** is a book, CD or DVD. It gives information about many different subjects.
42	**atlas** [ˈætləs]	Atlas	➤ a book of maps
43	**comic** [ˈkɒmɪk]	Comic	
44	**review** [rɪˈvjuː]	Rezension; Kritik	*Kritiker/in* = **critic** *Kritik* = **review**

1	**language** ['læŋgwɪdʒ]	Sprache	How many **languages** do you **speak**? – Only English and German.
2	**dialect** ['daɪəlekt]	Dialekt	
3	**informal** [ɪn'fɔːml]	umgangssprachlich; ungezwungen	'Hi' is an **informal** way of greeting people.
4	**accent** ['æksent]	Akzent	She speaks English with a French **accent**.
5	**foreign language** [ˌfɒrən 'læŋgwɪdʒ]	Fremdsprache	**foreign language** learners

· ·

6	**fluent** ['fluːənt]	flüssig; fließend	He speaks Japanese **fluently**.
7	**voice** [vɔɪs]	Stimme	She sings in a pop group. She's got a good **voice**.
8	to **pronounce** [prə'naʊns]	aussprechen	
9	**pronunciation** [prəˌnʌnsi'eɪʃn]	Aussprache	English **pronunciation** is sometimes difficult.
10	**stress** [stres]	Betonung	

· ·

11	**sentence** ['sentəns]	Satz	*Aussprache* **sentences**: ['sentənsɪz]
12	**phrase** [freɪz]	Ausdruck; Phrase; Satzglied	A group of words together is a **phrase**.
13	**expression** [ɪk'spreʃn]	Ausdruck	What does the **expression** 'for good' mean? – It means 'for all time'.
14	**idiom** ['ɪdiəm]	Redewendung; idiomatischer Ausdruck	'To spill the beans' is an **idiom** meaning 'to make known a secret'.
15	**proverb** ['prɒvɜːb]	Sprichwort	'An apple a day keeps the doctor away' is a **proverb**.
16	**saying** ['seɪɪŋ]	Sprichwort	

· ·

17	**grammar** ['græmə]	Grammatik	➤ the rules of a language
18	**article** ['ɑːtɪkl]	Artikel; Begleiter	'A', 'an' and 'the' are **articles**.
19	**noun** [naʊn]	Nomen; Substantiv; Hauptwort	'Teacher', 'field' and 'mouse' are **nouns**.
20	**countable** ['kaʊntəbl]	zählbar	
21	**uncountable** [ˌʌn'kaʊntəbl]	nicht zählbar	➤◄ countable
22	**singular** ['sɪŋjələ]	Singular; Einzahl	The **singular** of 'mice' is 'mouse'.
23	**plural** ['plʊərəl]	Plural; Mehrzahl	➤◄ singular
24	**negative** ['negətɪv]	negativ = verneinend	
25	**positive** ['pɒzətɪv]	positiv = bejahend	
26	**adjective** ['ædʒɪktɪv]	Adjektiv; Eigenschaftswort	'Small', 'green' and 'clever' are **adjectives**.
27	**comparison** [kəm'pærɪsn]	Vergleich	Steve **made a comparison** of American and Canadian food.
28	**adverb** ['ædvɜːb]	Adverb; Umstandswort	'Slowly', 'just' and 'too' are **adverbs**.
29	**verb** [vɜːb]	Verb; Tunwort	'Go', 'find' and 'exist' are **verbs**.
30	**irregular** [ɪ'regjələ]	unregelmäßig	

31	**preposition** [ˌprepə'zɪʃn]	Präposition; Verhältniswort	'On', 'at' and 'for' are **prepositions**.
32	**conjunction** [kən'dʒʌŋkʃn]	Konjunktion; Bindewort	'But', 'because' and 'and' are **conjunctions**.
33	**interjection** [ˌɪntə'dʒekʃn]	Ausruf	'Oh!' and 'ow!' are **interjections**.
34	**subject** ['sʌbdʒɪkt]	Subjekt; Satzgegenstand	'I' is the **subject** in 'I saw him' …
35	**object** ['ɒbdʒɪkt]	Objekt	… and 'him' is the **object**.
36	**infinitive** [ɪn'fɪnətɪv]	Infinitiv	In 'I wanted to come', 'to come' is an **infinitive**.
37	**active** ['æktɪv]	Aktiv; aktiv	'He is reading' is an **active** sentence.
38	**passive** ['pæsɪv]	Passiv; passiv	'She was hurt' is a **passive** sentence.
39	**question tag** ['kwestʃən tæg]	Frageanhängsel	In 'She won't come, will she?', 'will she?' is a **question tag**.
40	**substitute** ['sʌbstɪtjuːt]	Ersatz(form)	'Be able to' is a **substitute** for 'can'.
41	**vowel** ['vaʊəl]	Vokal	'A', 'e', 'i', 'o' and 'u' are **vowels**.
42	**consonant** ['kɒnsənənt]	Konsonant	'B', 'c', 'd', etc are **consonants**.
43	**clause** [klɔːz]	Satz; Teilsatz	**main/subordinate clause**
44	to **translate** [træns'leɪt]	übersetzen	Can you **translate** this letter for me?
45	**translation** [træns'leɪʃn]	Übersetzung	
46	to **interpret** [ɪn'tɜːprɪt]	dolmetschen	➤ to translate spoken words into another language

···

47	**word** [wɜːd]	Wort	Write about 130 **words**.
48	**vocabulary** [və'kæbjələri]	Wortschatz	➤ all the words in a language
49	**synonym** ['sɪnənɪm]	Synonym; Wort mit ähnlicher Bedeutung	'Large' and 'big' are **synonyms**.
50	**opposite** ['ɒpəzɪt]	Gegenteil	'Under' is the **opposite** of 'over'.
51	to **paraphrase** ['pærəfreɪz]	umschreiben; paraphrasieren	➤ to repeat something using different words
52	**definition** [ˌdefɪ'nɪʃn]	Definition	➤ words that explain what another word means
53	**abbreviation** [əˌbriːvi'eɪʃn]	Abkürzung	'BBC' is the **abbreviation** for 'British Broadcasting Corporation'.

8.6 Strukturwörter

1	**I** [aɪ]	ich	Where's Sophie? **She** isn't at school.
2	**you** [juː]	du; ihr; Sie	*Wo ist Sophie? Sie ist nicht in der Schule.*
3	**he** [hiː]	er	Where are the boys? **They**'re at school.
4	**she** [ʃiː]	sie	*Wo sind die Jungen? Sie sind in der Schule.*
5	**it** [ɪt]	es	What colour is my bag? **It**'s green.
6	**we** [wiː]	wir	*Welche Farbe hat meine Tasche? Sie ist grün.*
7	**they** [ðeɪ]	sie	Hello, Mr Brown. How old are **you**?
8	**one** [wʌn]	man	*Hallo, Herr Brown. Wie alt sind Sie?*

9 ☐	**me** [miː]	mich; mir	Can you see **me**? Come with **me**.
10 ☐	**you** [juː]	dich; dir	
11 ☐	**him** [hɪm]	ihn; ihm	There's Adam. I can see **him**. Let's walk home with **him**.
12 ☐	**her** [hɜː]	sie; ihr	There's Jessica. Can you see **her**? Let's play with **her**.
13 ☐	**us** [ʌs]	uns	Where are you? – We're here. Can you see **us**?
14 ☐	**you** [juː]	euch; Sie	
15 ☐	**them** [ðem]	sie; ihnen	Where are the boys? I can't find **them**.

• •

16 ☐	**my** [maɪ]	mein, meine, mein	**My** hands are cold.
17 ☐	**your** [jɔː]	dein, deine, dein; euer, eure, euer; Ihr, Ihre, Ihr	
18 ☐	**his** [hɪz]	sein, seine, sein	Adam has got **his** bag.
19 ☐	**her** [hɜː]	ihr, ihre, ihr	

> Jessica is in **her** room.
> (… in ihrem Zimmer)
> The pupils are in **their** classroom.
> (… in ihrem Klassenzimmer)

What's **its** name? (sein)   What's **its** name? (ihr)

its = sein(e), ihr(e)   **it's** = er/sie/es ist

20 ☐	**its** [ɪts]	sein, seine, sein; ihr, ihre, ihr	
21 ☐	**our** ['aʊə]	unser, unsere, unser	We're sisters. **Our** names are Emily and Sophie.
22 ☐	**their** [ðeə]	ihr, ihre, ihr	Ben and Adam are in **their** classroom.

• •

23 ☐	**mine** [maɪn]	meine(r, s)	It's my game. – No, it's **mine**.
24 ☐	**yours** [jɔːz]	deine(r, s); eure(r,s)	
25 ☐	**his** [hɪz]	seine(r, s)	
26 ☐	**hers** [hɜːz]	ihre(r, s)	
27 ☐	**ours** ['aʊəz]	unsere(r, s)	
28 ☐	**theirs** [ðeəz]	ihre(r, s)	

my book	**mine**	our book	**ours**
your book	**yours**	your book	**yours**
his book	**his**	their book	**theirs**
her book	**hers**		

• •

29 ☐	**myself** [maɪ'self]	mich; mir; selbst	
30 ☐	**yourself** [jɔː'self]	dich; dir; selbst	
31 ☐	**himself** [hɪm'self]	sich; selbst	
32 ☐	**herself** [hɜː'self]	sich; selbst	
33 ☐	**itself** [ɪt'self]	sich; selbst	
34 ☐	**ourselves** [ɑː'selvz]	uns; selbst	
35 ☐	**yourselves** [jɔː'selvz]	euch; selbst	
36 ☐	**themselves** [ðəm'selvz]	sich; selbst	

She's teaching **herself** Japanese.   Yuki is teaching **her** Japanese.

• •

| 37 ☐ | **each other** [iːtʃ 'ʌðə] | einander; gegenseitig | |
| 38 ☐ | **one another** [wʌn ə'nʌðə] | einander; gegenseitig | |

She's looking at **herself**.   They are looking at **each other**.

• •

39 ☐	**some** [sʌm]	etwas; ein wenig; einige; ein paar	I've got **some** cheese. (*etwas; ein wenig Käse*) I've got **some** sausages. (*einige; ein paar Würste*)
40 ☐	**any** ['eni]	(irgend)eine(r, s)	Do we need **any** milk? = *Brauchen wir Milch?* **any** in Fragen bleibt oft unübersetzt.
41 ☐	**no** [nəʊ]	kein(e)	I've got **no** time for you now.
42 ☐	**every** ['evri]	jeder, jede, jedes	Our teacher knows **every** pupil in the school.
43 ☐	**someone** ['sʌmwʌn]	jemand	
44 ☐	**somebody** ['sʌmbədi]	jemand	►► someone
45 ☐	**something** ['sʌmθɪŋ]	etwas	I've got **something** for you, Kirsty. It's a present.
46 ☐	**somewhere** ['sʌmweə]	irgendwo	I've seen him **somewhere** before.
47 ☐	**someplace** ['sʌmpleɪs]	irgendwo; irgendwohin	►► somewhere
48 ☐	**anyone** ['eniwʌn]	irgendeine(r)	► any person
49 ☐	**anybody** ['enibɒdi]	irgendeine(r)	Has **anybody** seen my glasses?
50 ☐	**anything** ['eniθɪŋ]	irgendetwas	
51 ☐	**anywhere** ['eniweə]	irgendwo	He didn't go **anywhere**.

	EVERY-	SOME-	ANY-	NOT … ANY-	NO-
PERSON:	everyone	someone	anyone	not … anyone	no one
	everybody	somebody	anybody	not … anybody	nobody
	jeder	*jemand*	*irgendeine(r)*	*niemand*	*niemand*
SACHE:	everything	something	anything	not … anything	nothing
	alles	*etwas*	*etwas*	*nichts*	*nichts*
ORT:	everywhere	somewhere	anywhere	not … anywhere	nowhere
	überall	*irgendwo*	*irgendwo*	*nirgends*	*nirgends*

52 ☐	**no one** ['nəʊ wʌn]	niemand	►◄ everyone
53 ☐	**nobody** ['nəʊbədi]	niemand	►► no one
54 ☐	**nothing** ['nʌθɪŋ]	nichts	►◄ everything
55 ☐	**nowhere** ['nəʊweə]	nirgendwo	We looked for the hamster but found him **nowhere**.
56 ☐	**everyone** ['evriwʌn]	jede(r); alle	►► everybody
57 ☐	**everybody** ['evribɒdi]	jede(r); alle	►◄ no one
58 ☐	**everything** ['evriθɪŋ]	alles	►◄ nothing
59 ☐	**everywhere** ['evriweə]	überall(hin)	► in or to every place
60 ☐	**somehow** ['sʌmhaʊ]	irgendwie	► in some way
61 ☐	**anyhow** ['enihaʊ]	jedenfalls	
62 ☐	**anyway** ['eniweɪ]	jedenfalls	I enjoyed the film. Most of it, **anyway**.
63 ☐	**whatever** [wɒt'evə]	was auch immer	Do **whatever** you like.
64 ☐	**wherever** [weər'evə]	wo auch immer	
65 ☐	**the** [ðə, ði]	der, die, das	
66 ☐	**a, an** [ə, ən]	ein, eine, ein	

Beginnt das folgende Hauptwort mit einem gesprochenen Vokal, so musst du **an** *verwenden (* **an** *umbrella). Bei Hauptwörtern mit gesprochenem Konsonant steht* **a** *(* **a** *door).*

67	☐ **this** [ðɪs]	dieser, diese, dieses; dies	
68	☐ **these** [ðiːz]	diese	
69	☐ **that** [ðæt]	der, die, das (dort)	**this** apple **that** apple
70	☐ **those** [ðəʊz]	jene	

this apple   **that** apple

these apples   **those** apples

71	☐ **who** [huː]	der, die, das; welche(r, s)	The girl **who** lives next door found the cat …
72	☐ **which** [wɪtʃ]	der, die, das; welche(r, s)	… **which** belonged to my aunt.
73	☐ **that** [ðæt]	der, die, das; welche(r, s)	That's the best film **that** I've ever seen.
74	☐ **whose** [huːz]	deren; dessen	He is the boy **whose** dad sells cars.

75	☐ **what?** [wɒt]	was	**What** does he want?
76	☐ **who?** [huː]	wer	**Who** is that girl over there?
77	☐ **where?** [weə]	wo	**Where** do you live?
78	☐ **when?** [wen]	wann	**When** is your birthday?
79	☐ **why?** [waɪ]	warum	It's ten o'clock. **Why** are you not in bed, Adam?
80	☐ **how?** [haʊ]	wie	**How** is your mother?
81	☐ **whose?** [huːz]	wessen	

> **WHO/WHICH/WHOSE/WHERE** *ALS FRAGEWORT UND ALS RELATIVPRONOMEN*
> **Who**'s got his address? (*Wer?*)
> The man **who** asked the way to Stratford was French. (*… der …*)
> **Which** CD do you want? (*Welche?*)
> The story **which** he told me was strange. (*… die …*)
> **Whose** house is it? (*Wessen?*)
> The boy **whose** mother plays golf is Kevin. (*… dessen …*)
> **Where** do you live? (*Wo?*)
> The place **where** he lives is called Pimlico. (*… wo …*)

> **Who**'s in the bathroom?
> (*Wer ist …?*)
> **Whose** CDs are these?
> (*Wessen … ?*)

82	☐ **and** [ənd]	und	bed **and** breakfast
83	☐ **than** [ðən]	als	Cars are faster **than** bikes.
84	☐ **so** [səʊ]	so; deshalb	I had a headache, **so** I couldn't go to the party.
85	☐ **so** [səʊ]	so	This case is **so** heavy.
86	☐ **too** [tuː]	zu	This bag is also **too** heavy.
87	☐ **therefore** ['ðeəfɔː]	daher; deshalb	He missed the bus, **therefore** he had to walk.
88	☐ **although** [ɔːl'ðəʊ]	obwohl	She didn't have a rest **although** she was tired.
89	☐ **though** [ðəʊ]	doch; jedoch; trotzdem	He looks so serious. He's very nice, **though**.
90	☐ **after all** [ˌɑːftər 'ɔːl]	schließlich; doch	The rain has stopped, so the barbecue will go ahead **after all**.

91	**even though** ['iːvn ðəʊ]	obwohl	➤➤ although

We went swimming **even though** it was very cold.

92	**in spite of** [ɪn 'spaɪt əv]	trotz	➤➤ despite
93	**despite** [dɪ'spaɪt]	trotz	

We all enjoyed the walk **despite** the bad weather.

94	**but** [bʌt]	aber	He was tired **but** happy.
95	**on the other hand**	andererseits	
	[ɒn ði 'ʌðə hænd]		
96	**however** [haʊ'evə]	jedoch	➤➤ but

She was very unhappy, **however**.

97	**yet** [jet]	aber	The story is strange **yet** true.
98	**even** ['iːvn]	noch	He's **even** more intelligent than his brother.
99	**if** [ɪf]	wenn; falls	You'll feel sick **if** you eat too many sweets.
100	**if** [ɪf]	ob	I don't know **if** he's at home.
101	**whether** ['weðə]	ob	➤➤ if

I don't know **whether** I can go there.

102	**as if** [əz 'ɪf]	als ob; als wenn	He looked **as if** he had some bad news.
103	**even if** ['iːvn ɪf]	selbst wenn	➤ whether or not
104	**what if ... ?** ['wɒt ɪf]	was ist, wenn ... ?	**What if** someone gets hurt during the tour?
105	**if only** [ɪf 'əʊnli]	wenn ... nur	**If only** she had listened to me.
106	**the ... the ...** [ðə, ðə]	je ... , desto ...	**The** more you exercise, **the** thinner you get.

107	**once** [wʌns]	wenn ... erst einmal	
108	**when** [wen]	(immer) wenn	

> It's great **when** we go to the beach. (*immer wenn*)
> **When** is the match? (*Wann ... ?*)
> Jessica was in an accident **when** she was ten. (*als*)

109	**unless** [ən'les]	wenn nicht	➤➤ except if
110	**not ... at all** [ˌnɒt ət 'ɔːl]	überhaupt nicht	I **didn't** enjoy the film **at all**.
111	**because** [bɪ'kɒz]	weil	Tidy your room, Adam. – Why?

– **Because** your CDs are on the floor.

112	**because of** [bɪ'kɒz əv]	wegen	There were lots of accidents **because of** the storm.
113	**since** [sɪns]	da	➤➤ because
114	**as** [əz]	da	
115	**so that** ['səʊ ðət]	sodass; damit	Please get up early **so that** you don't have to hurry.
116	**for** [fɔː]	für	The English word **for** 'Tür' is 'door'.

117	**hello** [hə'ləʊ]	hallo	**Hello**, Adam. – **Hello**, Anita.
	hallo [hə'ləʊ]		
118	**hi** [haɪ]	hallo	➤➤ hello
119	**hey** [heɪ]	hey!	
120	**yes** [jes]	ja	Is this your CD? – **Yes**, it is.
121	**yup** *slang* [jʌp]	ja (umgangssprachlich)	

122	☐ **no** [nəʊ]	nein	►◄ yes
123	☐ **goodbye** [ˌgʊdˈbaɪ]	auf Wiedersehen	**Goodbye**, Jim. **See you** tomorrow.
124	☐ **bye** [baɪ]	Tschüss	
125	☐ **see you** [ˈsiː ju]	bis dann!; tschüss!	

• •

126	☐ **for example** [fər ɪgˈzɑːmpl]	zum Beispiel	Some people never open a book, my sister **for example**.
127	☐ **such as** [ˈsʌtʃ əz]	wie zum Beispiel	►► for example
128	☐ **well** [wel]	nun	**Well**, what do you think?
129	☐ **vice versa** [ˌvaɪs ˈvɜːsə]	umgekehrt	He doesn't believe her and **vice versa**. (= she doesn't believe him)
130	☐ **one** [wʌn] *pl* ones [wʌnz]	*Wort, das anstelle eines Substantivs stehen kann*	

> **ONE/ONES**
> This bookshop is better than the **one** in Baker Street. (*… als der in der Baker Street.*)
> We've got two cars – a white **one** and a blue **one**. (*… ein weißes und eine blaues.*)
> The blue **one** is three years old. (*… das blaue ist …*)
> I like most cars but I like the little **ones** best. (*… die kleinen …*)

131	☐ **e.g.** [ˌiː ˈdʒiː]	z.B.	► for example
132	☐ **etc** [ˌet ˈsetərə]	usw	►► and so on
133	☐ **and so on** [ənd ˈsəʊ ɒn]	und so weiter	
134	☐ **right** [raɪt]	genau	►► exactly
135	☐ **quite** [kwaɪt]	ganz; völlig	►► completely I'm **quite** happy.
136	☐ **just** [dʒʌst]	genau; gerade	The present was **just** what I wanted.

> **JUST**
> It's **just** seven o'clock. (*Es ist genau sieben Uhr.*)
> **Just** look at this funny picture. (*Schau nur dieses lustige Bild an.*)
> We're **just** leaving. (*Wir gehen gerade weg.*)

| 137 | ☐ **no longer** [nəʊ ˈlɒŋgə] | nicht mehr; nicht länger | ► in the past but not now The factory is **no longer** used. |

> ### Wortbildung mit Nachsilben 1
>
> *Durch Nachsilben lassen sich Nomen, Adjektive und Verben aus anderen Wortarten bilden. Diese Nomen bezeichnen oft:*
> ➤ *einen **Beruf** oder eine **Person**, die eine **Tätigkeit** ausübt*
> **-ER, -OR**   driver, reporter, conqueror, actor, singer, teacher
> ➤ *einen **Beruf** oder eine **Gruppenzugehörigkeit***
> **-IST**   tourist, motorist (*Autofahrer*)
> ➤ *weibliche Personen*
> **-ESS**   actress (*Schauspielerin*), hostess (*Gastgeberin*)
> ➤ *ein **Gerät** für eine bestimmte Tätigkeit*
> **-ER**   computer, CD-player, printer

8 SPRACHE

9 Kommunikation

9.1 Kommunikation allgemein

1 □ **information** *no pl*   Information(en)
[ˌɪnfəˈmeɪʃn]

Niemals **informations** oder ~~an~~ **information**

2 □ **detail** [ˈdiːteɪl]   Einzelheit; Detail
3 □ **sign** [saɪn]   Schild; Zeichen

He told us his plan **in detail**.
There was a 'Stop' **sign** at the crossroads.

4 □ **signal** [ˈsɪgnəl]   Signal
5 □ to **signal** [ˈsɪgnəl]   signalisieren; Zeichen geben

The teacher **gave a signal** to begin.
The policeman **signalled to** the children **to** cross the road.

6 □ **symbol** [ˈsɪmbl]   Symbol; Zeichen
7 □ to **mean** [miːn]   bedeuten
meant, meant
[ment, ment]

What does the Gaelic word 'céilí' **mean**? – It **means** 'dance'.

8 □ **meaning** [ˈmiːnɪŋ]   Bedeutung
9 □ **message** [ˈmesɪdʒ]   Mitteilung; Nachricht; Botschaft

meaning = *Bedeutung*
Meinung = **opinion**

Adam isn't at home. Can I give him a **message**?

10 □ **frequently asked questions/FAQ**   häufig gestellte Fragen
[ˌfriːkwəntli ɑːskt ˈkwestʃənz]

➤ a list of answers to the questions that are most often asked about a subject

11 □ **communication**   Kommunikation; Verständigung
[kəˌmjuːnɪˈkeɪʃn]

12 □ **nonsense** [ˈnɒnsns]   Unsinn

communication satellite/system/ technology
You're **talking nonsense**.

9.2 Post

1 □ **letter** [ˈletə]   Brief

I **got** a **letter** from my Australian penfriend yesterday.

2 □ **postcard** [ˈpəʊstkɑːd]   Postkarte
3 □ **envelope** [ˈenvələʊp]   Briefumschlag; Kuvert
4 □ **address** [əˈdres]   Adresse
5 □ **dear** [dɪə]   lieber, liebe, liebes

If you send a **postcard** …
… you won't need an **envelope**.
Schreibweise: Doppeltes 'd'!

6 □ **give my love to …**   herzliche Grüße an … von mir
[gɪv maɪ ˈlʌv tə]
gave, given [geɪv, ˈgɪvn]

7 □ **love** [lʌv]   herzliche Grüße
8 □ **Yours faithfully**   mit freundlichen Grüßen (Brief)
[jɔːz ˈfeɪθfəli]
9 □ **Yours sincerely**   mit freundlichen Grüßen (Brief)
[jɔːz sɪnˈsɪəli]

Dear Sir or Madam,
Yours faithfully

Dear Mr Cox,
Yours sincerely

10 □ **stamp** [stæmp]   Briefmarke
11 □ **letter-box** *BE* [ˈletəbɒks]   Briefkasten
12 □ **mailbox** *AE* [ˈmeɪlbɒks]   Briefkasten
13 □ to **post** *BE* [pəʊst]   zur Post bringen; aufgeben

Do you **collect stamps**?
The **letter-box** is on the corner.

Can you **post** a **letter** for me?

14	to **mail** *AE* [meɪl]	zur Post bringen; aufgeben	to **mail** a **letter**
15	**post** *BE* [pəʊst]	Post(sendung)	I'll send you the text **by post**.
16	**mail** *AE* [meɪl]	Post(sendung)	
17	**postman** ['pəʊstmən] *pl* postmen ['pəʊstmən]	Postbote	
18	to **send** [send] sent, sent [sent, sent]	schicken	
19	**airmail** ['eəmeɪl]	Luftpost	It's quicker to send it **by airmail**.

9.3 Presse

1	**media** ['miːdɪə]	Medien	Television, radio and the newspapers are **the media**.
2	**the press** ['pres]	Presse	➤ newspapers and magazines
3	**newspaper** ['njuːspeɪpə]	Tageszeitung	a **daily/weekly/local/national newspaper**
4	**paper** ['peɪpə]	Zeitung	➤➤ newspaper
5	**magazine** [ˌmægə'ziːn]	Zeitschrift	a **fashion magazine**
6	**brochure** ['brəʊʃə]	Broschüre	a **travel brochure**
7	**leaflet** ['liːflət]	Handzettel; Reklamezettel	My mum hates all the **leaflets** in our letter-box.
8	**article** ['ɑːtɪkl]	Artikel; Beitrag	Did you read the **article** in *The European*?
9	**extract** ['ekstrækt]	Auszug; Extrakt	➤ a particular part of a book
10	**report** [rɪ'pɔːt]	Bericht	Who wrote the **newspaper report** of the game?
11	to **report** [rɪ'pɔːt]	berichten	➤ to tell someone what has been happening
12	**reportage** [rɪ'pɔːtɪdʒ]	Reportage	
13	**headline** ['hedlaɪn]	Schlagzeile	➤ the title of a newspaper article
14	to **hit the headlines** [hɪt ðə 'hedlaɪnz] hit, hit [hɪt, hɪt]	Schlagzeilen machen	The scandal **hit the headlines** for several weeks.
15	to **scoop** [skuːp]	mit einer Nachricht zuvorkommen	➤ to be the first newspaper to print a story
16	**scandal** ['skændl]	Skandal(geschichte)	Some magazines contain nothing but **scandal**.
17	**commentary** ['kɒməntri]	Kommentar; Bericht	a **live commentary**
18	**coverage** ['kʌvərɪdʒ]	Berichterstattung	**media coverage**
19	**page** [peɪdʒ]	Seite	The crossword is **on page** 11.
20	**column** ['kɒləm]	Kolumne; Spalte (Zeitung)	She writes a **column** for a magazine every month.
21	**layout** ['leɪaʊt]	Anordnung; Layout	
22	**graphic design** [ˌgræfɪk dɪ'zaɪn]	graphisches Design	➤ designing layouts or text for books, magazines, etc

23	☐	**info box** ['ɪnfəʊ bɒks]	Infobox	
24	☐	**advertisement** [əd'vɜːtɪsmənt]	Reklame	an **advertisement for** a mobile phone
25	☐	**advert** BE ['ædvɜːt]	Anzeige; Reklame; Werbespot	➤➤ advertisement They produced an **advert for** a new car.
26	☐	to **advertise** ['ædvətaɪz]	Werbung machen (für)	It's very expensive to **advertise** on TV.
27	☐	**issue** ['ɪʃuː]	Thema; Problem; Ausgabe (Zeitung)	➤ an important topic This is a big **issue**. We can't talk about it now. The article appeared in **issue** 47 of *What's On?*
28	☐	**item** ['aɪtəm]	Nachricht; Bericht	a **news item**

• •

29	☐	**journalism** ['dʒɜːnəlɪzəm]	Journalismus	
30	☐	**journalist** ['dʒɜːnəlɪst]	Journalist/in	➤ someone who writes articles for newspapers, magazines, etc
31	☐	**reporter** [rɪ'pɔːtə]	Reporter/in	Her dad works abroad as a **reporter**.
32	☐	**editor** ['edɪtə]	Redakteur/in; Herausgeber/in	
33	☐	**newsagent** ['njuːzeɪdʒənt]	Zeitungshändler/in	➤ a person who owns a shop selling newspapers and magazines
34	☐	**copy** ['kɒpi]	Exemplar	
35	☐	to **deliver** [dɪ'lɪvə]	(aus)liefern; austragen	➤ to take something to a place where it must go

9.4 Fernsehen und Radio

1	☐	**television** ['telɪvɪʒn]	Fernsehen	What's **on television** tonight?
2	☐	**TV** [ˌtiː 'viː]	Fernsehen	➤➤ television
3	☐	to **turn on** [ˌtɜːn 'ɒn]	an-; einschalten	**Turn on** the radio, please.
4	☐	to **switch on** [ˌswɪtʃ 'ɒn]	an-; einschalten	➤➤ turn on
5	☐	to **turn off** [ˌtɜːn 'ɒf]	aus-; abschalten	Sally always forgets to **turn off** the TV.
6	☐	to **switch off** [ˌswɪtʃ 'ɒf]	aus-; abschalten;	➤➤ turn off
7	☐	**off** [ɒf]	aus; abgestellt	Please make sure that the TV is **off**.

• •

8	☐	**channel** ['tʃænl]	Programm; Kanal	Which **channel** is the thriller on?

> **CHANNEL/PROGRAMME**
> *Programm* = **channel** BBC, MTV and Sky One are **television channels**.
> **programme** = *Sendung* *Wetten, dass … ?* and *Tagesschau* are **television programmes**.

9	☐	**programme** BE ['prəʊɡræm] AE **program** ['prəʊɡræm]	Sendung	Did you see that **programme** on/about elephants last night?

> *(Computer)Programm* = **program** AE/BE

10	**show** [ʃəʊ]	Sendung	
11	**cartoon** [kɑːˈtuːn]	Zeichentrickfilm	Donald Duck and Mickey Mouse are **cartoon** characters.
12	**chat show** *BE* [ˈtʃæt ʃəʊ]	Talkshow	
13	**talk show** *AE* [ˈtɔːk ʃəʊ]	Talkshow	
14	**documentary** [ˌdɒkjuˈmentri]	Dokumentarfilm	a **documentary about** bees
15	**feature** [ˈfiːtʃə]	Sonderbeitrag; Sonderbericht	Did you see the **feature on** the earthquake last night?
16	**soap opera** [ˈsəʊp ɒprə]	Seifenoper	*Lindenstraße* is a German **soap opera**.
17	**series** *no pl* [ˈsɪəriːz]	Serie	➤ a group of programmes on TV or on the radio
18	**miniseries** *no pl* [ˈmɪnɪsɪəriːz]	Kurzserie; Miniserie	➤ a television programme that consists of several parts
19	**follow-up** [ˈfɒləʊ ʌp]	Fortsetzung-; Folge-	
20	**commercial** [kəˈmɜːʃl]	Werbespot	➤ a short film that helps to sell a product
21	**news** *no pl* [njuːz]	Neuigkeit(en); Nachricht(en)	**news** ist immer im Singular. It's eight o'clock. Here **is** the **news**.
22	**newsreader** [ˈnjuːzriːdə]	Nachrichtensprecher/in	➤ someone who reads the news on television or radio
23	**presenter** [prɪˈzentə]	Moderator/in	Thomas Gottschalk is the **presenter** of *Wetten, dass … ?*.

• •

24	**video game** [ˈvɪdiəʊ geɪm]	Videospiel	
25	**video recorder** [ˈvɪdiəʊ rɪkɔːdə]	Videorekorder	
26	**video (cassette)** [ˌvɪdiəʊ kəˈset]	Videocassette	
27	**videodisc** [ˌvɪdiəʊ ˈdɪsk]	DVD	

• •

28	**radio** [ˈreɪdiəʊ]	Radio	I heard the story **on the radio**.
29	**antenna** [ænˈtenə] *pl* antennae/antennas	Antenne	
30	**network** [ˈnetwɜːk]	Sendenetz (TV, Radio)	
31	**reception** [rɪˈsepʃn]	Empfang (Fernsehen, Radio)	He lives on top of a hill and therefore he gets excellent **radio reception**.
32	**BBC** [ˌbiː biː ˈsiː]	BBC	➤ **B**ritish **B**roadcasting **C**orporation
33	to **broadcast** [ˈbrɔːdkɑːst] broadcast, broadcast [ˈbrɔːdkɑːst, ˈbrɔːdkɑːst]	senden (TV/Radio)	➤ to send out a television or radio programme
34	**live** [laɪv]	live; lebendig	Is the show **live** or recorded?
35	**phone-in** [ˈfəʊn ɪn]	Anrufsendung	I listened to the **phone-in** last night.
36	**listener** [ˈlɪsnə]	Zuhörer/in	➤ a person who listens (to a radio programme)
37	**viewer** [ˈvjuːə]	Zuschauer/in	➤ someone who watches films and television programmes

9.5 Telekommunikation

1. **telecommunications** *pl* — Telekommunikation
   [ˌtelɪkəˌmjuːnɪˈkeɪʃnz]

   the **telecommunications industry**

2. **telephone** [ˈtelɪfəʊn] — Telefon
3. **phone** [fəʊn] — Telefon
4. to **telephone** [ˈtelɪfəʊn] — telefonieren; anrufen

   Dad says our **phone bill** is too high. He says I shouldn't **telephone** my friends so often.

5. **(tele)phone box** — Telefonzelle
   [ˈtelɪfəʊn bɒks]
6. **mobile (phone)** *BE* — Handy; Mobiltelefon
   [ˌməʊbaɪl ˈfəʊn]
7. **cellphone** *AE* [ˈselfəʊn] — Handy; Mobiltelefon
8. **two-way radio** — Funksprechgerät
   [ˌtuːweɪ ˈreɪdiəʊ]
9. to **ring** [rɪŋ] — anrufen; klingeln
   rang, rung [ræŋ, rʌŋ]

   Kirsty **rang** while you were at school. (*rief an*)
   The telephone **is ringing**. (*klingelt*)

10. to **call** [kɔːl] — rufen; anrufen
11. to **phone** [fəʊn] — telefonieren
12. to **communicate** — vermitteln; weiterleiten; sich verständigen
    [kəˈmjuːnɪkeɪt]

    We usually **communicate by** e-mail.

13. to **dial** [ˈdaɪəl] — wählen (Telefonnummer)

    I've just **dialled** the wrong number.

14. **fax** [fæks] — Fax
15. **SMS** [ˌes em ˈes] — SMS
16. **operator** [ˈɒpəreɪtə] — Vermittlung; Telefonist/in

    She wants to **send** me a **fax**.
    ➤ **s**hort **m**essage **s**ervice
    The **operator** couldn't connect me.

17. **phonecard** [ˈfəʊnkɑːd] — Telefonkarte
18. **call** [kɔːl] — Anruf

    Can I use your mobile to **make a call**, please?

19. **caller** [ˈkɔːlə] — Anrufer/in

    ➤ a person who makes a telephone call

9.6 Computer und Internet

1. **computer** [kəmˈpjuːtə] — Computer
2. **hardware** [ˈhɑːdweə] — Hardware
3. **CPU / central processing unit** [ˌsentrəl ˈprəʊsesɪŋ juːnɪt] — Zentraleinheit

   computer hardware

4. **monitor** [ˈmɒnɪtə] — Monitor; Bildschirm
5. **memory** [ˈmeməri] — Arbeitsspeicher
6. **drive** [draɪv] — Laufwerk
7. to **click on** [ˈklɪk ɒn] — anklicken
8. **keyboard** [ˈkiːbɔːd] — Tastatur
9. **joystick** [ˈdʒɔɪstɪk] — Joystick
10. **mouse** [maʊs] — Computermaus
    pl mouses [maʊsɪz]
11. to **hook up** [ˌhʊk ˈʌp] — anschließen

MONITOR
DISC DRIVE
CPU
KEYBOARD

12	**software** ['sɒftweə]	Software	
13	**multi-media** [ˌmʌlti'miːdiə]	Multimedia	
14	**word processor** ['wɜːd prəʊsesə]	Textverarbeitungs-system	
15	**update** [ˌʌp'deɪt]	Aktualisierung; neueste Version	
16	**printer** ['prɪntə]	Drucker	
17	to **print (out)** [prɪnt]	(aus)drucken	

Can you **print out** this letter for me, please?
DOS stands for **disk operating system**.

18	**operating system** ['ɒpəreɪtɪŋ sɪstəm]	Betriebssystem	
19	**database** ['deɪtəbæŋk]	Datenbank	
20	**disc** [dɪsk] *AE* disk [dɪsk]	Disk; Diskette	
21	**DVD** [ˌdiː viː 'diː]	DVD	
22	**CD-ROM** [ˌsiː diː 'rɒm]	CD-ROM	
23	**bit** [bɪt]	Bit	
24	**byte** [baɪt]	Byte	

DISCS *BE* / **DISKS** *AE*   **CD-ROMS**

25	**hacker** ['hækə]	Computerhacker/in	
26	**whiz-kid** *AE* ['wɪz kɪd]	Wunderkind; Genie	➤ a young person who is very successful
27	**program** *AE/BE* ['prəʊgræm]	(Computer-)Programm	
28	to **program** ['prəʊgræm]	programmieren	to **program** a **computer**
29	to **save** [seɪv]	sichern	Don't forget to **save** your files before you switch the computer off.
30	**backup (copy)** ['bækʌp kɒpi]	Sicherungskopie; Backup	The company's **backup copies** are all kept in a different building.
31	to **crash** [kræʃ]	abstürzen (Computer)	If a **computer crashes**, it suddenly stops working.
32	to **delete** [di'liːt]	löschen (Computer); streichen	➤ to remove something that has been written or stored on a computer
33	**e-mail** ['iːmeɪl]	E-Mail	An **e-mail** is an electronic message.
34	**virtual** ['vɜːtʃuəl]	virtuell	➤◄ real
35	**virtual reality** [ˌvɜːtʃuəl ri'æləti]	virtuelle Realität	➤ an environment produced by a computer
36	**headset** ['hedset]	Kopfhörer; Cyberspace-Helm	

37	**the internet** [ðiː 'ɪntənet]	Internet	We looked it up **on the internet**.
38	**information super-highway** [ˌɪnfə'meɪʃn ˌsuːpə'haɪweɪ]	Datenautobahn	➤ a large electronic network
39	**link** [lɪŋk]	Link; Verknüpfung im Internet	
40	**web** [web]	Netz	
41	**website** ['websaɪt]	Website	
42	**webmaster** ['webmɑːstə]	Webmaster	
43	**online** ['ɒnlaɪn]	online	
44	to **network** ['netwɜːk]	vernetzen	

a spider's web   the World Wide Web

45	to **download** [ˌdaʊn'ləʊd]	herunterladen
46	**chat room** ['tʃæt ruːm]	Chatroom (Internet)
47	**browser** ['braʊzə]	Browser
48	**access** ['ækses]	Zugang
49	**user** ['juːzə]	Benutzer/in

Can you **download** that song for me?

a **web browser**
You need a password to **get access to** the computer system.
computer software users

Wortbildung mit Nachsilben 2

Durch **Nachsilben** *lassen sich* **Nomen**, *Adjektive und Verben aus anderen Wortarten bilden. Diese Nomen bezeichnen oft:*

➤ *einen* **Vorgang** *oder sein* **Ergebnis**

-MENT	**argument**, **equipment**
-ING	**building**, **housing**, **ice-skating**
-AL	**arrival** (*Ankunft*)
-ATION, -TION, -SION	**communication**, **suggestion**, **television**

➤ *eine* **Eigenschaft** *oder einen* **Zustand**

-ANCE, -ENCE	**entrance** (*Eingang*), **independence**
-NESS	**illness**, **meanness**

10 Gesellschaft

1	**private** ['praɪvət]	privat	►◄ public
2	**privacy** ['prɪvəsi]	Privatsphäre; -leben	Please respect our **privacy**.
3	**family** ['fæməli]	Familie	The Fosters are a **family**.
4	**household** ['haʊshəʊld]	Haushalt	a **household** word/name = *ein geläufiger Begriff*

5	**father** ['fɑːðə]	Vater	►► dad
6	**dad** [dæd]	Vati; Papa	
7	**papa** [pə'pɑː]	Papa	►► dad
8	**mother** ['mʌðə]	Mutter	►► mum
9	**mum** [mʌm]	Mutti; Mama	
	AE mum [mɒm]	Mutti; Mama	
10	**mama** ['mæmə]	Mama	►► mum
11	**mummy** ['mʌmi]	Mami; Mama	
12	**son** [sʌn]	Sohn	
13	**daughter** ['dɔːtə]	Tochter	
14	**parents** *pl* ['peərənts]	Eltern	► father and mother
15	**child** [tʃaɪld]	Kind	► a son or daughter
	pl children ['tʃɪldrən]		
16	**twin** [twɪn]	Zwilling	the Olsen **twins**
17	**kid** [kɪd]	Kind	►► child

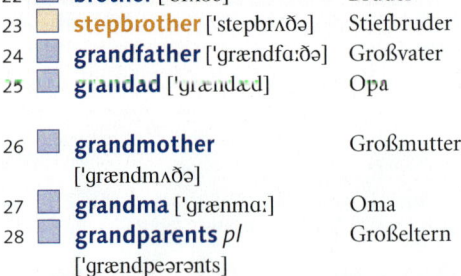

18	to **adopt** [ə'dɒpt]	adoptieren	► to take another person's child into your family as your own
19	to **babysit** ['beɪbisɪt] babysat, babysat ['beɪbisæt, 'beɪbisæt]	babysitten	
20	to **bring up** [ˌbrɪŋ 'ʌp] brought, brought [brɔːt, brɔːt]	großziehen; erziehen	She **was brought up** by her grandmother.

21	**sister** ['sɪstə]	Schwester	►◄ brother
22	**brother** ['brʌðə]	Bruder	Ben is Jade's **brother**.
23	**stepbrother** ['stepbrʌðə]	Stiefbruder	
24	**grandfather** ['grændfɑːðə]	Großvater	My **grandfather** died in 1998.
25	**grandad** ['grændæd]	Opa	Your **grandad** is the father of your father or mother.
26	**grandmother** ['grændmʌðə]	Großmutter	► the mother of your father or mother
27	**grandma** ['grænmɑː]	Oma	►► grandmother
28	**grandparents** *pl* ['grændpeərənts]	Großeltern	► the mother and father of your mother or father
29	**great-grandfather** [ˌgreɪt'grænfɑːðə]	Urgroßvater	My mother's or my father's grandfather is my **great-grandfather**.
30	**great-great-grandfather** [ˌgreɪt greɪt 'grænfɑːðə]	Ururgroßvater	
31	**grandchild** ['grændtʃaɪld] *pl* grandchildren ['grændtʃɪldrən]	Enkel(kind)	

32	**granddaughter** ['grændɔːtə]	Enkel(tochter)	➤ a daughter of your son or daughter
33	**grandson** ['grændsʌn]	Enkel(sohn)	➤ a son of your son or daughter

34	**generation gap** [dʒenə'reɪʃn gæp]	Generations-unterschied	
35	**relative** ['relətɪv]	Verwandte/r	People in your family are your **relatives**.
36	**aunt** [ɑːnt]	Tante	
37	**auntie** ['ɑːnti]	Tante	
38	**uncle** ['ʌŋkl]	Onkel	
39	**nephew** ['nevjuː]	Neffe	
40	**niece** [niːs]	Nichte	
41	**cousin** ['kʌzn]	Cousin/Cousine	

42	**ancestor** ['ænsestə]	Vorfahr/in	
43	**ancestry** ['ænsestri]	Abstammung; Herkunft	
44	**descendant** [dɪ'sendənt]	Nachfahre; Abkömmling	Queen Elizabeth II is a **descendant** of Queen Victoria.

45	**name** [neɪm]	Name	I've forgotten his **family name**.
46	to **name** [neɪm]	nennen	➤ to give someone or something a name
47	**surname** ['sɜːneɪm]	Familienname	➤➤ family name

48	to **marry** ['mæri]	heiraten	He asked her to **marry** him.
49	to **get married** [get 'mærid] got, got [gɒt, gɒt]	heiraten	She **got married** at 26.
50	**marriage** ['mærɪdʒ]	Ehe; Hochzeit	
51	**wedding** ['wedɪŋ]	Hochzeit(stag)	
52	**couple** ['kʌpl]	Paar; Ehepaar	
53	**single** ['sɪŋgl]	alleinstehend; unverheiratet	
54	to **divorce** [dɪ'vɔːs]	sich scheiden lassen	She **divorced** her husband.
55	**husband** ['hʌzbənd]	Ehemann	Mike is her second **husband**.
56	**wife** [waɪf] *pl* wives [waɪvz]	Ehefrau	He met his **ex-wife** at a party.
57	**widow** ['wɪdəʊ]	Witwe	➤ a woman whose husband has died
58	**Mr** ['mɪstə]	Herr	**Mr** Foster
59	**Sir** [sɜː]	Sir; Herr	**Sir** Sean Connery
60	**Miss** [mɪs]	Fräulein	
61	**Mrs** ['mɪsɪz]	Frau	Hello, **Mrs** Foster.
62	**Ms** [mɪz]	Anrede für verheiratete oder ledige Frau	**Ms** Wilkins
63	**madam** ['mædəm]	Meine Dame; Gnädige Frau	Can I help you, **madam**?
64	**lady** ['leɪdi]	Dame	His wife is a real **lady**.

He is **married to** a pop singer. (*verheiratet mit …*)
He is **married with** two children. (*verheiratet und hat …*)

➤◄ married

10.2 Freundschaft

1	**friend** [frend]	Freund/in	Her brother is my **best friend**.
2	**partner** ['pɑːtnə]	Partner/in	a **business/dancing partner**
3	**colleague** ['kɒliːg]	Kollege/Kollegin	➤ someone you work with
4	**fellow** ['feləʊ]	Kumpel; Kamerad	➤ a man
5	**guy** [gaɪ]	Typ; Bursche	➤➤ man
6	**companion** [kəm'pæniən]	Begleiter/in; Gefährte/Gefährtin	➤ a person you spend a lot of time with
7	**penfriend** *BE* ['penfrend]	Brieffreund/in	
8	**pen pal** *AE* ['pen pæl]	Brieffreund/in	

9	to **get to know** [get tə 'nəʊ] got, got [gɒt, gɒt]	kennen lernen	She's very nice when you **get to know** her.
10	to **get on with** [ˌget ɒn wɪð] got, got [gɒt, gɒt]	auskommen mit	We **get on well with** our neighbours.
11	to **get along with** [ˌget ə'lɒŋ wɪð] got, got [gɒt, gɒt]	auskommen mit	Sue really **doesn't get along with** Mark at all.
12	to **fall in love (with)** [fɔːl ɪn 'lʌv wɪð] fell, fallen [fel, 'fɔːlən]	sich verlieben (in)	➤ to start to love someone
13	**lover** ['lʌvə]	Liebhaber/in; Geliebte/r	**nature-lover** = *Naturliebhaber/in*
14	**romance** [rəʊ'mæns]	Romanze; Liebesgeschichte	➤ a story about love
15	**girlfriend** ['gɜːlfrend]	Freundin	➤◄ boyfriend
16	**boyfriend** ['bɔɪfrend]	fester Freund	Is Jack still Emily's **boyfriend**?
17	**darling** ['dɑːlɪŋ]	Liebling	Hello, **darling**. Did you have a nice afternoon?
18	**kiss** [kɪs]	Kuss	He **gave** me a **kiss** when he left.
19	to **kiss** [kɪs]	küssen	

10.3 Soziales Leben

1	**society** [sə'saɪəti]	Gesellschaft; Verein	**Society** has changed a lot in the past 20 years.
2	**social** ['səʊʃl]	sozial; Sozial-	**social problems**
3	**person** ['pɜːsn] *pl* people/persons	Person	➤ a man, woman or child
4	**people** ['piːpl]	Leute; Volk	➤ men, women or children
5	**personal** ['pɜːsənl]	persönlich	**personal problems/letters/life**
6	**individual** [ˌɪndɪ'vɪdʒuəl]	einzeln; individuell	➤ for one person only
7	**individuality** [ˌɪndɪˌvɪdʒu'æləti]	Individualität	
8	**human** ['hjuːmən]	Menschen-; menschlich	The accident was caused by **human error**. (*menschliches Versagen*)
9	**neighbour** ['neɪbə] *AE* neighbor ['neɪbə]	Nachbar/in	I live at number 3, you live at number 5: we're **neighbours**.

10	group [gruːp]	Gruppe	➤ a number of people or things
11	leader ['liːdə]	Führer; Anführer	➤ a person who leads other people
12	member ['membə]	Mitglied	➤ someone who belongs to a group or organization
13	gang [gæŋ]	Bande; Gang	➤ a group of people who do bad things together
14	tribe [traɪb]	Stamm	The Maasai are a **tribe** in Africa.
15	nomadic [nəʊ'mædɪk]	nomadisch; Nomaden-	**Nomadic people** do not live in any place for very long.
16	chief [tʃiːf]	Häuptling	Sitting Bull was a Sioux **chief**.
17	elder ['eldə]	Stammesälteste/r	

....

18	crowd [kraʊd]	Menge	➤ a large number of people together
19	mass [mæs]	Massen-	a **mass** panic
20	mob [mɒb]	Mob	a **mob** of people

....

21	local ['ləʊkl]	örtlich; am Ort; Lokal-	➤ near the place where you live
22	homeland ['həʊmlænd]	Heimat(land); Homeland	➤ the country where you were born
23	country ['kʌntri]	Land; Staat	➤➤ state France and Germany are **countries**. (*für Länder, siehe Seite 132*)
24	citizen ['sɪtɪzn]	(Staats-)Bürger/in	She's an Australian **citizen**.
25	community [kə'mjuːnəti]	Bevölkerungsgruppe; Gemeinde	➤ a group of people who live in one place
26	district ['dɪstrɪkt]	Bezirk; Gebiet; Stadtviertel	➤ an area in or around a town
27	province ['prɒvɪns]	Provinz	the Canadian **province** of Alberta
28	association [ə,səʊsi'eɪʃn]	Vereinigung	➤➤ club
29	population [,pɒpju'leɪʃn]	Bevölkerung	➤ all the people of a town or country
30	public ['pʌblɪk]	öffentlich	➤◄ private
31	public ['pʌblɪk]	Öffentlichkeit	The castle is open **to the public**.
32	in public [ɪn 'pʌblɪk]	in der Öffentlichkeit	➤ in a place where everyone can see/hear you

....

33	way of life [weɪ əv 'laɪf]	Lebensart; Lebensweise	the British **way of life**
34	lifestyle ['laɪfstaɪl]	Lebensstil	a **healthy lifestyle**
35	culture ['kʌltʃə]	Kultur	*Betonung:* ●●
36	cultural ['kʌltʃərəl]	kulturell	**cultural** differences
37	ethnic ['eθnɪk]	ethnisch; Volks-	**ethnic** groups/violence/cooking

....

38	nation ['neɪʃn]	Nation	➤➤ country
39	national ['næʃnəl]	national; National-	
40	nationality [,næʃə'næləti]	Staatsangehörigkeit; Nationalität	She has British **nationality**. (*für Nationalitäten, siehe Seite 132*)
41	international [,ɪntə'næʃnəl]	international	➤◄ national
42	foreign ['fɒrən]	fremd	➤ not from your own country
43	foreigner ['fɒrənə]	Ausländer/in	➤ someone from another country

44	**alien** ['eɪliən]	Ausländer/in; außerirdisches Wesen	**aliens** from outer space
45	**stranger** ['streɪndʒə]	Fremde/r	➤ someone who doesn't know anybody
46	**enemy** ['enəmi]	Feind/in	➤◄ friend
47	**unidentified** [ˌʌnaɪ'dentɪfaɪd]	unbekannt; nicht identifiziert	

- -

48	**race** [reɪs]	Rasse	children of all **races**
49	**racial** ['reɪʃl]	Rassen-	**racial** discrimination
50	**racism** ['reɪsɪzəm]	Rassismus	➤ the belief that some races are better than others
51	**racist** ['reɪsɪst]	rassistisch; Rassist/in	He's a **racist**.
52	**non-white** [ˌnɒn 'waɪt]	farbig; Farbige/r	➤◄ white
53	to **discriminate against** [dɪ'skrɪmɪneɪt əgenst]	diskriminieren	The new law **discriminates against** minorities.
54	**discrimination** [dɪˌskrɪmɪ'neɪʃn]	Diskriminierung	**Discrimination against** black people is against the law.
55	to **integrate** ['ɪntɪgreɪt]	integrieren	
56	**integration** [ˌɪntɪ'greɪʃn]	Integration	**racial integration**

- -

57	**homeless** ['həʊmləs]	obdachlos	➤ without a place to live
58	to **hang out** [ˌhæŋ 'aʊt] hung, hung [hʌŋ, hʌŋ]	sich rumtreiben; rumhängen	➤ to spend a lot of time in a place without doing much
59	to **sleep rough** [sliːp 'rʌf] slept, slept [slept, slept]	im Freien schlafen	➤ to sleep outdoors because you have no home
60	**charity** ['tʃærəti]	Wohltätigkeit; wohltätige Organisation	She's collecting money **for charity**.
61	**adoption agency** [əˌdɒpʃn 'eɪdʒənsi]	Adoptionsvermittlungsstelle	
62	**community centre** [kə'mjuːnəti sentə]	Gemeindezentrum	➤ a place where people can meet for social events, classes or sports
63	**foster home** ['fɒstə həʊm]	Pflegeheim; Kinderheim	Tom grew up in a **foster home**.
64	**women's refuge** [ˌwɪmɪnz 'refjuːdʒ]	Frauenhaus	➤ a house where women whose husbands have been violent towards them can go with their children for protection

10.4 Bildungssystem

1	**education** [ˌedʒu'keɪʃn]	Erziehung	➤ teaching and learning
2	to **educate** ['edʒukeɪt]	unterrichten; erziehen	➤ to teach someone at a school, university, etc
3	**kindergarten** ['kɪndəgɑːtn]	Kindergarten	➤ a kind of school for young children
4	**nursery** ['nɜːsəri]	Kindertagesstätte	Children under three go to a **nursery**.
5	**school** [skuːl]	Schule	➤ a place where children are taught
6	**inter-school** [ˌɪntə'skuːl]	zwischen Schulen	➤ between schools

7	☐ primary school *BE*	Grundschule
	['praɪməri skuːl]	
8	☐ elementary school *AE*	Grundschule
	[ˌelɪ'mentri skuːl]	
9	☐ junior school	Grundschule
	['dʒuːniə skuːl]	
10	☐ comprehensive school	Gesamtschule
	BE [kɒmprɪ'hensɪv skuːl]	
11	☐ college ['kɒlɪdʒ]	College

She's going to **college** next year.

....

12	☐ high school *AE*	Oberschule
	['haɪ skuːl]	
13	☐ freshman *AE* ['freʃmən]	Student/in im ersten
	pl freshmen ['freʃmən]	Studienjahr
14	☐ sophomore *AE* ['sɒfəmɔː]	Student/in im zweiten
		Studienjahr
15	☐ junior *AE* ['dʒuːniə]	Student/in im vor-
		letzten Studienjahr
16	☐ senior *AE* ['siːniə]	Student/in im letzten
		Studienjahr

➤ a school in the US/Canada for students between 14 and 18

....

17	☐ grade *AE* [greɪd]	Klasse (Highschool)
18	☐ graduate ['grædʒuət]	Schulabgänger/in
19	☐ to graduate ['grædʒueɪt]	die Abschlussprüfung bestehen
20	☐ diploma [dɪ'pləʊmə]	Diplom
21	☐ qualification	Qualifikation
	[ˌkwɒlɪfɪ'keɪʃn]	
22	☐ school leaver	Schulabgänger/in
	[ˌskuːl 'liːvə]	
23	☐ A level *BE* ['eɪ levl]	(entspricht) Abitur
24	☐ GCSE *BE* [ˌdʒiː siː es 'iː]	*General Certificate of Secondary Education*

high school graduates
➤ to pass the final exam (*Prüfung*) at college

GCSE
Prüfung, die Schüler in England, Wales und Nordirland im Alter von 16 Jahren ablegen. Normalerweise wird die Prüfung in mehreren Fächern absolviert.

....

25	☐ university [ˌjuːnɪ'vɜːsəti]	Universität
26	☐ academy [ə'kædəmi]	Akademie
27	☐ professor [prə'fesə]	Professor/in
28	☐ scholarship ['skɒləʃɪp]	Stipendium
29	☐ A student *AE*	sehr gute/r
	['eɪˌstjuːdnt]	Schüler/in
30	☐ sixth-former *BE*	Schüler/in in der
	['sɪksθ fɔːmə]	Abschlussklasse
31	☐ to drop out of	(die Schule)
	[ˌdrɒp 'aʊt əv]	abbrechen

Did he **go to university**? – Yes, he went to Oxford.

➤ a teacher at a university

➤ a very good student

Four students **dropped out of** the course after two weeks.

| 1 | ☐ | **at school** [ət ˈskuːl] | in der Schule | The children are **at school** now. |
| 2 | ☐ | to **attend** [əˈtend] | besuchen (Schule); teilnehmen | All children between the ages of five and 16 must **attend** school. |

BESUCHEN

Lots of people **visit** the Tower every year.   *(besuchen; besichtigen)*
Did he **attend** the meeting?   *(Veranstaltung besuchen)*
He goes to **see** his mother every week.   *(jdn freundschaftlich besuchen)*

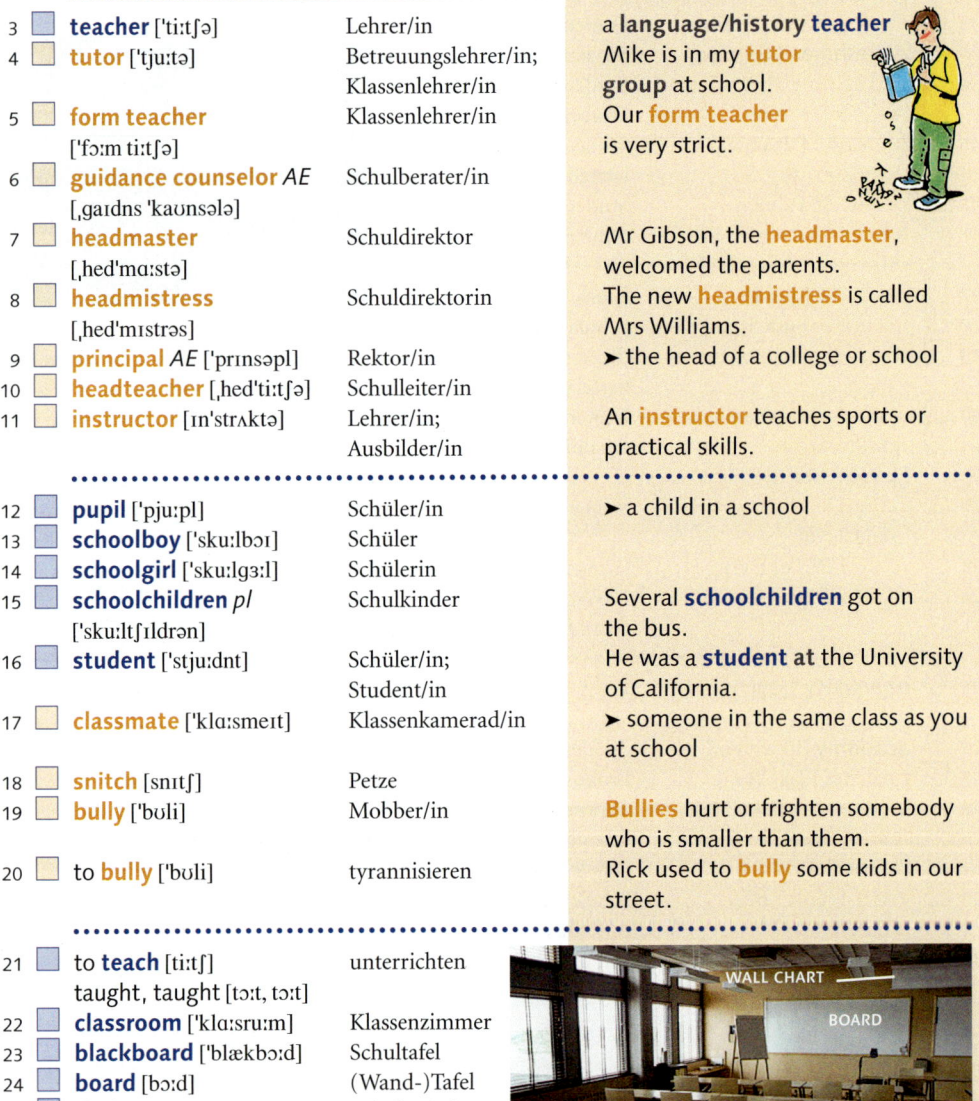

3	☐	**teacher** [ˈtiːtʃə]	Lehrer/in	a **language/history teacher**
4	☐	**tutor** [ˈtjuːtə]	Betreuungslehrer/in; Klassenlehrer/in	Mike is in my **tutor group** at school.
5	☐	**form teacher** [ˈfɔːm tiːtʃə]	Klassenlehrer/in	Our **form teacher** is very strict.
6	☐	**guidance counselor** *AE* [ˌɡaɪdns ˈkaʊnsələ]	Schulberater/in	
7	☐	**headmaster** [ˌhedˈmɑːstə]	Schuldirektor	Mr Gibson, the **headmaster**, welcomed the parents.
8	☐	**headmistress** [ˌhedˈmɪstrəs]	Schuldirektorin	The new **headmistress** is called Mrs Williams.
9	☐	**principal** *AE* [ˈprɪnsəpl]	Rektor/in	➤ the head of a college or school
10	☐	**headteacher** [ˌhedˈtiːtʃə]	Schulleiter/in	
11	☐	**instructor** [ɪnˈstrʌktə]	Lehrer/in; Ausbilder/in	An **instructor** teaches sports or practical skills.

12	☐	**pupil** [ˈpjuːpl]	Schüler/in	➤ a child in a school
13	☐	**schoolboy** [ˈskuːlbɔɪ]	Schüler	
14	☐	**schoolgirl** [ˈskuːlɡɜːl]	Schülerin	
15	☐	**schoolchildren** *pl* [ˈskuːltʃɪldrən]	Schulkinder	Several **schoolchildren** got on the bus.
16	☐	**student** [ˈstjuːdnt]	Schüler/in; Student/in	He was a **student** at the University of California.
17	☐	**classmate** [ˈklɑːsmeɪt]	Klassenkamerad/in	➤ someone in the same class as you at school
18	☐	**snitch** [snɪtʃ]	Petze	
19	☐	**bully** [ˈbʊli]	Mobber/in	**Bullies** hurt or frighten somebody who is smaller than them.
20	☐	to **bully** [ˈbʊli]	tyrannisieren	Rick used to **bully** some kids in our street.

21	☐	to **teach** [tiːtʃ] taught, taught [tɔːt, tɔːt]	unterrichten	
22	☐	**classroom** [ˈklɑːsruːm]	Klassenzimmer	
23	☐	**blackboard** [ˈblækbɔːd]	Schultafel	
24	☐	**board** [bɔːd]	(Wand-)Tafel	
25	☐	**desk** [desk]	Schülertisch; Schreibtisch	
26	☐	**chalk** [tʃɔːk]	Kreide	
27	☐	**locker** [ˈlɒkə]	Schließfach	

28	**schoolbag** ['skuːlbæg]	Schultasche	Put all your books in your **schoolbag**.
29	**wall chart** ['wɔːl tʃɑːt]	Wandkarte	

··

30	**class** [klɑːs]	Klasse; Unterrichtsstunde	Meena **is in the same class** as Anita. No talking **in class**!
31	**form** [fɔːm]	Klasse	
32	**course** [kɔːs]	Kurs; Lehrgang	a **language course**, a **course in** information technology
33	**lesson** BE ['lesn]	Unterrichtsstunde	The maths **lesson** is in room 16.
34	**period** AE ['pɪəriəd]	Unterrichtsstunde	
35	**exercise** ['eksəsaɪz]	Übung	Please **do exercise** 3 on page seven.
36	**homework** ['həʊmwɜːk] *no pl*	Hausaufgaben	He **does** his **homework** in his room.
37	**assignment** [ə'saɪnmənt]	Hausaufgabe; Arbeit	
38	**exam** [ɪg'zæm]	Prüfung	➤ a spoken or written test
39	**examination** [ɪg,zæmɪ'neɪʃn]	Untersuchung; Prüfung	The maths **examination** lasted two hours.
40	to **test** [test]	testen; ausprobieren	
41	**top** [tɒp]	beste(r, s)	He got **top** marks in the test.
42	**certificate** [sə'tɪfɪkət]	Urkunde; Zeugnis	a **birth/school certificate**
43	**timetable** ['taɪmteɪbl]	Stundenplan	
44	**assembly** [ə'sembli]	morgendliche Versammlung in der Schule	**Assembly** begins at 8.50.

··

45	**subject** ['sʌbdʒɪkt]	Schulfach	French, German and maths are **school subjects**.
46	**biology** [baɪ'ɒlədʒi]	Biologie	
47	**chemistry** ['kemɪstri]	Chemie	
48	**physics** ['fɪzɪks]	Physik	**physics** ist immer im Singular!
49	**home economics** [,həʊm iːkə'nɒmɪks]	Hauswirtschaft	
50	**word processing** [,wɜːd 'prəʊsesɪŋ]	Textverarbeitung	We use the new computers for **word processing**.
51	**Latin** ['lætɪn]	Latein; Lateinisch	➤ the language of the Romans
52	**mathematics** [,mæθə'mætɪks]	Mathematik	➤ the study of numbers and shapes
53	**maths** [mæθs] AE math [mæθ]	Mathematik Mathematik	Some people think that boys are better at **maths** than girls.
54	**algebra** ['ældʒɪbrə]	Algebra	
55	**trigonometry** [,trɪgə'nɒmətri]	Trigonometrie	
56	**art** [ɑːt]	Kunst; Kunsterziehung	art = Kunst Art = kind, way
57	**physical education** [,fɪzɪkl edʒʊ'keɪʃn]	Sport	➤➤ P.E.
58	**P.E.** [,piː 'iː]	Turnen; Sportunterricht	➤➤ physical education
59	**religious education** [rɪ,lɪdʒəs edʒʊ'keɪʃn]	Religionsunterricht	**Religious education** …
60	**social studies** *pl* [,səʊʃl 'stʌdiz]	Sozialkunde	… and **social studies** are my favourite subjects.

61	break [breɪk]	Pause	a **coffee/tea/lunch break** Let's **take a break**.

62	textbook ['tekstbʊk]	Lehrbuch	'Go Ahead' is an **English textbook**.
63	exercise book ['eksəsaɪz bʊk]	Schulheft	Pupils often write in **exercise books**.
64	unit ['juːnɪt]	Unit; Lektion	This book has 14 **units**.
65	dictation [dɪk'teɪʃn]	Diktat	Our English **dictation** lasted half an hour.
66	essay ['eseɪ]	Aufsatz; Essay	an **essay on** Dickens
67	revision [rɪ'vɪʒn]	Wiederholung (des Stoffs)	She hasn't **done** enough **revision** for the maths test.
68	to hand in [ˌhænd 'ɪn]	abgeben; einreichen	When **did** you **hand in** your homework?

69	well done [ˌwel 'dʌn]	gut gemacht	
70	to correct [kə'rekt]	verbessern; korrigieren	This sentence is wrong. Can you **correct** it?
71	mark [mɑːk]	Note	

> mark = *Markierung, Note*
> *Marke, Briefmarke* = **stamp**

72	grade [greɪd]	Note	She got **good grades** in her exams.
73	drive [draɪv]	Aktion; Kampagne	an **anti-smoking drive**
74	award [ə'wɔːd]	Auszeichnung; Preis	► a prize that you give to somebody who has done something well
75	to award [ə'wɔːd]	zuerkennen; zusprechen; verleihen	Sally House **was awarded** the school prize.
76	prize [praɪz]	Preis; Gewinn	He **won first prize** in the contest.
77	half-term [ˌhɑːf'tɜːm]	Schulferien	► a short holiday in the middle of a term
78	term [tɜːm]	Semester; Trimester	the **summer/autumn/spring term**
79	yearbook ['jɪəbʊk]	Jahrbuch; Jahresbericht	► a book that a school produces every year which gives information about its activities

10.6 Religion

1	religion [rɪ'lɪdʒən]	Religion	the **Christian/Islamic religion**
2	to believe (in) [bɪ'liːv]	glauben (an)	► to think that something is true Do you **believe in** ghosts?
3	belief [bɪ'liːf]	Glaube	**belief in** God/democracy
4	holy ['həʊli]	heilig	the **Holy** Bible
5	religious [rɪ'lɪdʒəs]	religiös	Her father is a very **religious** man.
6	God [gɒd]	Gott	They prayed to **God** for help.
7	soul [səʊl]	Seele	the **souls** of the dead
8	rebirth [ˌriː'bɜːθ]	Wiedergeburt	
9	angel ['eɪndʒəl]	Engel	

10	**martyr** ['mɑːtə]	Märtyrer/in	
11	**paradise** ['pærədaıs]	Paradies	► a perfect place for someone who has died
12	**hell** [hel]	Hölle	►◄ paradise
13	**devil** ['devl]	Teufel	

14	**legend** ['ledʒənd]	Legende	Ella Fitzgerald was a jazz **legend**.
15	**mythology** [mɪˈθɒlədʒi]	Mythologie	**Greek mythology**
16	**Dreamtime** ['driːmtaɪm]	Traumzeit	► what Australian Aborigines call the beginning of the world
17	**haunted** ['hɔːntɪd]	Spuk-	a **haunted** house
18	**ghost** [gəʊst]	Geist; Gespenst	
19	**poltergeist** ['pɒltəgaɪst]	Poltergeist	
20	**phantom** ['fæntəm]	Phantom; Geist	►► ghost
21	**voodoo** ['vuːduː]	Voodoo	

22	**ceremony** ['serəməni]	Zeremonie	a **wedding ceremony**
23	to **worship** ['wɜːʃɪp]	beten; Andacht verrichten	► to pray to a god in a church, temple, mosque, etc
24	to **preach** [priːtʃ]	predigen	
25	to **pray** [preɪ]	beten	Let's **pray** for peace.
26	**prayer** [preə]	Gebet	
27	to **bless** [bles]	segnen	In church people **are blessed** by the priest.

28	**church** [tʃɜːtʃ]	Kirche	
29	**steeple** ['stiːpl]	Kirchturm	
30	**dome** [dəʊm]	Kuppel	
31	**cathedral** [kəˈθiːdrəl]	Dom; Kathedrale	
32	**abbey** ['æbi]	Abtei; Kloster; Klosterkirche	
33	**chapel** ['tʃæpl]	Kapelle	
34	**monastery** ['mɒnəstri]	Kloster	
35	**mission** ['mɪʃn]	Mission; Missionsstation	

CHURCH — STEEPLE

CATHEDRAL — DOME

36	**mosque** [mɒsk]	Moschee	Muslims worship in a **mosque**.
37	**temple** ['templ]	Tempel; Kultstätte	a **Hindu/Buddhist temple**
38	**Christian** ['krɪstʃən]	christlich; Christ/in	the **Christian** Church/religion
39	**Catholic** ['kæθəlɪk]	katholisch; Katholik/in	a **Catholic** school
40	**Protestant** ['prɒtɪstənt]	protestantisch; Protestant/in	He was a **Protestant** in a Catholic community.
41	**Puritan** ['pjʊərɪtən]	puritanisch; Puritaner/in	
42	**pilgrim** ['pɪlgrɪm]	Pilger/in	Lots of **pilgrims** travel to Bethlehem every year.
43	**Pope** [pəʊp]	Papst	► the leader of the Catholic Church
44	**priest** [priːst]	Priester/in	
45	**St (Saint)** [snt]	Sankt	**St** Patrick's Day

46	☐	**Jew** [dʒuː]	Jude/Jüdin
47	☐	**Jewish** ['dʒuːɪʃ]	jüdisch
48	☐	**bar mitzvah** [ˌbɑː ˈmɪtsvə]	Bar Mitzvah
49	☐	**Muslim** ['mʊzlɪm]	moslemisch; Moslem/Moslime
50	☐	**Hindu** ['hɪnduː]	Hindu
51	☐	**untouchable** [ʌnˈtʌtʃəbl]	Unberührbare/r

the local **Jewish** community
➤ a ceremony for Jewish boys
➤ someone whose religion is Islam

The **untouchables** belong to the lowest caste in India.

• •

52	☐	to **bury** ['beri]	begraben; beerdigen
53	☐	**coffin** ['kɒfɪn]	Sarg
54	☐	**grave** [greɪv]	Grab
55	☐	**funeral** ['fjuːnərəl]	Begräbnis; Beerdigung

Pocahontas **is buried** in Gravesend, England.
➤ a box in which a dead body is buried
He put some flowers on his mother's **grave**.
➤ a ceremony for someone who has died

Wortbildung mit Nachsilben 3

*Durch **Nachsilben** lassen sich Nomen, **Adjektive** und Verben aus anderen Wortarten bilden. Diese Adjektive drücken aus, dass …*

➤ *etwas **vorhanden** ist*

-FUL   **beautiful**, **careful**, **useful**
-Y   **sunny**, **stormy**, **noisy**, **hungry**, **thirsty**

➤ *eine **Eigenschaft** fehlt*

-LESS   **homeless**, **endless**, **hopeless**

➤ *etwas **zu tun hat mit** …*

-IC   **electric**, **fantastic**
-AL   **international**, **central**, **social**

➤ *etwas **machbar**, **durchführbar**, oder **möglich** ist*

-ABLE/-IBLE   **uncomfortable**, **readable**, **visible** (*sichtbar*)

➤ *die **Tendenz** vorhanden ist, etwas zu **bewirken***

-ING   **interesting**, **boring**, **exciting**

11 Unterhaltung

11.1 Sport
11.2 Spiel
11.3 Freizeitgestaltung
11.4 Musik
11.5 Kino und Theater

1	**sport** [spɔːt]	Sport(art)	Football and tennis are **sports**.
2	**sportsman** ['spɔːtsmən] *pl* sportsmen ['spɔːtsmən]	Sportler	➤ a man who does sports
3	**sportspeople** *pl* ['spɔːtspiːpl]	Sportler	➤ people who are very fit
4	**sporting** ['spɔːtɪŋ]	Sport; sportlich	**sporting** events/activities
5	**athletics** [æθ'letɪks]	Leichtathletik	
6	**athlete** ['æθliːt]	(Leicht-)Athlet/in; Sportler/in	➤ a person who takes part in sports competitions
7	**professional** [prə'feʃnl]	Berufs-; Fach-; Profi-	a **professional** footballer

· ·

8	**team** [tiːm]	Team; Mannschaft	➤ a group of people who play a game together
9	**competition** [ˌkɒmpə'tɪʃn]	Wettbewerb	to **enter** a **competition**
10	to **compete with**/ **against** [kəm'piːt]	konkurrieren mit; kämpfen gegen	We couldn't **compete with** the champions; they were too good. The two teams are **competing against** each other.
11	**competitor** [kəm'petɪtə]	Konkurrent/in	One of the **competitors** didn't take part in the race.
12	**rival** ['raɪvl]	Konkurrenz; Rivale; Rivalin	➤➤ competitor They were old **rivals**.
13	**championship** ['tʃæmpiənʃɪp]	Meisterschaft	the **World/European Championships**
14	**champion** ['tʃæmpiən]	Meister/in; Champion	
15	**challenge** ['tʃælɪndʒ]	Herausforderung	➤ a new and difficult task
16	**record** ['rekɔːd]	Rekord	She **holds** the world **record for** the long jump.

· ·

17	**race** [reɪs]	Rennen	The British athlete came second in the **race**.
18	**match** [mætʃ]	Spiel; Wettkampf; Match	➤ a game between two teams or people a **football match**
19	to **win** [wɪn] won, won [wʌn, wʌn]	gewinnen	➤ to be the best in a game
20	**winner** ['wɪnə]	Gewinner/in	➤ someone who wins in a game
21	**medal** ['medl]	Medaille	
22	**cup** [kʌp]	Pokal	
23	to **beat** [biːt] beat, beaten [biːt, 'biːtn]	schlagen; übertreffen	➤➤ defeat
24	to **lose** [luːz] lost, lost [lɒst, lɒst]	verlieren	➤◄ win He **lost** in the finals **to the** champion.
25	**final** ['faɪnl]	Finale; Endspiel	The World Cup **final** is on Saturday.
26	**Olympic** [ə'lɪmpɪk]	olympisch	the **Olympic** Games/village/ champion, an **Olympic** gold medal

27	**Paralympics** [ˌpærə'lɪmpɪks]	Olympiade für Behinderte	➤ an international athletics competition for disabled people
28	**marathon** ['mærəθən]	Marathon(lauf)	➤ a race in which you run about 26 miles

29	**training** ['treɪnɪŋ]	Training; Ausbildung; Schulung	He's **in training** for the Olympics.
30	**fan** [fæn]	Anhänger/in; Fan	Adam is a **football fan**.
31	**follower** ['fɒləʊə]	Anhänger/in	
32	**supporter** [sə'pɔːtə]	Anhänger/in	Manchester United **supporters**
33	**cheerleader** ['tʃɪəliːdə]	Cheerleader	➤ *Mädchen, die Zuschauer zum Beifall anfeuern*
34	**sponsor** ['spɒnsə]	Sponsor/in; Geldgeber/in	a **sponsor** of the Olympics
35	to **sponsor** ['spɒnsə]	finanziell unterstützen	Which company **is sponsoring** the game?
36	**sponsorship** ['spɒnsəʃɪp]	finanzielle Unterstützung; Schirmherrschaft	They are still trying to get **sponsorship** for the competition.

37	**referee** [ˌrefə'riː]	Schiedsrichter/in	
38	**football** *BE* ['fʊtbɔːl]	Fußball	
39	**soccer** *AE* ['sɒkə]	Fußball	
40	**footballer** ['fʊtbɔːlə]	Fußballspieler/in	
41	**stadium** ['steɪdɪəm]	Stadion	The fans left the **stadium** after the match.

42	**outdoor** ['aʊtdɔː]	Außen-; im Freien	**outdoor** activities/clothes/sports
43	**outdoors** [ˌaʊt'dɔːz]	im Freien	
44	**changing room** ['tʃeɪndʒɪŋ ruːm]	Umkleideraum	

45	**goal** [gəʊl]	Tor	
46	**net** [net]	Netz	
47	**goalkeeper** ['gəʊlkiːpə]	Torfrau/Torwart	
48	to **kick** [kɪk]	(mit dem Fuß) treten	➤ to hit something or someone with the foot
49	to **tackle** ['tækl]	angreifen	➤ to try to take the ball away from another player
50	**player** ['pleɪə]	Spieler/in	a **tennis player**
51	to **score** [skɔː]	erzielen	➤ to win points in a game
52	**score** [skɔː]	Punktestand; Spielstand	The **final score** was 2-4.

53	**basketball** ['bɑːskɪtbɔːl]	Basketball	
54	**volleyball** ['vɒlibɔːl]	Volleyball	
55	**netball** ['netbɔːl]	Netzball	
56	**softball** ['sɒftbɔːl]	Softball	

57	☐	**baseball** ['beɪsbɔːl]	Baseball
58	☐	**bat** [bæt]	Schläger (Baseball)
59	☐	**batter** ['bætə]	Schlagmann
60	☐	**catcher** ['kætʃə]	Fänger/in
61	☐	**pitcher** ['pɪtʃə]	Werfer
62	☐	**to throw** [θrəʊ] threw, thrown [θruː, θrəʊn]	werfen

63	☐	**football** *AE* ['fʊtbɔːl]	American Football
64	☐	**touchdown** ['tʌtʃdaʊn]	Versuch

➤➤ *BE* American football
➤ *Niederlegen des Balls hinter der Ziellinie des Gegners*

65	☐	**play-off** ['pleɪɒf]	Entscheidungsspiel
66	☐	**quarterback** ['kwɔːtəbæk]	Quarterback (Spiel-macher der Angriffs-mannschaft)

Super Bowl: *Entscheidungsspiel im American Football, das jedes Jahr im Januar durchgeführt wird.*

67	☐	**Super Bowl** ['suːpə bəʊl]	Super Bowl

FOOTBALL AE

68	☐	**rugby** ['rʌgbi]	Rugby
69	☐	**hockey** ['hɒki]	Hockey
70	☐	**cricket** ['krɪkɪt]	Cricket
71	☐	**pitch** [pɪtʃ]	Spielfeld; Sportplatz
72	☐	**tennis** ['tenɪs]	Tennis
73	☐	**court** [kɔːt]	Platz; Spielfeld
74	☐	**racket** ['rækɪt]	Tennisschläger
75	☐	**love** [lʌv]	null
76	☐	**table tennis** ['teɪbl tenɪs]	Tischtennis
77	☐	**badminton** ['bædmɪntən]	Badminton
78	☐	**golf** [gɒlf]	Golf
79	☐	**golfer** ['gɒlfə]	Golfspieler/in
80	☐	**club** [klʌb]	Schläger
81	☐	**polo** ['pəʊləʊ]	Polo

CRICKET

82	☐	**to hit** [hɪt] hit, hit [hɪt, hɪt]	schlagen; treffen

She **hit** him with her tennis racket.

83	☐	**boxer** ['bɒksə]	Boxer/in
84	☐	**boxing** ['bɒksɪŋ]	Boxen; Box-

85	☐	**fencing** ['fensɪŋ]	Fechten
86	☐	**judo** ['dʒuːdəʊ]	Judo
87	☐	**rider** ['raɪdə]	Reiter/in; Radfahrer/in
88	☐	**jockey** ['dʒɒki]	Jockey

89	☐	**skiing** ['skiːɪŋ]	Skifahren
90	☐	**to ski** [skiː]	Ski fahren
91	☐	**cross-country skiing** [ˌkrɒskʌntri 'skiːɪŋ]	Skilanglauf
92	☐	**ice-skating** ['aɪs skeɪtɪŋ]	Eislaufen
93	☐	**figure skater** ['fɪgə skeɪtə]	Eiskunstläufer/in

94	☐	canoeing [kəˈnuːɪŋ]	Kanufahren
95	☐	to paddle [ˈpædl]	paddeln
96	☐	white-water rafting [ˌwaɪtˈwɔːtərɑːftɪŋ]	Wildwasserfahren

WHITE-WATER RAFTING

97	☐	to jog [dʒɒg]	joggen
98	☐	runner [ˈrʌnə]	Läufer/in
99	☐	round [raʊnd]	Runde
100	☐	sprint [sprɪnt]	Sprint

I go **jogging** every morning.

➤ a short fast race

101	☐	surfing [ˈsɜːfɪŋ]	Surfen
102	☐	surfer [ˈsɜːfə]	Surfer/in; Wellenreiter/in
103	☐	to surf [sɜːf]	surfen
104	☐	windsurfing [ˈwɪndsɜːfɪŋ]	Windsurfen

105	☐	motor-racing [ˈməʊtəreɪsɪŋ]	Autorennen
106	☐	pit stop [ˈpɪt stɒp]	Boxenstop
107	☐	track [træk]	Rennstrecke; Bahn
108	☐	circuit [ˈsɜːkɪt]	Rennstrecke; Rennbahn
109	☐	course [kɔːs]	Kurs; Rennstrecke
110	☐	lap [læp]	Runde
111	☐	go-kart [ˈgəʊkɑːt]	Gokart
112	☐	go-karting [ˈgəʊkɑːtɪŋ]	Gokartfahren
113	☐	Formula One [ˌfɔːmjələ ˈwʌn]	Formel 1
114	☐	speedway (track) [ˈspiːdweɪ]	Speedway-; Aschenrennbahn

GO-KARTING

115	☐	swimmer [ˈswɪmə]	Schwimmer/in
116	☐	swimming [ˈswɪmɪŋ]	Schwimmen
117	☐	to dive [daɪv]	einen Kopfsprung machen; tauchen

➤ someone who is swimming

They **dived** into the river to cool off.
Let's go **diving** in Greece this year.

118	☐	hang-gliding [ˈhæŋ glaɪdɪŋ]	Drachenfliegen
119	☐	hang-glider [ˈhæŋ glaɪdə]	(Flug-)Drachen; Drachenflieger/in
120	☐	paragliding [ˈpærəglaɪdɪŋ]	Drachenfliegen; Paragliding
121	☐	skydiving [ˈskaɪdaɪvɪŋ]	Skydiving; Freifallen
122	☐	freestyle [ˈfriːstaɪl]	Freistil

HANG-GLIDING

123	☐	trampoline [ˈtræmpəliːn]	Trampolin
124	☐	trampolining [ˈtræmpəliːnɪŋ]	Trampolinspringen
125	☐	bungee jumping [ˈbʌndʒi dʒʌmpɪŋ]	Bungeejumping
126	☐	aerobics [eəˈrəʊbɪks]	Aerobics

PARAGLIDING

1	**game** [geɪm]	Spiel

The boys **were playing a game** in the garden.
➤ an area where children can play

2	**playground** ['pleɪgraʊnd]	Spielplatz
3	**swing** [swɪŋ]	Schaukel
4	to **skate** [skeɪt]	Rollschuh laufen
5	**skateboard** ['skeɪtbɔːd]	Skateboard
6	**skateboarding** ['skeɪtbɔːdɪŋ]	Skateboardfahren
7	**skate park** ['skeɪt pɑːk]	Skatinggelände
8	**in-line skates** ['ɪnlaɪn skeɪts]	Inlineskates; Rollerblades
9	**rollerskating** ['rəʊləskeɪtɪŋ]	Rollschuhlaufen
10	**rollerblades** ['rəʊləbleɪdz]	Inlineskates
11	**rollerblading** ['rəʊləbleɪdɪŋ]	Inlineskating
12	**skating-rink** ['skeɪtɪŋ rɪŋk]	Rollschuhbahn
13	**pad** [pæd]	Polster; Schützer
14	**guard** [gɑːd]	Schutz; Schützer

a **knee pad**
a **wrist guard**

15	**mini-golf** ['mɪnigɒlf]	Minigolf
16	**paper chase** ['peɪpə tʃeɪs]	Schnitzeljagd
17	**ball** [bɔːl]	Ball
18	**toy** [tɔɪ]	Spielzeug
19	**whistle** ['wɪsl]	(Triller-)Pfeife
20	**doll** [dɒl]	Puppe
21	**teddy (bear)** ['tedi beə]	Teddy(bär)

We all went on a **paper chase**.
He threw a red **ball** at me.
She **was playing with** her **toys**.

Jane still plays with her **teddies**.

22	**board game** ['bɔːd geɪm]	Brettspiel

Chess is a **board game**.

23	**chess** [tʃes]	Schach
24	**dominoes** ['dɒmɪnəʊs]	Domino-spiel

25	**puzzle** ['pʌzl]	Rätsel; Geduldsspiel

➤ a game where you must find an answer

26	**quiz** [kwɪz] *pl* quizzes	Quiz

The teams all **took part in** a **quiz**.

27	**crossword (puzzle)** ['krɒswɜːd pʌzl]	Kreuzworträtsel

She usually **does the crossword** in the 'Sunday Times'.

28	to **cheat** [tʃiːt]	mogeln; schummeln; betrügen

He always **cheats at** cards.

29	**card** [kɑːd]	Karte

a **game of cards**

30	to **gamble** ['gæmbl]	um Geld spielen

➤ to try to win money by playing cards

31	to **bet** [bet] bet, bet [bet, bet]	wetten

I used to **bet on** horses.

1		**entertainment** [ˌentə'teɪnmənt]	Unterhaltung	It was typical **family entertainment**.
2		**hobby** ['hɒbi]	Hobby	My **hobbies** are reading and cooking.
3		**spare time** [ˌspeə 'taɪm]	Freizeit	►► free time I play tennis in my **spare time** – after school or at weekends.
4		**leisure** ['leʒə]	Freizeit	**leisure activity/industry**
5		**activity** [æk'tɪvəti]	Aktivität; Tätigkeit; Beschäftigung	► the things that people do

• •

6		to **ask out** [ˌɑːsk 'aʊt]	einladen; ausführen (in ein Lokal)	► to invite somebody to go out with you
7		to **take part (in)** [teɪk 'pɑːt ɪn] took, taken [tʊk, 'teɪkən]	teilnehmen (an)	to **take part in** a game
8		**club** [klʌb]	Club	a **computer/sports/chess club**
9		**youth club** ['juːθ klʌb]	Jugendklub	► a place where young people can meet
10		**party** ['pɑːti]	Party; Feier	We're **having a party** next Friday.
11		**rave** [reɪv]	Rave-Party	an **all-night rave**, **rave music**
12		**disco** ['dɪskəʊ]	Disco	
13		to **dance** [dɑːns] AE dance [dæːns]	tanzen	She loves **dancing to** loud music.
14		**dance** [dɑːns] AE dance [dæːns]	Tanz; Tanzen; Tanzveranstaltung	A **dance** at a high school where people dress up very smartly …
15		**formal** AE ['fɔːml]	Tanzveranstaltung (Gesellschaftskleidung ist vorgeschrieben)	… is called a **formal**.
16		**break-dancing** AE ['breɪk dæːnsɪŋ]	Breakdancing	

• •

17		to **celebrate** ['selɪbreɪt]	feiern	How **do** people **celebrate** New Year in China?
18		**jubilee** ['dʒuːbɪliː]	Jubiläum	**silver/golden/diamond jubilee**
19		to **chill out** [ˌtʃɪl 'aʊt]	sich beruhigen; sich entspannen	► to relax completely

• •

20		**bowling** ['bəʊlɪŋ]	Bowling; Kegeln	
21		**fairground** ['feəgraʊnd]	Rummelplatz	► a place where you can play games or win prizes
22		**arcade** [ɑː'keɪd]	Spielhalle; Arkade	
23		**ride** [raɪd]	Karussell; Fahrt	
24		**roller coaster** ['rəʊlə kəʊstə]	Achterbahn	
25		**amusement park** [ə'mjuːzmənt pɑːk]	Vergnügungspark	
26		**theme park** ['θiːm pɑːk]	Freizeitpark	Disneyland and Disney World are **theme parks**.

• •

27	circus ['sɜːkəs]	Zirkus	You can see **acrobats** at a **circus**.
28	acrobat ['ækrəbæt]	Akrobat/in	
29	clown [klaʊn]	Clown	
30	juggler ['dʒʌɡlə]	Jongleur/in	
31	stunt [stʌnt]	Kunststück	
32	trapeze [trə'piːz]	Trapez	
33	presentation [ˌprezn'teɪʃn]	Präsentation; Vorstellung	
34	fire-eater ['faɪə iːtə]	Feuerschlucker	
35	contortionist [kən'tɔːʃənɪst]	Schlangenmensch	

36	magician [mə'dʒɪʃn]	Zauberer; Magier	
37	magic ['mædʒɪk]	Magie; Zauberkunst	
38	trick [trɪk]	Trick	
39	magic ['mædʒɪk]	magisch; zauberhaft	
40	magical ['mædʒɪkl]	magisch; zauberhaft	➤ very exciting

41	event [ɪ'vent]	Ereignis; Veranstaltung	➤ something important that happens
42	performance [pə'fɔːməns]	Aufführung; Vorstellung	The **evening performance** will begin at 9 p.m.
43	festival ['festɪvl]	Fest; Festival	**film/music/jazz festival**

| 44 | fun [fʌn] | Spaß | They all **had fun** in the water. |
| 45 | it's fun [ɪts 'fʌn] | es macht Spaß | Swimming in the sea **is fun**. |

FUN/FUNNY	Kirsty and Lehka always **have fun**.	(… haben immer Spaß)
	April Fool's Day **is fun**.	(… macht Spaß)
	The comic **is funny**.	(… ist witzig)

46	joke [dʒəʊk]	Witz; Scherz	I heard a **funny joke** last night.
47	to joke [dʒəʊk]	Witze machen; scherzen	➤ to tell a funny story
48	joker ['dʒəʊkə]	Spaßvogel (umg)	

49	to paint [peɪnt]	malen; streichen	He **was painting** a picture of a horse.
50	photography [fə'tɒɡrəfi]	Fotografieren	
51	to photograph ['fəʊtəɡrɑːf]	fotografieren	➤ to take a photo of someone/something
52	photo ['fəʊtəʊ]	Foto	Have you got a **photo of** Tom Hanks? – Yes, I have.
53	to take a photo [ˌteɪk ə 'fəʊtəʊ] took, taken [tʊk, 'teɪkən]	ein Foto machen	Can you **take a photo of** me?
54	camera ['kæmərə]	Fotoapparat; Kamera	
55	album ['ælbəm]	Album	a **photograph album**
56	gallery ['ɡæləri]	Galerie	an **art gallery**

57	waxwork ['wæksw3:k]	Wachsfigur	We had a look at the waxworks ...
58	chamber of horrors	Gruselkabinett	... and the chamber of horrors at
	[ˌtʃeɪmbər əv 'hɒrəz]		Mme Tussaud's.

59	parade [pə'reɪd]	Umzug; Festzug; Parade	
60	bonfire ['bɒnfaɪə]	Freudenfeuer; Guy-Fawkes-Feuer	
61	carnival ['kɑːnɪvl]	Volksfest; Karneval; Fasching	
62	fireworks ['faɪəw3:ks]	Feuerwerk	
63	Mardi Gras [ˌmɑːdi 'grɑː]	Mardi Gras (Karneval)	

In einigen Gegenden im Süden der USA (New Orleans, Biloxi, Mobile) feiert man Mardi Gras. New Orleans war früher französische Kolonie.

MARDI GRAS PARADE

64	to fish [fɪʃ]	fischen; angeln
65	maze [meɪz]	Labyrinth
66	potholer ['pɒthəʊlə]	Höhlenforscher/in
67	potholing ['pɒthəʊlɪŋ]	Höhlenforschung

11.4 Musik

1	music ['mjuːzɪk]	Musik	to play/listen to music
2	musical ['mjuːzɪkl]	musikalisch; Musik-	a musical performance
3	tune [tjuːn]	Melodie	►► melody
4	concert ['kɒnsət]	Konzert	He gave a concert at the Town Hall.
5	gig [gɪg]	Konzert; Auftritt	The band are doing a gig on Friday.

6	band [bænd]	Band; Musikgruppe	
7	group [gruːp]	Gruppe; Band	► a number of people who play music together
8	orchestra ['ɔːkɪstrə]	Orchester	the school orchestra

9	musician [mjuː'zɪʃn]	Musiker/in	► someone who plays a musical instrument or writes music
10	drummer ['drʌmə]	Trommler/in; Schlagzeuger/in	Ringo Starr was the drummer with the Beatles.
11	composer [kəm'pəʊzə]	Komponist/in	► someone who writes music
12	songwriter ['sɒŋraɪtə]	Liedermacher/in; Songschreiber/in	► a person who writes the music and words of a song
13	singer ['sɪŋə]	Sänger/in	
14	lead singer ['liːd sɪŋə]	Leadsänger/in	The lead singer was jumping about on stage.
15	pop star ['pɒp stɑː]	Popstar	
16	superstar ['suːpəstɑː]	Superstar	► a really famous pop star, actor, sportsperson, etc.

17	to sing [sɪŋ] sang, sung [sæŋ, sʌŋ]	singen	He can't sing very well, but ...
18	to yodel ['jəʊdl]	jodeln	... he yodels beautifully.
19	to whistle ['wɪsl]	pfeifen	She walked past, whistling a tune.

20	song [sɒŋ]	Lied	The pupils **were singing songs**.
21	hit ['hɪt]	Hit	➤ a very successful song, film, etc
22	smash hit [ˌsmæʃ 'hɪt]	Superhit	
23	charts pl [tʃɑːts]	Hitliste; Charts	➤ the list of records with the highest sales
24	lyrics pl ['lɪrɪks]	Songtext	➤ the words of a song
25	choir ['kwaɪə]	Chor	➤ a group of people who sing together
26	chorus ['kɔːrəs]	Chor; Refrain	
27	anthem ['ænθəm]	Hymne	**national anthem**

• •

28	musical instrument ['mjuːzɪkl 'ɪnstrəmənt]	Musikinstrument	A guitar is a **musical instrument**.
29	to play [pleɪ]	spielen	He **plays** three instruments …
30	piano [pi'ænəʊ]	Klavier	… including **the piano**.
31	flute [fluːt]	Flöte	
32	trumpet ['trʌmpɪt]	Trompete	
33	violin [ˌvaɪə'lɪn]	Geige	
34	drums [drʌmz]	Schlagzeug	
35	guitar [gɪ'tɑː]	Gitarre	
36	string [strɪŋ]	Saite (Musik-instrument)	

MUSIKINSTRUMENTE	SPIELE
to **play the** guitar	to **play** football
to **play the** piano	to **play** tennis
…	…

37	bagpipes pl ['bægpaɪps]	Dudelsack	
38	bass [beɪs]	Bass	
39	glockenspiel AE ['glɒkənʃpiːl]	Glockenspiel	
40	keyboard ['kiːbɔːd]	Keyboard	
41	didgeridoo [ˌdɪdʒəri'duː]	Didgeridoo	

• •

42	opera ['ɒprə]	Oper	In an **opera** the words are sung.
43	musical ['mjuːzɪkl]	Musical	'Cats' is a **musical** by Andrew Lloyd Webber.
44	ball [bɔːl]	Ball	➤ a large, formal party where people dance
45	ballet ['bæleɪ]	Ballet	a **ballet** dancer/school
46	choreographer [ˌkɒri'ɒgrəfə]	Choreograph/in	

• •

47	disc jockey ['dɪsk dʒɒki]	Discjockey	
48	DJ [ˌdiː 'dʒeɪ]	Discjockey	She works as a **DJ** in her free time.
49	karaoke [ˌkærə'əʊkeɪ]	Karaoke	

• •

50	stereo ['steriəʊ]	Stereogerät	
51	loudspeaker [ˌlaʊd'spiːkə]	Lautsprecher	Her name was called over the **loudspeaker**.
52	public address system [ˌpʌblɪk ə'dres sɪstəm]	Lautsprecheranlage; Verstärkeranlage	
53	personal stereo [ˌpɜːsənl 'steriəʊ]	Walkman	➤ a small CD player or cassette player with headphones that you can carry with you
54	walkman ['wɔːkmən] pl walkmans ['wɔːkmənz]	Walkman	A **walkman** is a **personal stereo**.

55	tape [teɪp]	Tonband; Videoband	
56	demo tape ['deməʊ teɪp]	Demo-Band; Muster-Band	
57	synthesizer ['sɪnθəsaɪzə]	Synthesizer	➤ an electronic keyboard instrument
58	recording [rɪ'kɔːdɪŋ]	Aufnahme; Aufzeichnung	
59	record ['rekɔːd]	Schallplatte	a collection of old Beatles **records**
60	to record [rɪ'kɔːd]	aufnehmen	
61	to put on [ˌpʊt 'ɒn] put, put [pʊt, pʊt]	anmachen; auflegen (CD)	Can you **put** some **music on**?
62	microphone ['maɪkrəfəʊn]	Mikrofon	
63	LP [ˌel 'piː]	Langspielplatte	➤ a long-playing record
64	headphones pl ['hedfəʊnz]	Kopfhörer	
65	cassette [kə'set]	Kassette	
66	cassette-recorder [kə'set rɪkɔːdə]	Kassettenrekorder	
67	CD [ˌsiː 'diː]	CD	
68	track [træk]	Stück; Lied	
69	CD player [ˌsiː 'diː 'pleɪə]	CD-Spieler	

MUSIKRICHTUNGEN

70	pop (music) ['pɒp mjuːzɪk]	Popmusik	
71	blues [bluːz]	Blues	➤ slow sad music
72	jazz [dʒæz]	Jazz	
73	rock'n'roll [ˌrɒk n 'rəʊl]	Rock	
74	rock [rɒk]	Rock	a **rock** group/star
75	soul [səʊl]	Soul	
76	jungle ['dʒʌŋgl]	Jungle	
77	techno music ['teknəʊ mjuːzɪk]	Techno	
78	tech house ['tek haʊs]	Tech House	
79	reggae ['regeɪ]	Reggae	
80	Gothic ['gɒθɪk]	Gothic	
81	electro [ɪ'lektrəʊ]	Electro	
82	rap [ræp]	Rap	
83	heavy metal [ˌhevi 'metl]	Heavy Metal	
84	hip hop ['hɪp hɒp]	Hip-Hop	
85	samba ['sæmbə]	Samba	➤ a fast dance from Brazil
86	acoustic music [əˌkuːstɪk 'mjuːzɪk]	Musik ohne Verstärker	

1	☐	**what's on?** [wɒts 'ɒn]	was läuft (im Kino/Theater, …)?	**What's on** at the local cinema tonight?
2	☐	**cinema** ['sɪnəmə]	Kino	Let's go to the **cinema** tonight.
3	☐	**film** *BE* [fɪlm]	Film	
4	☐	**movie** *AE* ['muːvi]	Film	
5	☐	to **film** [fɪlm]	filmen	'Lord of the Rings' **was filmed** in New Zealand.
6	☐	**feature-length** ['fiːtʃəleŋθ]	in Spielfilmlänge	
7	☐	**star** [stɑː]	(Film-)Star	
8	☐	**actor** ['æktə]	Schauspieler	Sir Sean Connery is a famous Scottish **actor**.
9	☐	**actress** ['æktrəs]	Schauspielerin	➤ a woman or girl who acts in plays or films
10	☐	**character** ['kærəktə]	Figur; Charakter	➤ someone in a book, film, etc.
11	☐	**cast** [kɑːst]	Besetzung; Mitwirkende	➤ all the actors and actresses in a film or play
12	☐	**part** [pɑːt]	Rolle	➤ the person you are in a drama
13	☐	**hero** ['hɪərəʊ] *pl* heroes	Held	➤ the main character in a film or play
14	☐	to **play** [pleɪ]	spielen; darstellen	
15	☐	to **perform** [pə'fɔːm]	spielen; vorführen	➤ to act in a film, play, etc
16	☐	to **act** [ækt]	spielen; aufführen	

Johnny Depp

17	☐	to **star (in)** ['stɑːr ɪn]	eine Hauptrolle spielen (in)	➤ to be one of the main actors/actresses in a film, play or musical
18	☐	to **direct** [də'rekt]	Regie führen	➤ to tell the actors/actresses in a film what they have to do
19	☐	**director** [də'rektə]	Regisseur/in	➤ the person who tells the actors/actresses what to do
20	☐	**producer** [prə'djuːsə]	Produzent/in	a film/Hollywood/movie **producer**; gas/oil **producers**
21	☐	**script** [skrɪpt]	Drehbuch; Skript	
22	☐	**studio** ['stjuːdiəʊ] *pl* studios [stuːdiəʊz]	Studio	the big Hollywood **studios**
23	☐	**screen** [skriːn]	Bildschirm; Leinwand	
24	☐	**scene** [siːn]	Szene	**scenes** of everyday life
25	☐	to **be set** [bi 'set]	spielen; als Schauplatz haben	The first scene **was set** in Cuba.

• •

26	☐	**theatre** ['θɪətə]	Theater	*Betonung:* ● ● ●
27	☐	to **enact** [ɪ'nækt]	aufführen; (nach)spielen	The Passion of Christ **is enacted** by the people of Oberammergau every ten years.

28	☐	to **put on** [ˌpʊt ˈɒn] put, put [pʊt, pʊt]	aufführen	This summer our school **is putting on** 'Macbeth'.
29	☐	to **rehearse** [rɪˈhɜːs]	proben	Actors **rehearse** many times …
30	☐	to **act out** [ˌækt ˈaʊt]	durchspielen; aufführen	… before they **act out** a play.
31	☐	**prompt** [prɒmpt]	Stichwort; Stimulus	

•••

32	☐	**play** [pleɪ]	(Schau-)Spiel	'Hamlet' is a **play** by Shakespeare.
33	☐	**drama** [ˈdrɑːmə]	Schauspiel	Emily is in a **drama group**.
34	☐	**dramatic** [drəˈmætɪk]	dramatisch	
35	☐	**tragedy** [ˈtrædʒədi]	Tragödie	It was a **tragedy** so the people in the audience were very moved.
36	☐	**comedy** [ˈkɒmədi]	Komödie	
37	☐	**comedian** [kəˈmiːdiən]	Komiker/in; Witzbold	A **comedian** makes people laugh.

•••

| 38 | ☐ | **thriller** [ˈθrɪlə] | Thriller; Krimi | ➤ an exciting story or film about crime |
| 39 | ☐ | **Western** [ˈwestən] | Western | |

40	☐	**show** [ʃəʊ]	Show; Vorstellung	
41	☐	**stage** [steɪdʒ]	Bühne	She was too nervous to **go on stage**.
42	☐	**scenery** [ˈsiːnəri]	Bühnenbild	
43	☐	**props** [prɒps]	Requisiten	
44	☐	**audience** [ˈɔːdiəns]	Zuschauer; Publikum	➤ a group of people who listen to a singer or speaker
45	☐	**seat** [siːt]	Sitz; Sitzplatz	Please **take a seat**. (*nimm Platz*)
46	☐	**box office** [ˈbɒks ɒfɪs]	Theaterkasse; Kinokasse	➤ a place where you can buy tickets in a theatre or cinema
47	☐	**matinée** [ˈmætɪneɪ]	Nachmittagsvor- stellung; Matinee	➤ an afternoon performance in the theatre, cinema, etc
48	☐	**Oscar** [ˈɒskə]	Oscar (Filmpreis)	
49	☐	to **hit the big time** [hɪt ðə ˈbɪg taɪm] hit, hit [hɪt, hɪt]	ganz groß raus- kommen	

Wortbildung mit Nachsilben 3

➤ *Durch Nachsilben lassen sich Nomen, Adjektive und* **Verben** *aus anderen Wortarten bilden. Diese Verben drücken aus, dass sich ein Zustand verändert:*

-ize/-ise	→ **modernize** (*modernisieren*), **colonize**, **centralize**
-en	→ **blacken** (*schwärzen*), **darken** (*verdunkeln*)
-ify	→ **simplify** (*vereinfachen*), **electrify** (*elektrifizieren*)

WORDS YOU CAN USE
Lernschablone

Damit auch du kein Brett vorm Kopf hast, kannst du diese Lernschablone ganz einfach zum Vokabeln lernen benutzen:

- Drehe die Lernschablone auf die Seite und decke die englischen Wörter und Beispielsätze ab.
- Die deutsche Übersetzung kannst du in dem ausgeschnittenen Loch lesen.
- Welches englische Wort oder welche englische Redewendung passt dazu?
- Ziehe die Lernschablone eine Zeile nach unten, um zu sehen, ob du Recht hattest.
- Jetzt kannst du die nächste deutsche Übersetzung lesen, usw.
- Wenn du die andere Seite der Lernschablone verwendest, kannst du die englischen Wörter/Redewendungen sehen und die deutschen Übersetzungen abdecken.

Blau = Grundwortschatz
Orange = Erweiterungswortschatz

engl. Wort / engl. Redewendung?

Cornelsen

Welche deutsche Übersetzung versteckt sich hier?

Phonetic symbols

| tʃ | dʒ | θ | ð | ʃ | ʒ | ŋ | v |
| cheap | jump | thing | then | shop | pleasure | sang | voice |

| iː | ɪ | e | æ | ɑː | ɒ | ɔː | ʊ | uː | ʌ | ɜː | ə | w |
| eat | bit | ten | bad | fast | got | saw | sure | too | cut | bird | about | wet |

- ⤵ = opposite
- ➤ = explanation
- ➤ = synonym

BE = British English
AE = American English
pl = plural
no pl = no plural form possible

Falls du deine Lernschablone verlierst, kannst du diese Kopiervorlage benutzen, um dir eine neue zu machen.

12 Politik und Geschichte

12.1 Geschichte

1	history ['hɪstri]	Geschichte	Our next lesson is **history**. We want to read about Caesar.
2	AD [ˌeɪ'diː]	nach Christus	
3	BC [ˌbiː'siː]	vor Christus	
4	timeline ['taɪmlaɪn]	Zeitleiste	
5	tradition [trə'dɪʃn]	Tradition; Brauch	
6	traditional [trə'dɪʃənl]	traditionell	

CAESAR IN BRITAIN   THE ROMANS RETURN

55 BC   43 AD

Lots of old **traditions** are dying out.

7	rule [ruːl]	Herrschaft	India was once **under** British **rule**.
8	reign [reɪn]	Herrschaft; Regentschaft	the **reign of** Queen Victoria
9	to rule [ruːl]	herrschen über; beherrschen	Britain once **ruled over** a large empire.
10	ruler ['ruːlə]	Herrscher/in	► the leader of a country

11	king [kɪŋ]	König	►◄ queen
12	viceroy ['vaɪsrɔɪ]	Vizekönig	the **viceroy of** India
13	queen [kwiːn]	Königin	**Queen** Elizabeth
14	majesty ['mædʒəsti]	Majestät	Her **Majesty** the Queen
15	prince [prɪns]	Prinz; Fürst	► the son of a queen or king
16	princess [ˌprɪn'ses]	Prinzessin	**Princess** Anne
17	duke [djuːk]	Herzog	
18	royal ['rɔɪəl]	königlich	the **royal** family, a **royal** palace
19	Lord [lɔːd]	Lord	**Lord** Beaverbrook
20	emperor ['empərə]	Kaiser	
21	empire ['empaɪə]	Reich; Imperium	the **Roman/British Empire**

22	palace ['pæləs]	Palast	Queen Elizabeth lives in a **palace** in London.
23	crown [kraʊn]	Krone	She owns several **crowns**.
24	throne [θrəʊn]	Thron	
25	subject ['sʌbdʒɪkt]	Staatsbürger/in	

26	page [peɪdʒ]	Page	
27	knight [naɪt]	Ritter	
28	armour no pl ['ɑːmə]	Rüstung	
29	sword [sɔːd]	Schwert	
30	shield [ʃiːld]	(Schutz-)Schild	
31	archery ['ɑːtʃəri]	Bogenschießen	
32	arrow ['ærəʊ]	Pfeil	
33	tournament ['tʊənəmənt]	Turnier; Ritterturnier	
34	musket ['mʌskɪt]	Muskete	
35	pike [paɪk]	Spieß; Pike	
36	castle ['kɑːsl]	Schloss; Burg	

37	witch [wɪtʃ]	Hexe	► a woman with magic powers
38	pirate ['paɪrət]	Pirat/in; Seeräuber/in	**Pirates** attack boats and steal things from them.
39	treasure ['treʒə]	Schatz	

40	outlaw ['aʊtlɔː]	Gesetzlose/r	The sheriff hunted the **outlaws**.
41	conspiracy [kən'spɪrəsi]	Verschwörung	
42	plot [plɒt]	Komplott; Verschwörung	➤ a secret plan to do something bad
43	plotter ['plɒtə]	Verschwörer/in	
44	torture ['tɔːtʃə]	Folter; Qual	victims of cruel **torture**

· ·

45	Celt [kelt]	Kelte/Keltin	SALVE!
46	Celtic ['keltɪk]	keltisch	
47	Briton ['brɪtn]	Britanne/Britannin	
48	Roman ['rəʊmən]	römisch; Römer/in	
49	the Angles [ði 'æŋglz]	die Angeln	
50	Saxon ['sæksn]	sächsisch; Sachse/Sächsin	
51	Viking ['vaɪkɪŋ]	Wikinger/in	
52	Norman ['nɔːmən]	normannisch; Normanne/Normannin	

· ·

53	to conquer ['kɒŋkə]	erobern	2000 years ago the Romans **conquered** Britain.
54	conqueror ['kɒŋkərə]	Eroberer/Eroberin	William the **Conqueror**
55	to explore [ɪk'splɔː]	erforschen; erkunden	➤ to go to a place to learn about it
56	to discover [dɪ'skʌvə]	entdecken	Columbus **discovered** America.

INVENT/DISCOVER/EXPLORE

Who **invented** the telephone? *Man erfindet etwas, was es vorher nicht gab.*
America **was discovered** in 1492. *Wenn man etwas entdeckt, findet man etwas, das bereits existiert.*
Dr Livingstone **explored** Africa. *Wenn man etwas erforscht, untersucht man es genau.*

57	colony ['kɒləni]	Kolonie	➤ a country that is ruled by another country
58	colonist ['kɒlənɪst]	Kolonist/in	
59	Redcoat ['redkəʊt]	Rotrock (brit. Soldat)	REDCOAT
60	minuteman ['mɪnɪtmæn] *pl* minutemen ['mɪnɪtmən]	Freiwilliger im am. Unabhängigkeitskrieg	
61	patriot ['pætriət]	Patriot/in	
62	immigrant ['ɪmɪgrənt]	Einwanderer/Einwanderin	*Betonung:* ●●●
63	immigration [ˌɪmɪ'greɪʃn]	Einwanderung	
64	pioneer [ˌpaɪə'nɪə]	Pionier/in	
65	explorer [ɪk'splɔːrə]	Forscher/in; Forschungsreisende/r	An **explorer** travels through an unknown area to find out about it.
66	settler ['setlə]	Siedler/in	
67	to emigrate ['emɪgraɪt]	auswandern	➤ to leave one's own country to live in another one

· ·

68	fort [fɔːt]	Festung; Fort	
69	wagon ['wægən]	Wagen; Planwagen	

70	cowboy ['kaʊbɔɪ]	Cowboy
71	cowgirl ['kaʊgɜːl]	Cowgirl
72	gold-digger ['gəʊlddɪgə]	Goldgräber/in
73	gold rush ['gəʊld rʌʃ]	Goldrausch
74	saloon [sə'luːn]	Saloon
75	sheriff ['ʃerɪf]	Sheriff

. . . .

| 76 | Yankee ['jæŋki] | Yankee; Nordstaatler/in |

| 77 | slave [sleɪv] | Sklave/Sklavin |

Slaves had no freedom because they belonged to their owner.
Slavery in America …
… **was abolished** in 1865.

78	slavery ['sleɪvəri]	Sklaverei
79	to abolish [ə'bɒlɪʃ]	abschaffen
80	Confederate States [kən'fedərət ˌsteɪts]	die konföderierten Staaten (USA)
81	plantation [plæn'teɪʃn]	Pflanzung; Plantage

➤ a large farm where tea, cotton, sugar, etc are grown

. . . .

| 82 | caste [kaːst] | Kaste |

➤ one of the social classes in India

| 83 | workhouse ['wɜːkhaʊs] | Armenhaus |

In the 19th century poor people were often sent to a **workhouse**.

| 84 | township ['taʊnʃɪp] | Township (Südafrika) |

➤ a town in South Africa where black people live

| 85 | apartheid [ə'pɑːthaɪt] | Apartheid; Rassentrennung |

| 86 | segregation [ˌsegrɪ'geɪʃn] | Trennung |

racial segregation = *Rassentrennung*

| 87 | reunification [ˌriːjuːnɪfɪ'keɪʃn] | Wiedervereinigung |

the **reunification** of Germany

12.2 Staatsformen

| 1 | the Commonwealth ['kɒmənwelθ] | Commonwealth |

➤ *Organisation von 50 Staaten, die zum British Empire gehörten*

| 2 | state [steɪt] | Staat; Bundesstaat |

California and Texas are US **states**.

| 3 | democracy [dɪ'mɒkrəsi] | Demokratie |

➤ a country with a government elected by the population

| 4 | democratic [ˌdemə'krætɪk] | demokratisch |

a **democratic** country/society/ government

| 5 | government ['gʌvənmənt] | Regierung |

➤ the group of people who rule a country

| 6 | communist ['kɒmjənɪst] | Kommunist/in; kommunistisch |

a **communist** country

| 7 | kingdom ['kɪŋdəm] | Königreich |

➤ a country that has a queen or king

| 8 | dictatorship [dɪk'teɪtəʃɪp] | Diktatur |

| 9 | republic [rɪ'pʌblɪk] | Republik |

the **French Republic**

| 10 | union ['juːnɪən] | Vereinigung; Zusammenschluss |

the **Soviet Union**

| 11 | federal ['fedərəl] | Bundes- |

the **Federal Republic** of Germany

. . . .

12	**president** ['prezɪdənt]	Präsident/in	**President** Kennedy
13	**congress** ['kɒŋgres]	Kongress	
14	**legislature** ['ledʒɪsleɪtʃə]	gesetzgebende Gewalt; Legislative	
15	**bill** [bɪl]	Gesetzesentwurf; Gesetzesvorlage	➤ a plan for a new law
16	to **pass a law** [ˌpɑːs ə 'lɔː]	ein Gesetz verabschieden	
17	**parliament** ['pɑːləmənt]	Parlament	*Achte auf die Schreibung!*
18	**parliamentary** [ˌpɑːlə'mentri]	parlamentarisch	a **parliamentary** democracy
19	**the Commons** [ðə 'kɒmənz]	das britische Unterhaus	➤ the part of the British parliament where the members are elected
20	**the Lords** [ðə 'lɔːdz]	das britische Oberhaus	➤ the part of the British parliament where the members are not elected
21	**prime minister** [ˌpraɪm 'mɪnɪstə]	Premierminister/in	The address of the British **Prime Minister** is No 10, Downing Street.
22	**minister** ['mɪnɪstə]	Minister/in	

....

23	**republican** [rɪ'pʌblɪkən]	Republikaner/in; republikanisch	My grandfather was a **Republican**.
24	**senator** ['senətə]	Senator/in	➤ a member of the senate
25	**senate** ['senət]	Senat	
26	**governor** ['gʌvənə]	Gouverneur/in	
27	**administration** [ədˌmɪnɪ'streɪʃn]	Regierung; Verwaltung	the Churchill **administration**

....

28	**ambassador** [æm'bæsədə]	Botschafter/in	the German **ambassador** to Japan
29	**embassy** ['embəsi]	Botschaft(sgebäude)	

....

30	**county** ['kaʊnti]	Verwaltungsbezirk; Grafschaft	Hampshire is a **county** in the south of England.
31	**council** ['kaʊnsl]	Rat(sversammlung)	the **city council**, a **council** member
32	**commission** [kə'mɪʃn]	Ausschuss; Kommission	The government has **set up a commission** to look into the scandal.
33	**authority** [ɔː'θɒrəti]	Behörde	the **local authority**
34	**official** [ə'fɪʃl]	Beamte/Beamtin	a **government official**
35	**mayor** [meə]	Bürgermeister/in	

....

36	to **free** [friː]	freilassen; befreien	100 political prisoners **were freed** yesterday morning.
37	**freedom** ['friːdəm]	Freiheit	➤➤ liberty *liberty klingt förmlich!*
38	**liberty** ['lɪbəti]	Freiheit	the **Statue of Liberty**
39	**independent (of/from)** [ˌɪndɪ'pendənt]	unabhängig	➤➤ free The South wanted to be **independent from** the North.
40	**independence** [ˌɪndɪ'pendəns]	Unabhängigkeit	the American **War of Independence**

1	☐ **politics** ['pɒlətɪks]	Politik	She is very interested in **politics**.
2	☐ **political** [pə'lɪtɪkl]	politisch	a **political** party
3	☐ **party** ['pɑːti]	Partei	the **Conservative/Labour party**
4	☐ **chairperson** ['tʃeəpɜːsn]	Vorsitzende/r	The party elected a new **chairperson**.
5	☐ **chairman** ['tʃeəmən] *pl* chairmen ['tʃeəmen]	Vorsitzender	
6	☐ **chairwoman** ['tʃeəwʊmən] *pl* chairwomen ['tʃeəwɪmɪn]	Vorsitzende	
7	☐ **candidate** ['kændɪdət]	Kandidat/in	➤ a person who tries to get a political position
8	☐ to **run** [rʌn] ran, run [ræn, rʌn]	kandidieren	George W. Bush **ran for President** in 2000.
9	☐ **office** ['ɒfɪs]	Amt; Amtszeit	to be **in office** = *im Amt sein*
10	☐ **coalition** [ˌkəʊə'lɪʃn]	Koalition	
11	☐ **league** [liːg]	Bündnis; Liga	
12	☐ **crisis** ['kraɪsɪs] *pl* crises ['kraɪsiːz]	Krise	➤ a time of great danger or trouble an **economic crisis**
13	☐ **politician** [ˌpɒlə'tɪʃn]	Politiker/in	➤ someone who works in politics
14	☐ **representative** [ˌreprɪ'zentətɪv]	Abgeordnete/r	
15	☐ **conservative** [kən'sɜːvətɪv]	Konservative/r; konservativ	a **Conservative** politician
16	☐ **liberal** ['lɪbərəl]	liberal; Liberale/r	**liberal** views
17	☐ to **elect** [ɪ'lekt]	wählen	He **was elected** President.
18	☐ **election** [ɪ'lekʃn]	Wahl (Politik)	
19	☐ to **vote** [vəʊt]	wählen; Stimme abgeben für	They **voted for/against** the Conservative candidate.
20	☐ **survey** ['sɜːveɪ]	(Meinungs-)Umfrage; Untersuchung	
21	☐ **majority** [mə'dʒɒrəti]	Mehrheit	➤ most of the people in a group
22	☐ **minority** [maɪ'nɒrəti]	Minderheit	➤ a small part of a larger group
23	☐ **cabinet** ['kæbɪnət]	Kabinett	➤ the most important members of a government
24	☐ **campaign** [kæm'peɪn]	Kampagne; Aktion	➤➤ drive
25	☐ **anti** ['ænti]	gegen; anti-	**anti-smoking campaign**
26	☐ to **resist** [rɪ'zɪst]	widerstehen; sich widersetzen	➤◄ to give in
27	☐ to **oppose** [ə'pəʊz]	sich widersetzen	➤ to be / to fight against somebody/ something
28	☐ **opposition** [ˌɒpə'zɪʃn]	Opposition	**opposition** party/leader
29	☐ to **protest** [prə'test]	protestieren	More than 100 people **protested against** segregation.
30	☐ **protest** ['prəʊtest]	Protest	
31	☐ **protester** [prə'testə]	Demonstrant/in	Thousands of **protesters** marched through the streets.
32	☐ **demonstration** [ˌdemən'streɪʃn]	Demonstration	**anti-government/protest demonstrations**

33	marcher ['mɑːtʃə]	Demonstrant/in	The marchers sang freedom songs.
34	civil disobedience [ˌsɪvl dɪsə'biːdiəns]	ziviler Ungehorsam	➤ when a large number of people protest peacefully against a government, a bill or a law
35	boycott ['bɔɪkɒt]	Boykott	a boycott on goods from South Africa
36	rebel ['rebl]	Rebell/in	
37	civil rights [ˌsɪvl 'raɪts]	Bürgerrechte	➤ the rights that every person in a country has
38	rebellion [rɪ'beljən]	Aufstand; Rebellion	a rebellion against the government
39	revolt AE [rɪ'vəʊlt]	Aufstand; Revolte	
40	revolution [ˌrevə'luːʃn]	Revolution	the French Revolution
41	reform [rɪ'fɔːm]	Reform	government reforms
42	globalization [ˌgləʊbəlaɪ'zeɪʃn]	Globalisierung	

12.4 Gesetz und Verbrechen

1	law [lɔː]	Gesetz; Recht	➤ rules for all the people in a country
2	to enforce [ɪn'fɔːs]	durchsetzen	It's difficult to enforce the new law.
3	to maintain [meɪn'teɪn]	instand halten; aufrechterhalten	to maintain a road / order
4	right [raɪt]	Recht	the right to do something
5	rightful ['raɪtfl]	rechtmäßig	the rightful owner of the car
6	legal ['liːgl]	gesetzmäßig; legal	the legal system = Rechtssystem
7	illegal [ɪ'liːgl]	ungesetzlich; illegal	➤ not allowed by law
8	voluntary ['vɒləntri]	freiwillig	
9	corrupt [kə'rʌpt]	bestechlich; korrupt	a corrupt manager
10	rule [ruːl]	Regel	Do you know the rules of chess?
11	official [ə'fɪʃl]	offiziell	an official statement
12	standard ['stændəd]	Standard-; Normal-	it's the standard practice = es ist üblich
13	to allow [ə'laʊ]	erlauben	➤◄ to forbid
14	allowed [ə'laʊd]	erlaubt	Smoking is not allowed in school.
15	to be allowed to do sth [bi ə'laʊd]	etwas tun dürfen	People under 18 aren't allowed to buy alcoholic drinks in Britain.
16	to forbid [fə'bɪd] forbade, forbidden [fə'bæd, fə'bɪdn]	untersagen; verbieten	My parents forbade me to go out.
17	licence BE ['laɪsns] AE license	Erlaubnis; Führerschein	You must have a driving licence / driver's license (AE) before you are allowed to drive a car.
18	to permit [pə'mɪt]	erlauben	
19	permission [pə'mɪʃn]	Erlaubnis	They needed permission to leave the country.
20	passport ['pɑːspɔːt]	Reisepass	a valid/fake passport
21	visa ['viːzə]	Visum; Sichtvermerk	You need a visa to visit the USA.
22	police pl [pə'liːs]	Polizei	The police are coming.
23	police station [pə'liːs steɪʃn]	Polizeirevier	

24	☐	**police car** *BE* [pə'liːs kɑː]	Streifenwagen
25	☐	**squad car** *AE* ['skwɒd kɑː]	Streifenwagen
26	☐	**baton** ['bætɒn]	Schlagstock
27	☐	**officer** ['ɒfɪsə]	Beamte/Beamtin
28	☐	**detective** [dɪ'tektɪv]	Detektiv/in

➤ a policeman or policewoman
Hercule Poirot is a famous **detective**.
She enjoys reading **detective** stories.

| 29 | ☐ | **private eye** *AE* [ˌpraɪvət 'aɪ] | Privatdetektiv/in |
| 30 | ☐ | **Federal Bureau of Investigation/FBI** [ˌfedərəl ˌbjuːrəʊ əv ɪnvestɪ'geɪʃn, ˌef biː 'aɪ] | FBI |

The criminals were
arrested by **the FBI**.

| 31 | ☐ | to **identify** [aɪ'dentɪfaɪ] | identifizieren |
| 32 | ☐ | to **investigate** [ɪn'vestɪgeɪt] | nachforschen; Ermittlungen anstellen |

➤ to recognize somebody/something
The police **are investigating** the murder.

| 33 | ☐ | to **question** ['kwestʃən] | befragen; verhören |
| 34 | ☐ | to **suspect** [sə'spekt] | vermuten; misstrauen; verdächtigen |

He **was questioned about** the theft.
I **suspect** it's going to be a difficult day.
He**'s suspected of** murder.

| 35 | ☐ | to **arrest** [ə'rest] | festnehmen |
| 36 | ☐ | to **capture** ['kæptʃə] | gefangen nehmen |

They **arrested** him **for** stealing.
➤ to catch and hold someone or something

| 37 | ☐ | to **be under arrest** [bi ˌʌndər ə'rest] | verhaftet sein |

➤ to be a prisoner of the police

| 38 | ☐ | **offence** [ə'fens] | Straftat; Beleidigung |
| 39 | ☐ | **crime** [kraɪm] | Verbrechen; Kriminalität |

Drug dealing is a **serious offence**.
Stealing is a **crime**.

| 40 | ☐ | **shooting** ['ʃuːtɪŋ] | Schießen; Schießerei |

Three men died after a **shooting** in Glasgow.

• •

41	☐	**criminal** ['krɪmɪnl]	kriminell
42	☐	**criminal** ['krɪmɪnl]	Verbrecher/in
43	☐	to **commit** [kə'mɪt]	begehen (Straftat)

criminal activities/cases
➤ a person who commits crimes
Most **murders are committed** by men.

| 44 | ☐ | **alias** ['eɪliəs] | alias |
| 45 | ☐ | to **smuggle (into)** ['smʌgl] | (ein)schmuggeln (in) |

They **smuggled** the drugs **into** the country

| 46 | ☐ | to **steal** [stiːl] stole, stolen [stəʊl, 'stəʊlən] | stehlen |

Someone **has stolen** my purse.
He **stole** some money **from** his friend.

| 47 | ☐ | **stolen** ['stəʊlən] | gestohlen |
| 48 | ☐ | **thief** [θiːf] *pl* thieves [θiːvz] | Dieb/in |

stolen goods/cars
➤ someone who steals

| 49 | ☐ | **pickpocket** ['pɪkpɒkɪt] | Taschendieb/in |

➤ someone who steals things from people's pockets

| 50 | ☐ | to **mug** [mʌg] | überfallen und ausrauben |

➤ to attack someone and take their money

| 51 | ☐ | to **rob** [rɒb] | berauben; ausrauben |
| 52 | ☐ | **robber** ['rɒbə] | Räuber/in |

He **robbed** a bank and went to jail.
➤ someone who steals money or other things from a bank or shop

| 53 | ☐ | **robbery** ['rɒbəri] | Raub; Raubüberfall |

54	break-in ['breɪkɪn]	Einbruch	There were three **break-ins** in the same street last night.
55	to break in [ˌbreɪk 'ɪn] broke, broken [brəʊk, 'brəʊkən]	einbrechen	They **broke in** through the window.
56	killer ['kɪlə]	Mörder/in	Police are looking for the girl's **killer**.
57	gangster ['gæŋstə]	Gangster; Verbrecher/in	
58	assassin [ə'sæsɪn]	Mörder/in; Attentäter/in	An **assassin** murders people for money or for political reasons.
59	to stab [stæb]	(nieder)stechen; erstechen	He **was stabbed** to death in a racist attack.
62	murder ['mɜːdə]	Mord	
63	to murder ['mɜːdə]	ermorden	
60	arson ['ɑːsn]	Brandstiftung	
61	to firebomb ['faɪəbɒm]	einen Brandanschlag verüben	

murder	=	*Mord*
Mörder	=	murderer

| 64 | terrorism ['terərɪzəm] | Terrorismus | **international terrorism** |
| 65 | sabotage ['sæbətɑːʒ] | Sabotage | |

66	uprising ['ʌpraɪzɪŋ]	Aufstand; Volkserhebung	➤➤ revolt
67	water cannon ['wɔːtə kænən]	Wasserwerfer	
68	riot ['raɪət]	Aufstand; Aufruhr	
69	victim ['vɪktɪm]	Opfer	➤ somebody who has been injured or killed

70	court [kɔːt]	Gericht; Gerichtshof	He had to **appear in court**.
71	Supreme Court [suːˌpriːm 'kɔːt]	Oberster Gerichtshof; Oberstes Bundesgericht	
72	tribunal [traɪ'bjuːnl]	Gerichtshof; Untersuchungsausschuss	
73	witness ['wɪtnəs]	Zeuge/Zeugin	The **witness** said she heard shots.
74	to witness ['wɪtnəs]	Zeuge sein von	➤ to see something happening She **witnessed** a murder.
75	to swear [sweə] swore, sworn [swɔː, swɔːn]	schwören	He **swore** he hadn't done it.
76	case [keɪs]	Fall	The **court case** continues tomorrow.
77	trial ['traɪəl]	Prozess; Gerichtsverhandlung	a **murder trial**
78	to accuse [ə'kjuːz]	anklagen; beschuldigen	They **accused** her **of** murder.
79	judge [dʒʌdʒ]	Richter/in	The **judge** sentenced her to ten years in prison.
80	lawyer ['lɔːjə]	Rechtsanwalt/ Rechtsanwältin	She wants to see her **lawyer** before she says anything.
81	to deny [dɪ'naɪ]	bestreiten; leugnen	➤ to say that something isn't true
82	evidence ['evɪdəns]	Beweis; Indiz	
83	clue [kluː]	Hinweis	Police are still looking for **clues** in the case of the missing girl.

84	**responsible (for)** [rɪ'spɒnsəbl]	verantwortlich (für)	Two youths **were responsible for** the attack on the old man.
85	**in charge of** [ɪn 'tʃɑ:dʒ əv]	verantwortlich (für)	The police inspector was **in charge of** the investigation.
86	**guilty** ['gɪlti]	schuldig	►◄ innocent
87	**innocent** ['ɪnəsnt]	unschuldig	The young man was **innocent**.
88	**to impose** [ɪm'pəʊz]	aufzwingen; auferlegen	**to impose** a fine/punishment
89	**to sentence** ['sentəns]	verurteilen	He **was sentenced** to a year in prison.
90	**sentence** ['sentəns]	Strafe; Urteil	a prison/jail/life/four-year **sentence**
91	**to fine** [faɪn]	Bußgeld verhängen	The police **fined** him **for** driving too fast.
92	**to punish** ['pʌnɪʃ]	bestrafen	He **was punished for** his crimes.
93	**punishment** ['pʌnɪʃmənt]	Bestrafung	**capital punishment** = *Todesstrafe*
94	**prison** *BE* ['prɪzn]	Gefängnis	► a building where criminals are kept
95	**jail** *AE* [dʒeɪl]	Gefängnis	
96	**cell** [sel]	Zelle	They locked the thief in a **cell**.
97	**prisoner** ['prɪznə]	Gefangene/r; Häftling	► someone who is in prison
98	**guard** [gɑ:d]	Wächter/in	The **guard** made sure that the prisoner couldn't escape.
99	**to guard** [gɑ:d]	bewachen	
100	**to break out** [ˌbreɪk 'aʊt] broke, broken [brəʊk, 'brəʊkən]	ausbrechen	► to escape from a prison
101	**getaway** ['getəweɪ]	Flucht	The criminals **made a** quick **getaway** after the raid.
102	**escape-proof** [ɪ'skeɪppru:f]	ausbruchsicher	an **escape-proof** prison
103	**to release** [rɪ'li:s]	freilassen; entlassen	He **was released** from prison today.
104	**to execute** ['eksɪkju:t]	hinrichten; exekutieren	The murderer **was executed** at midnight.
105	**to lynch** [lɪntʃ]	lynchen	The slave **was lynched** by the angry mob.
106	**to hang** [hæŋ]	aufhängen; erhängen	He tried to **hang** himself.
107	**hangman** ['hæŋmən] *pl* hangmen ['hæŋmən]	Henker	
108	**suicide** ['su:ɪsaɪd]	Selbstmord	People thought he **had committed suicide**. (= killed himself)

12.5 Frieden und Krieg

1	**peace** [pi:s]	Friede	►◄ war
2	**war** [wɔ:]	Krieg	► fighting between two or more countries
3	**civil war** [ˌsɪvl 'wɔ:]	Bürgerkrieg	► a war between different groups of people in the same country
4	**enemy** ['enəmi]	Feind/in	►◄ friend
5	**opponent** [ə'pəʊnənt]	Gegner/in	

6	alarm [ə'lɑːm]	Alarm	a **fire/smoke alarm**
7	siren ['saɪrən]	Sirene	**police car / ambulance sirens**
8	to evacuate [ɪ'vækjueɪt]	evakuieren; verlassen	Minutes before the attack the soldiers **evacuated** the village.
9	refugee [ˌrefju'dʒiː]	Flüchtling	a **refugee camp**

. . . .

10	attack [ə'tæk]	Angriff	►◄ defence
11	to attack [ə'tæk]	angreifen	► to start fighting a country / a person
12	to charge [tʃɑːdʒ]	anstürmen; angreifen	The soldiers **charged** at the enemy lines several times.
13	to invade [ɪn'veɪd]	einmarschieren in; eindringen in	► to enter a country to conquer it
14	invader [ɪn'veɪdə]	Eindringling; Angreifer/in	a **foreign invader**
15	to occupy ['ɒkjupaɪ]	besetzen	The city **was occupied** by the troops.
16	front [frʌnt]	Front	

. . . .

17	battle ['bætl]	Schlacht	the **Battle** of Hastings
18	battlefield ['bætlfiːld]	Schlachtfeld	► a place where soldiers fight a battle
19	massacre ['mæsəkə]	Massaker	In the **massacre** at Wounded Knee …
20	to exterminate [ɪk'stɜːmɪneɪt]	ausrotten; vernichten	… the Indians were almost **exterminated**.
21	cover ['kʌvə]	Deckung	They **took cover** behind a jeep.
22	struggle ['strʌgl]	Kampf; Auseinandersetzung	►► a hard fight
23	to struggle ['strʌgl]	kämpfen; sich abmühen	►► to fight
24	raid [reɪd]	Überfall	► a sudden military attack
25	fight [faɪt]	Kampf; Streit	
26	to fight [faɪt] fought, fought [fɔːt, fɔːt]	kämpfen	► to use hands, guns, etc against another person
27	fighter ['faɪtə]	Kämpfer/in	a **freedom fighter** a **fighter** (plane) = *Jagdflugzeug*
28	offensive [ə'fensɪv]	offensiv; Angriff(s-)	
29	defensive [dɪ'fensɪv]	defensiv; Verteidigungs-	
30	to defend [dɪ'fend]	verteidigen	►◄ to attack
31	defence [dɪ'fens] AE defense [dɪ'fens]	Verteidigung	Britain is going to spend 10% more on **defence**.
32	victory ['vɪktəri]	Sieg	►◄ defeat
33	glory ['glɔːri]	Ruhm	
34	glorious ['glɔːriəs]	herrlich; phantastisch; ruhmreich	a **glorious victory/past**
35	to put down [ˌpʊt 'daʊn] put, put [pʊt, pʊt]	niederschlagen; niederwerfen; besiegen	The riot **was put down** by the army.
36	to defeat [dɪ'fiːt]	(völlig) besiegen; eine Niederlage zufügen	► to win against others in a war, game, etc

. . . .

37	☐	spy [spaɪ]	Spion/in	➤ a person who tries to get secret information about another country, company or person
38	☐	agent ['eɪdʒənt]	Agent/in; Detektiv/in	007 is a secret agent.
39	☐	to spy (on) [spaɪ]	nachspionieren; bespitzeln	➤ to watch something or somebody secretly
40	☐	traitor ['treɪtə]	Verräter/in	
41	☐	army ['ɑːmi]	Armee	➤ all the soldiers of a country
42	☐	fleet [fliːt]	Flotte	➤ a big group of ships
43	☐	navy ['neɪvi]	Marine; Kriegsmarine	➤ the warships belonging to a country
44	☐	air force ['eə fɔːs]	Luftwaffe	He's a pilot in the air force.
45	☐	troops [truːps]	Truppen	➤ soldiers
46	☐	regiment ['redʒɪmənt]	Regiment	➤ a group of soldiers in an army
47	☐	military ['mɪlətri]	Militär; militärisch	the military = the army, navy, etc
48	☐	major ['meɪdʒə]	Major	
49	☐	officer ['ɒfɪsə]	Offizier/in	an army officer
50	☐	colonel ['kɜːnl]	Oberst	
51	☐	commander [kə'mɑːndə]	Kommandant/in	
52	☐	general ['dʒenrəl]	General/in	General MacArthur
53	☐	weapon ['wepən]	Waffe	Guns and swords are weapons.
54	☐	gun [gʌn]	Schusswaffe	➤ a weapon that fires bullets
55	☐	revolver [rɪ'vɒlvə]	Revolver	
56	☐	rifle ['raɪfl]	Gewehr	
57	☐	bayonet ['beɪənət]	Bajonnet	
58	☐	cannon ['kænən]	Kanone	
59	☐	bomb [bɒm]	Bombe	Aussprache: Stummes 'b'!
60	☐	gunpowder ['gʌnpaʊdə]	Schießpulver	
61	☐	bullet ['bʊlɪt]	Kugel; Geschoss	He was killed by a bullet in the head.
62	☐	to shoot [ʃuːt] shot, shot [ʃɒt, ʃɒt]	schießen	Fifteen soldiers were shot dead in the street.
63	☐	shot [ʃɒt]	Schuss	
64	☐	to fire ['faɪə]	feuern; schießen	The soldiers fired their guns at the crowd.
65	☐	to explode [ɪk'spləʊd]	explodieren	A bomb had exploded in the next street.
66	☐	explosion [ɪk'spləʊʒn]	Explosion	a bomb/gas/nuclear explosion
67	☐	to blow up [ˌbləʊ 'ʌp] blew, blown [bluː, bləʊn]	in die Luft jagen; explodieren	The rebels tried to blow up the bridge.
68	☐	to bomb [bɒm]	bombardieren	Aussprache: Stummes 'b'!
69	☐	chaos ['keɪɒs]	Chaos; Durcheinander	After the explosion there was chaos in the street.
70	☐	barbed wire [ˌbɑːbd 'waɪə]	Stacheldraht	

13 Arbeitswelt

1	science ['saɪəns]	(Natur-) Wissenschaft	science and technology
2	studies pl ['stʌdiz]	Studium	studies steht immer im Plural!
3	research [rɪ'sɜːtʃ]	Forschung; wissenschaftliche Untersuchung	medical/scientific research, research on animals
4	laboratory [lə'bɒrətri]	Laboratorium; Labor	
5	scientist ['saɪəntɪst]	Naturwissen- schaftler/in	➤ someone who works or is trained in science
6	medicine ['medsn]	Medizin	➤ the study of diseases
7	to prove [pruːv]	beweisen	➤ to show that something is true

8	engineer [ˌendʒɪ'nɪə]	Ingenieur/in	His father is an engineer.
9	engineering [ˌendʒɪ'nɪərɪŋ]	Technik	➤ designing and making machines, bridges, etc.
10	technology [tek'nɒlədʒi]	Technik	computer technology
11	hi-tech [ˌhaɪ'tek] high-tech [ˌhaɪ 'tek]	technisch hoch- entwickelt; High-Tech-	➤ using the most advanced machines and methods

12	expert ['ekspɜːt]	Experte/Expertin	➤ a person with special knowledge or skills
13	practical ['præktɪkl]	praktisch	➤➤ useful
14	technical ['teknɪkl]	technisch	technical support/knowledge
15	scientific [ˌsaɪən'tɪfɪk]	(natur)wissen- schaftlich	a scientific discovery/study, scientific research
16	automatic [ˌɔːtə'mætɪk]	automatisch	
17	motorized ['məʊtəraɪzd]	motorisiert	motorized vehicle = Kraftfahrzeug

18	method ['meθəd]	Methode; Verfahren	Betonung: ●● ➤ a planned way of doing something
19	way [weɪ]	Art und Weise	Is this the only way of solving the problem?
20	trial and error [ˌtraɪəl ənd 'erə]	Ausprobieren	to learn by trial and error
21	means [miːnz] no pl	Mittel	The telephone is a means of communication.
22	by means of [baɪ 'miːnz əv]	mit Hilfe von	➤ with the help of

23	to invent [ɪn'vent]	erfinden	➤ to create something that hasn't existed before
24	invention [ɪn'venʃn]	Erfindung	
25	inventor [ɪn'ventə]	Erfinder/in	An inventor creates something that is new.
26	to modernize ['mɒdənaɪz]	modernisieren	➤ to make something more modern
27	to design [dɪ'zaɪn]	entwerfen; konstruieren	The dress was designed by Vivienne Westwood.

28	to **produce** [prə'djuːs]	erzeugen; herstellen; produzieren	►► to make This factory **produces** cars.
29	to **generate** ['dʒenəreɪt]	erzeugen	► to produce heat, power, etc
30	to **power** ['paʊə]	antreiben; betreiben	This motor **is powered** electrically.
31	**product** ['prɒdʌkt]	Produkt	*Betonung:* ● ●
32	**production** [prə'dʌkʃn]	Herstellung; Produktion	Steel **production** has increased by five per cent.
33	to **function** ['fʌŋkʃn]	funktionieren	Does anyone know how this machine **functions**?
34	to **experiment with** sth [ɪk'sperɪmənt]	mit etwas experimentieren	As a child he began to **experiment with** chemicals.
35	**experiment** [ɪk'sperɪmənt]	Experiment	► a scientific test
36	to **form** [fɔːm]	formen; bilden	► to make something
37	**form** [fɔːm]	Form	►► shape
38	**pattern** ['pætn]	Muster	a **pattern of** blue and white stripes
39	**change** [tʃeɪndʒ]	Änderung	**changes in** technology
40	to **change** [tʃeɪndʒ]	ändern; verändern	► to become different
41	to **service** ['sɜːvɪs]	Wartungsarbeiten durchführen	Could you send someone to **service** the photocopier?
42	**copy** ['kɒpi]	Kopie; Exemplar	We will send you a **copy of** the report.
43	to **copy** ['kɒpi]	kopieren; abschreiben	
44	to **clear** [klɪə]	räumen; abholzen	►► to remove, to take away I **cleared** my desk **of** papers.
45	to **pull down** [ˌpʊl 'daʊn]	abreißen; einreißen	The old factory **has been pulled down**.
46	to **destroy** [dɪ'strɔɪ]	zerstören	Fire **destroyed** the building.
47	to **break up** [ˌbreɪk 'ʌp] broke, broken [brəʊk, 'brəʊkən]	auseinanderbrechen	
48	to **total** *AE* ['təʊtl]	zu Schrott fahren (einen Wagen)	► to damage a car so badly that it cannot be repaired
49	**destruction** [dɪ'strʌkʃn]	Zerstörung	
50	to **demolish** [dɪ'mɒlɪʃ]	zerstören; vernichten	► to completely destroy a building, etc
51	**demolition** [ˌdemə'lɪʃn]	Zerstörung; Vernichtung	
52	**ruin** ['ruːɪn]	Ruine	
53	to **cave in** [ˌkeɪv 'ɪn]	einstürzen; nachgeben	If a ceiling or roof **caves in**, it breaks and falls into the space below.
54	**leak** [liːk]	undichte Stelle; Leck	There was a **leak** in the pipeline.
55	to **waste** [weɪst]	vergeuden; verschwenden	to **waste** time/food/money/paper/...
56	to **recycle** [ˌriː'saɪkl]	wiederaufbereiten; wiederverwerten	Don't throw away those bottles – **recycle** them.

57	to **get ready** [get ˈredi] got, got [gɒt, gɒt]	vorbereiten	It's half past eight. We must **get ready** for the meeting.
58	to **prepare for** [prɪˈpeə fə]	sich vorbereiten auf	

· ·

59	**repair** [rɪˈpeə]	Reparatur	They are **doing repairs on** the bridge.
60	to **repair** [rɪˈpeə]	reparieren	Where can I **get** my mobile **repaired**?
61	to **fix** [fɪks]	reparieren	➤➤ to repair
62	to **use** [juːz]	gebrauchen; verwenden	Can I **use** your pen? – Yes, of course.
63	**use** [juːs]	Gebrauch; Verwendung	Don't touch the machine when it's **in use**.

· ·

64	to **oil** [ɔɪl]	ölen	The wheels need **oiling**.
65	to **sew** [səʊ] sewed, sewn [səʊd, səʊn]	nähen	*Aussprache!*
66	to **carve** [kɑːv]	schnitzen	He **carved** his name in a tree with a knife.

· ·

67	to **shovel** [ˈʃʌvl]	schaufeln	
68	to **ventilate** [ˈventɪleɪt]	belüften; ventilieren	➤ to let fresh air into a room, etc
69	**hydroelectric** [ˌhaɪdrəʊˈlektrɪk]	hydroelektrisch; Wasserkraft-	a **hydroelectric** power station
70	**oil rig** [ˈɔɪl rɪg]	Bohrinsel; Ölplattform	
71	**mine** [maɪn]	Bergwerk; Mine	
72	**coal-mine** [ˈkəʊlmaɪn]	Kohlenbergwerk	
73	**slag heap** [ˈslæg hiːp]	Schlackenhalde	
74	**melting pot** [ˈmeltɪŋ pɒt]	Schmelztiegel	
75	to **mine** [maɪn]	Bergbau betreiben; abbauen (Erz, Gold, usw.)	➤ to dig coal, diamonds, etc out of the ground
76	**power station** *BE* [ˈpaʊə steɪʃn]	Kraftwerk; Elektrizitätswerk	a **nuclear power station**
77	**power plant** *AE* [ˈpaʊə plɑːnt]	Kraftwerk; Elektrizitätswerk	

13.2 Berufe

1	**doctor** [ˈdɒktə]	Arzt/Ärztin	She should **go to the doctor** with that cough.
2	**dentist** [ˈdentɪst]	Zahnarzt/Zahnärztin	A **dentist** treats or takes out bad teeth.
3	**nurse** [nɜːs]	Krankenschwester/ Krankenpfleger	
4	**vet** [vet]	Tierarzt/Tierärztin	➤ a doctor for animals
5	**veterinary** [ˈvetnri]	tierärztlich; Veterinär-	**veterinary medicine**
6	**pharmacist** [ˈfɑːməsɪst]	Apotheker/in	

13 ARBEITSWELT

7	chemist ['kemɪst]	Apotheker/in; Drogist/in	You can buy medicine **at a chemist's**. (*in einer Apotheke*)
8	make-up artist ['meɪkʌp ɑːtɪst]	Visagist/in; Maskenbildner/in	
9	hairdresser ['heədresə]	Friseur/in	
10	hair stylist ['heə staɪlɪst]	Friseur/in; Coiffeur/in	
11	tailor ['teɪlə]	Schneider/in	A **tailor** makes clothes for men.
12	farmer ['fɑːmə]	Bauer/Bäuerin	What's Mrs Lee's job? – She's a **farmer**.
13	farmhand ['fɑːmhænd]	Landarbeiter/in	
14	gardener ['gɑːdnə]	Gärtner/in	Their **gardener** always cuts the grass.
15	fisherman ['fɪʃəmən] *pl* fishermen ['fɪʃəmən]	Fischer	A **fisherman**'s job is to catch fish.
16	ranger ['reɪndʒə]	Förster/in; Ranger Aufseher/in	
17	logger ['lɒgə]	Holzfäller/in	
18	hand [hænd]	Arbeiter/in	
19	engineer [ˌendʒɪ'nɪə]	Ingenieur/in	Her father is an **engineer**.
20	electrician [ɪˌlek'trɪʃn]	Elektriker/in	An **electrician** repairs electrical equipment.
21	technician [tek'nɪʃn]	Techniker/in	➤ someone who works with machines
22	programmer ['prəʊgræmə]	Programmierer/in	We're looking for a skilled **computer programmer** to write the software.
23	reporter [rɪ'pɔːtə]	Reporter/in	a **newspaper/television reporter**
24	journalist ['dʒɜːnəlɪst]	Journalist/in	
25	photographer [fə'tɒgrəfə]	Fotograf/in	➤ someone whose job is to take photos
26	teacher ['tiːtʃə]	Lehrer/in	an **English teacher**
27	interpreter [ɪn'tɜːprɪtə]	Dolmetscher/in	I couldn't speak Italian, so my wife was my **interpreter**.
28	social worker ['səʊʃl wɜːkə]	Sozialarbeiter/in	➤ someone whose job is to help people who are in trouble
29	artist ['ɑːtɪst]	Künstler/in	➤ a painter, a musician, a dancer, …
30	writer ['raɪtə]	Schriftsteller/in	Someone who writes books is a **writer**.
31	musician [mjuː'zɪʃn]	Musiker/in	➤ someone who plays a musical instrument or writes music
32	painter ['peɪntə]	Maler/in	Picasso was a famous **painter**.
33	designer [dɪ'zaɪnə]	Designer/in	a **fashion designer**
34	jeweller ['dʒuːələ]	Juwelier/in	➤ someone who sells or makes jewellery
35	dancer ['dɑːnsə]	Tänzer/in	He's a **dancer** in the musical 'Lion King'.
36	baker ['beɪkə]	Bäcker/in	Is there a **baker's** in this street? (= baker's shop)
37	butcher ['bʊtʃə]	Metzger/in; Fleischer/in	
38	chef [ʃef]	Chefkoch/ Chefköchin; Küchenchef/in	*Aussprache!* ➤ the most important cook in a restaurant

39	☐	**cook** [kʊk]	Koch/Köchin	► someone whose job is to cook food
40	☐	**landlord** ['lændlɔːd]	Wirt; Vermieter	► a man who manages a pub
41	☐	**landlady** ['lændleɪdi]	Wirtin; Vermieterin	
42	☐	**(shop) assistant** *BE* ['ʃɒp əsɪstənt]	Assistent/in; Verkäufer/in	A **shop assistant** helps customers in a shop.
43	☐	**(sales) clerk** *AE* ['seɪlz klɜːk]	Verkäufer/in	
44	☐	**clerk** [klɑːk]	Büroangestellte/r	A **clerk** works in an office.
45	☐	**secretary** ['sekrətri]	Sekretär/in	Please **contact** my **secretary about** the telephone number.
46	☐	**banker** ['bæŋkə]	Bankier; Bankfachmann/-frau	► a person who owns a bank or who has an important job in a bank.
47	☐	**policeman** [pə'liːsmən] *pl* policemen [pə'liːsmən]	Polizist	
48	☐	**policewoman** [pə'liːswʊmən] *pl* policewomen [pə'liːswɪmɪn]	Polizistin	
49	☐	**fireman** *BE* ['faɪəmən] *pl* firemen ['faɪəmən]	Feuerwehrmann	
50	☐	**firefighter** *AE* ['faɪəfaɪtə]	Feuerwehrmann/ Feuerwehrfrau	
51	☐	**bodyguard** ['bɒdigɑːd]	Leibwächter/in	► a bodyguard has to protect people
52	☐	**soldier** ['səʊldʒə]	Soldat/Soldatin	
53	☐	**sailor** ['seɪlə]	Seemann; Matrose	A **sailor** works on ships or boats.
54	☐	**pilot** ['paɪlət]	Pilot/in	► someone who flies a plane *Betonung:* ●●
55	☐	**astronaut** ['æstrənɔːt]	Raumfahrer/in; Astronaut/in	► a person who works in a spacecraft
56	☐	**manager** ['mænɪdʒə]	Geschäftsführer/in; Manager/in; Filialleiter/in	Her dad is the **manager** of a hotel.
57	☐	**businessman** ['bɪznəsmən] *pl* businessmen ['bɪznəsmen]	Geschäftsmann	► a person who buys and sells things
58	☐	**businesswoman** ['bɪznəswʊmən] *pl* businesswomen ['bɪznəswɪmɪn]	Geschäftsfrau	
59	☐	**salesman** ['seɪlzmən] *pl* salesmen ['seɪlzmən]	Vertreter; Verkäufer	A **salesman** sells things for a company.
60	☐	**driver** ['draɪvə]	Fahrer/in	a **bus driver**, a taxi **driver**
61	☐	**conductor** [kən'dʌktə]	Schaffner/in	
62	☐	**miner** ['maɪnə]	Bergarbeiter/in	
63	☐	**builder** ['bɪldə]	Bauarbeiter/in	
64	☐	**carpenter** ['kɑːpəntə]	Zimmermann; Tischler/in	
65	☐	**blacksmith** ['blæksmɪθ]	Hufschmied/in	
66	☐	**welder** ['weldə]	Schweißer/in	
67	☐	**mechanic** [mə'kænɪk]	Mechaniker/in	A **mechanic** can repair machines and cars.

POLICEMAN POLICEWOMAN

I am the BOSS!

VERB + ER
a person who does something:
build – build**er**, play – play**er**,
drive – driv**er**, write – writ**er**

68	☐	desk clerk *AE* ['desk klɜːk]	Empfangschef/in	The **desk clerk** will give you the keys to your room.
69	☐	servant ['sɜːvənt]	Diener; Dienstmädchen	➤ someone who works in another person's house and cooks, cleans, etc. for them
70	☐	attendant [ə'tendənt]	Aufseher/in; Wärter/in	a **museum / car park / flight attendant** (*Flugbegleiter/in*)
71	☐	cleaner ['kliːnə]	Raumpfleger/in	➤ a person who cleans inside houses, office buildings, etc.
72	☐	window-cleaner ['wɪndəʊkliːnə]	Fensterputzer/in	

13.3 Berufsleben

1	☐	work [wɜːk]	Arbeit	My dad **goes to work** at six o'clock.
2	☐	odd jobs [ˌɒd 'dʒɒbz]	anfallende Arbeiten	➤ small jobs of various types
3	☐	labour ['leɪbə]	Arbeitskräfte; Arbeit	
4	☐	effort ['efət]	Anstrengung; Bemühung	He **made an effort** to finish the job on time.
5	☐	task [tɑːsk]	Aufgabe	➤➤ job
6	☐	career [kə'rɪə]	Laufbahn; Karriere	Chris chose a **career** in the army.
7	☐	to work [wɜːk]	arbeiten	My sister **works in** a bank.
8	☐	at work [ət 'wɜːk]	bei der Arbeit	John? He isn't here. He's **at work**.
9	☐	on the job [ɒn ðə 'dʒɒb]	während der Arbeit; am Arbeitsplatz	Training is done **on the job**.
10	☐	busy ['bɪzi]	beschäftigt; belebt	Can you help me,? – Sorry, I'm **busy**. This road is very **busy**.
11	☐	worker ['wɜːkə]	Arbeiter/in	The **steel workers** are on strike.
12	☐	workman ['wɜːkmən] *pl* workmen ['wɜːkmən]	Handwerker	
13	☐	housework ['haʊswɜːk]	Hausarbeit	We usually **do the housework** at weekends.
14	☐	workplace ['wɜːkpleɪs]	Arbeitsplatz	

> Hausaufgaben = **homework**
> **housework** = *Hausarbeit*

15	☐	staff [stɑːf]	Belegschaft; Personal	
16	☐	supervisor ['suːpəvaɪzə]	Aufseher/in; Aufsicht	
17	☐	industry ['ɪndəstri]	Industrie	**heavy/light/computer/film industry**
18	☐	industrial [ɪn'dʌstriəl]	industriell	**industrial production/nations**
19	☐	factory ['fæktəri]	Fabrik	Mike's dad works in a **factory**. He makes cars.
20	☐	plant [plɑːnt]	Werk; Fabrik	➤➤ factory
21	☐	business ['bɪznəs]	Geschäft; Betrieb	a small **family business**
22	☐	storage ['stɔːrɪdʒ]	Lagerung; Aufbewahrung	
23	☐	company ['kʌmpəni]	Firma	His father works for a computer **company**.
24	☐	department [dɪ'pɑːtmənt]	Abteilung	➤ one of the parts of a big company, shop or university

25	to **run** [rʌn]	leiten; führen	
	ran, run [ræn, rʌn]		
26	**office** [ˈɒfɪs]	Büro	
27	**rise** BE [raɪz]	Gehaltserhöhung; Lohnerhöhung	
28	**raise** AE [reɪz]	Gehaltserhöhung; Lohnerhöhung	

TO RUN
Who **runs** this company?
(leiten, führen)
I was late so I **ran** to the bus-stop.
(laufen, rennen)

29	**employer** [ɪmˈplɔɪə]	Arbeitgeber/in	He asked his **employer** for a **rise**.
30	**director** [dəˈrektə]	Direktor/in	A **director** manages a company.
31	**boss** [bɒs]	Chef/in	Linda is the **boss** of a large company.
32	**employee** [ɪmˈplɔɪiː]	Arbeitnehmer/in; Beschäftigte/r	➤ a person who is paid to work for someone
33	**job** [dʒɒb]	Job; Arbeitsplatz	What's Mr Hudson's **job**? – He's a teacher.
34	**profession** [prəˈfeʃn]	Beruf	He's a teacher **by profession**.
35	**vocational** [vəʊˈkeɪʃənl]	Berufs-	**Vocational** training teaches you the skills you need to do a special job.
36	**freelance** [ˈfriːlɑːns]	freiberuflich; freischaffend	a **freelance** writer
37	**agency** [ˈeɪdʒənsi]	Agentur	a **job agency**
38	**recruitment agency** [rɪˈkruːtmənt eɪdʒənsi]	Arbeitsvermittlung	He went to a **recruitment agency** to ask about a job.

....

39	**apprentice** [əˈprentɪs]	Auszubildende/r; Lehrling	➤ a young worker who is learning a job or trade
40	**apprenticeship** [əˈprentɪʃɪp]	Lehrzeit; Lehre	He's **serving an apprenticeship** as a baker. (*… macht eine Lehre*)
41	to **apply to** sb **for** sth [əˈplaɪ fə]	sich bei jdm bewerben um/für	She **applied to** a computer company **for** the job of a mechanic.
42	**application** [ˌæplɪˈkeɪʃn]	Bewerbung	They received hundreds of **job applications**.
43	**applicant** [ˈæplɪkənt]	Bewerber/in	
44	**CV** [ˌsiː ˈviː]	Lebenslauf	**CV** *steht für lat.: „curriculum vitae"*
45	**interviewer** [ˈɪntəvjuːə]	Leiter/in des Vorstellungsgesprächs	

....

46	to **employ** [ɪmˈplɔɪ]	beschäftigen	➤ to give work to somebody
47	**full-time** [ˌfʊl ˈtaɪm]	Vollzeit-; ganztags	➤◄ part-time
48	**part-time** [ˌpɑːtˈtaɪm]	Teilzeit-; halbtags	He's looking for a **part-time job**.
49	to **appoint** [əˈpɔɪnt]	ernennen; berufen	He **was appointed as** chairman.
50	**high flier** [ˌhaɪ ˈflaɪə]	Senkrechtstarter/in; Hochbegabte/r	➤ someone who is extremely successful in their job or in school
51	to **promote** [prəˈməʊt]	befördern	Have you heard that Jill **has been promoted**?
52	to **fill in for** [ˌfɪl ˈɪn fə]	einspringen (für)	
53	to **keep** sb **on** [kiːp ˈɒn]	jdn weiterbeschäftigen	If he's good, they'**ll keep** him **on** another year.
	kept, kept [kept, kept]		
54	to **fire** [ˈfaɪə]	feuern; rauswerfen	
55	to **quit** [kwɪt]	aufhören mit; verlassen	➤ to stop doing something
	quit/quitted, quit/ quitted [kwɪt, ˈkwɪtɪd]		

56	**employment** [ɪm'plɔɪmənt]	Beschäftigung; Arbeit	Jane is still looking for **full-time employment**.
57	**unemployment** [ˌʌnɪm'plɔɪmənt]	Arbeitslosigkeit	➤ having no job
58	**unemployed** [ˌʌnɪm'plɔɪd]	arbeitslos	➤ without a job

59	to **earn** [ɜːn]	verdienen	➤ to get money for work
60	**low-paid** [ˌləʊ'peɪd]	Niedriglohn-	a **low-paid** job
61	**living** ['lɪvɪŋ]	Lebensunterhalt	He **earns a living** as a farmer.
62	**earnings** *pl* ['ɜːnɪŋz]	Einkünfte	➤ all the money that you receive
63	**salary** ['sæləri]	Gehalt	**high/low salaries**
64	**wage(s)** ['weɪdʒɪz]	Lohn	➤ the money that you are paid for your work

65	**income** ['ɪnkʌm]	Einkommen	an **annual income**
66	**fee** [fiː]	Gebühr	**school/medical fees**
67	**pension** ['penʃn]	Rente; Pension	My grandad only has a small **pension**.
68	to **exploit** [ɪk'splɔɪt]	ausnutzen; ausbeuten	Foreign workers **are** often **exploited**.
69	**trade union** *BE* [ˌtreɪd 'juːniən]	Gewerkschaft	He joined the **trade union** when he was 19.
70	**labor union** *AE* ['leɪbə juːniən]	Gewerkschaft	
71	**strike** [straɪk]	Streik	The miners have been **on strike** for three weeks.

72	**holiday** ['hɒlədeɪ]	Ferien; Urlaub	They're **on holiday** in Spain.
73	**vacation** *AE* [və'keɪʃn]	Ferien	➤➤ holidays
74	to **take time off** [teɪk taɪm 'ɒf] took, taken [tʊk, 'teɪkən]	sich freinehmen	He **took a week off** to fly to Turkey.

13.4 Geld und Handel

1	**money** ['mʌni]	Geld
2	**finance** ['faɪnæns]	Finanz(en)
3	**financial** [faɪ'nænʃl]	finanziell
4	**coin** [kɔɪn]	Münze
5	**change** [tʃeɪndʒ]	Wechselgeld; Kleingeld
6	**cheque** *BE* [tʃek]	Scheck
7	**check** *AE* [tʃek]	Scheck; Rechnung
8	**cash card** ['kæʃ kɑːd]	Geldkarte
9	**cash machine** ['kæʃ məʃiːn]	Geldautomat
10	**pound** [paʊnd]	Pfund Sterling
11	**penny** ['peni] *pl* pence, p [pens, piː]	Penny
12	**dollar** ['dɒlə]	Dollar
13	**cent** [sent]	Cent

£1	= 1 **pound**
1p	= 1 **penny**
20p	= 20 **pence**
$5	= 5 **dollars**
1¢	= 1 **cent**

14	**dime** *AE* [daɪm]	Zehncentstück (USA, Kanada)	➤ a coin worth ten cents
15	**note** [nəʊt]	Banknote; Geldschein	Adrian found a **ten-pound note**.
16	**cash** [kæʃ]	Bargeld	➤ money in coins or notes
17	**banking** ['bæŋkɪŋ]	Bankbranche	a career **in banking**
18	**bank** [bæŋk]	Bank(haus)	I need to go to the **bank**.
19	**safe** [seɪf]	Tresor; Safe	He keeps his money in a **safe**.

· ·

20	to **change** [tʃeɪndʒ]	wechseln	Can you **change** a £10 note?
21	to **save** [seɪv]	sparen	➤ to keep money to use later
22	to **raise** [reɪz]	sammeln (Geld)	➤ to collect money
23	**account** [ə'kaʊnt]	Konto	a **bank account**
24	**fund** [fʌnd]	Fond	
25	to **fund** [fʌnd]	finanzieren	A sports firm **is funding** the race.
26	**credit** ['kredɪt]	Kredit	They bought the television **on credit**.
27	**benefit** ['benɪfɪt]	Leistung; Unterstützung	Her father has no work and is **on benefit**. (*Arbeitslosenunterstützung*)

· ·

28	**economy** [ɪ'kɒnəmi]	Wirtschaft	➤ the system of trade and industry
29	**economic** [ˌiːkə'nɒmɪk]	wirtschaftlich; Wirtschafts-	
30	**economical** [ˌiːkə'nɒmɪkl]	ökonomisch	
31	**profitable** ['prɒfɪtəbl]	rentabel; nützlich	
32	**boom** [buːm]	Boom	
33	**commercial** [kə'mɜːʃl]	kommerziell	The show was a **commercial success**.
34	**board** [bɔːd]	Kommission; Aufsichtsrat; Gremium	the **Board** of Directors
35	**trust** [trʌst]	Stiftung	

> **economic** = *Wirtschafts-*
> **economical** = *sparsam, ökonomisch*

· ·

36	**rich** [rɪtʃ]	reich	➤◄ poor
37	**wealthy** ['welθi]	reich; wohlhabend	➤➤ rich ➤◄ poor
38	**well-off** [ˌwel 'ɒf]	wohlhabend; reich	well-off → better-off → best-off
39	**millionaire** [ˌmɪljə'neə]	Millionär/in	➤ a very rich person
40	**poor** [pʊə]	arm	His family was very **poor**.
41	**poverty** ['pɒvəti]	Armut	Many people in India **live in poverty**.
42	**bankrupt** ['bæŋkrʌpt]	pleite; bankrott	His firm **went bankrupt** in 2002.

· ·

43	to **cost** [kɒst] cost, cost [kɒst, kɒst]	kosten	How much **does** it **cost**? – Only 50p.
44	**cost** [kɒst]	Kosten	➤ the money you have to pay for something
45	**charge** [tʃɑːdʒ]	Kosten; Gebühr	You don't have to pay for the brochure. It's **free of charge**.
46	to **charge** [tʃɑːdʒ]	berechnen; in Rechnung stellen	The hotel **charged** £75 per night.
47	**worth** [wɜːθ]	wert	The house is **worth** £295,000.
48	to **afford** [ə'fɔːd]	sich leisten	We **can't afford** to buy a new car.
49	to **spend** [spend] spent, spent [spent, spent]	ausgeben	

> to **spend** = *(Geld) ausgeben; (Zeit) verbringen*
> *spenden* = to **donate**

| 50 ☐ | to **pay** [peɪ] | zahlen | ➤ to give someone money for |
| | paid, paid [peɪd, peɪd] | | something you are buying |

TO **PAY FOR A THING**	He **paid for** the trip.
TO **PAY A PERSON**	Can I **pay you** next month?
TO **PAY MONEY**	His dad **paid £10,000** for his car.

51 ☐	to **lend** [lend]	leihen	Please **lend** me your walkman for an
	lent, lent [lent, lent]		hour, Ben.
52 ☐	to **swap** [swɒp]	tauschen	Let's **swap**. You play with my
			gameboy and I play with your
			computer.
53 ☐	to **borrow** ['bɒrəʊ]	sich ausleihen;	Can I **borrow** your ruler? – Sorry, I'm
		borgen	using it.
54 ☐	to **hire** ['haɪə]	mieten;	➤ to pay someone to work for you
		jdn anstellen	
55 ☐	to **rent** [rent]	mieten;	We **rent** the house **from** my aunt.
		vermieten	They **rent** rooms **to** students.

| 56 ☐ | **rent** [rent] | Miete |

| **rent** | = *Miete* |
| *Rente* | = **pension** |

57 ☐	to **lease** [liːs]	leasen; pachten
58 ☐	**price** [praɪs]	Preis	What's **the price** of the tickets?
			– It's £3.
59 ☐	**fare** [feə]	Fahrgeld; Fahrpreis	➤ the price you pay to travel by
			train, bus, etc
60 ☐	**value** ['væljuː]	Wert	
61 ☐	**tax** [tæks]	Steuer	The British colonists had to pay a
			tax on tea.
62 ☐	**VAT** [ˌviː eɪ 'tiː]	Mehrwertsteuer	How much **VAT** must we pay?
	(value added tax)		
	[ˌvælju: 'ædɪd tæks]		
63 ☐	**tax-payer** ['tæks peɪə]	Steuerzahler/in	➤ a person who pays tax
64 ☐	**tax inspector**	Steuerbeamte/	A **tax inspector** decides how much
	['tæks ɪnspektə]	beamtin	tax a person must pay.

65 ☐	**customs** ['kʌstəmz]	Zoll(behörde)	**customs** officer = *Zollbeamter*
66 ☐	to **declare** [dɪ'kleə]	verzollen	Have you got **anything to declare**?
67 ☐	**insurance** [ɪn'ʃʊərəns]	Versicherung	**social/life/health/car/third-party**
			(*Haftpflicht*) **insurance**

68 ☐	**bill** [bɪl]	Rechnung	➤ a list that shows in writing how
			much money you have to pay
69 ☐	**receipt** [rɪ'siːt]	Quittung;	Can you give me a **receipt**?
		Kassenbon	
70 ☐	**expensive** [ɪk'spensɪv]	teuer	£15 for a CD? That's really
			expensive.
71 ☐	**cheap** [tʃiːp]	billig	➤◄ expensive
72 ☐	**free** [friː]	kostenlos; frei	Children under six travel **free**.

73	**marketing** [ˈmɑːkɪtɪŋ]	Marketing	My sister works in **marketing**.
74	**telesales** [ˈtelɪseɪlz]	Telefonverkauf	➤ telephoning people in order to try to sell them things
75	to **promote** [prəˈməʊt]	werben (für); auf den Markt bringen	➤ to help sell a new product
76	**promotion** [prəˈməʊʃn]	Beförderung; Werbung	a **promotion** campaign
77	**trade** [treɪd]	Handel	➤ buying and selling things between countries
78	to **trade** [treɪd]	Handel treiben; handeln	They **trade** with East Asia. He **trades** in fruit.
79	to **negotiate** [nɪˈgəʊʃieɪt]	verhandeln; aushandeln	The two countries **are negotiating** a trade agreement.
80	**contract** [ˈkɒntrækt]	Vertrag	to **sign/make a contract**

....

81	**goods** pl [gʊdz]	Waren; Güter	household/consumer **goods**
82	**wares** pl AE [weəz]	Waren	
83	**warehouse** [ˈweəhaʊs]	Lager; Lagerhalle	➤ a large building for storing goods
84	to **export** [ɪkˈspɔːt]	ausführen; exportieren	➤ to sell things to another country ➤◄ import
85	to **load** [ləʊd]	laden; beladen	➤ to put things on a van, lorry or ship
86	to **ship** [ʃɪp]	versenden; verfrachten; verschiffen	➤ to send something The software **will be shipped** next month.
87	**order** [ˈɔːdə]	Bestellung	We **have received** your **order**.
88	to **order** [ˈɔːdə]	bestellen	He **ordered** a coffee and a sandwich.
89	to **place an order** [ˌpleɪs ən ˈɔːdə]	eine Bestellung aufgeben	You can **place orders** by e-mail.
90	**profit** [ˈprɒfɪt]	Gewinn; Profit; Nutzen	The computer company **made a** good **profit** last year.
91	**loss** [lɒs]	Verlust	
92	**seller** [ˈselə]	Verkäufer/in	➤ a person who sells something a **flower seller**
93	**for sale** [fə ˈseɪl]	zu verkaufen	Is this car **for sale**?
94	**best-selling** [ˌbestˈselɪŋ]	meistverkauft	a **best-selling** novel/author/video

13.5 Einkaufen

1	to **sell** [sel] sold, sold [səʊld, səʊld]	verkaufen	➤◄ to buy They **sell** books and CDs in this shop.
2	**sale** [seɪl]	Verkauf; Ausverkauf; Schlussverkauf	I bought these jeans **in the sales**. He made a lot of money from **the sale** of his field.
3	**bargain** [ˈbɑːgɪn]	Schnäppchen; guter Kauf	➤ something for which you pay much less than the original price
4	**on sale** [ɒn ˈseɪl]	in den / im Handel	The new CD **goes on sale** tomorrow.
5	**retail** [ˈriːteɪl]	Einzelhandel; Einzelhandels-	➤ selling things to people in shops

6	to **buy** [baɪ] bought, bought [bɔːt, bɔːt]	kaufen	I must **buy** a present **for** Emily's birthday.
7	**shop** *BE* [ʃɒp]	Laden; Geschäft	She goes to the **shops** every week.
8	**store** *AE* [stɔː]	Laden; Geschäft	
9	**department store** [dɪˈpɑːtmənt stɔː]	Kaufhaus; Warenhaus	➤ a large shop with several different departments
10	**self-service** [ˌself ˈsɜːvɪs]	mit Selbstbedienung	a **self-service** restaurant/shop
11	**market** [ˈmɑːkɪt]	Markt	a fruit/flower **market**
12	**stall** [stɔːl]	Stand (Markt)	
13	**flea market** [ˈfliː mɑːkɪt]	Flohmarkt	➤ a market which sells old and used things
14	**vendor** [ˈvendə]	(Straßen-) Verkäufer/in	an **ice-cream vendor**
15	**jumble sale** [ˈdʒʌmbl seɪl]	Wohltätigkeitsbasar; Flohmarkt	➤ a market which sells old and new things to make money for a church, school or other organizations
16	**supermarket** [ˈsuːpəmɑːkɪt]	Supermarkt	
17	**shelf** [ʃelf] *pl* shelves [ʃelvz]	Regal; Verkaufsregal	
18	to **restock** [ˌriːˈstɒk]	wieder auffüllen	

SHELVES

SUPERMARKET

19	**shopping** [ˈʃɒpɪŋ]	Einkäufe	to **go shopping**
20	**shopping centre** *BE* [ˈʃɒpɪŋ sentə]	Einkaufszentrum	There are a lot of shops in a **shopping centre**.
21	**shopping mall** *AE* [ˈʃɒpɪŋ mæl]	Einkaufszentrum	➤ a large number of shops under one roof
22	**arcade** [ɑːˈkeɪd]	Arkade; Einkaufspassage	a new **shopping arcade**
23	**assistant** [əˈsɪstənt]	Assistent/in; Verkäufer/in	A **shop assistant** helps customers in a shop.
24	**customer** [ˈkʌstəmə]	Kunde/Kundin	A **customer** buys things from a shop.
25	to **shop** [ʃɒp]	einkaufen (gehen); Einkäufe machen	We **shop** twice a week. Where **do** you **shop for** food?
26	**shopper** [ˈʃɒpə]	Käufer/in	The streets were crowded with **Christmas shoppers**.
27	**counter** [ˈkaʊntə]	Ladentisch; Tresen	
28	to **consume** [kənˈsjuːm]	verbrauchen; verzehren	➤ to buy something ➤ to eat or drink something
29	**grocery (store)** [ˈɡrəʊsəri stɔː]	Lebensmittel(geschäft)	➤ a small food shop
30	**pet shop** [ˈpet ʃɒp]	Tierhandlung	

31 ☐	**cash desk** ['kæʃ desk]	Kasse
32 ☐	**till** [tɪl]	Ladenkasse
33 ☐	**cash register**	Ladenkasse
	['kæʃ redʒɪstə]	
34 ☐	**cashier** *BE* [kæ'ʃɪə]	Kassierer/in
35 ☐	**teller** *AE* ['telə]	Kassierer/in

| 36 ☐ | to **be sold out** | ausverkauft sein |
| | [bi ˌsəʊld 'aʊt] | |

We couldn't get seats. The rock concert **was sold out**.

Übergang in eine andere Wortart (Konversion)

➤ *Wörter können in eine andere Wortart übergehen, ohne dass Vor- oder Nachsilben angehängt werden. So kann eine* **Wortform** *mehreren* **Wortarten** *angehören:*

repair	*(Verb) reparieren*	He can't **repair** his bike.
	(Nomen) Reparatur	Where is the **repair** shop?
cold	*(Adjektiv) kalt*	It's very **cold** today.
	(Nomen) Erkältung	I've got a bad **cold**.
tidy	*(Adjektiv) aufgeräumt*	Your room isn't **tidy**.
	(Verb) aufräumen	Please **tidy** your room.
round	*(Adjektiv) rund*	The earth is **round**.
	(Präposition) um … herum	It moves **round** the sun.
	(Adverb) herum	She turned **round**.
	(Nomen) Runde	We played a **round** of golf.

14 Allgemeine Begriffe

1	number ['nʌmbə]	Zahl
2	no [nəʊ]	Nr
3	order ['ɔːdə]	Reihenfolge
4	figure ['fɪgə]	Zahl; Ziffer
5	rate [reɪt]	Rate; Satz

1, 2, 3, … are **numbers**.
No 10 Downing Street
in the **right order** = *in der richtigen Reihenfolge*
➤ an official number

NUMBERS

6	zero ['zɪərəʊ]	null
7	one [wʌn]	eins
8	two [tuː]	zwei
9	three [θriː]	drei
10	four [fɔː]	vier
11	five [faɪv]	fünf
12	six [sɪks]	sechs
13	seven ['sevn]	sieben
14	eight [eɪt]	acht
15	nine [naɪn]	neun
16	ten [ten]	zehn
17	eleven [ɪ'levn]	elf
18	twelve [twelv]	zwölf
19	thirteen [ˌθɜː'tiːn]	dreizehn
20	fourteen [ˌfɔː'tiːn]	vierzehn
21	fifteen [ˌfɪf'tiːn]	fünfzehn
22	sixteen [ˌsɪk'stiːn]	sechzehn
23	seventeen [ˌsevn'tiːn]	siebzehn
24	eighteen [ˌeɪ'tiːn]	achtzehn
25	nineteen [ˌnaɪn'tiːn]	neunzehn
26	twenty ['twenti]	zwanzig
27	thirty ['θɜːti]	dreißig
28	forty ['fɔːti]	vierzig
29	fifty ['fɪfti]	fünfzig
30	sixty ['sɪksti]	sechzig
31	seventy ['sevnti]	siebzig
32	eighty ['eɪti]	achtzig
33	ninety ['naɪnti]	neunzig
34	hundred ['hʌndrəd]	hundert
35	thousand ['θaʊznd]	tausend
36	million ['mɪljən]	Million
37	billion ['bɪliən]	Milliarde

➤➤ 1,000,000
➤ one thousand million

38	first [fɜːst]	erste(r, s)
39	second ['sekənd]	zweite(r, s)
40	third [θɜːd]	dritte(r, s)
41	following ['fɒləʊɪŋ]	folgend
42	once [wʌns]	einmal

1st	= **first**	21st	= **twenty-first**
2nd	= **second**	30th	= **thirtieth**
3rd	= **third**	40th	= **fortieth**
4th	= **fourth**	100th	= **hundredth**
5th	= **fifth**		

| 43 ☐ | **twice** [twaɪs] | zweimal | ➤ 2x, two times |
| 44 ☐ | **times** [taɪmz] | mal | |

HOW OFTEN?	**once** a week	einmal pro / in der Woche
	twice a day	zweimal pro/am Tag
	three times a month	dreimal pro/im Monat
	four times a year	viermal pro/im Jahr

- -

45 ☐	**only** ['əʊnli]	einzige	I was the **only** boy at the party.
46 ☐	**single** ['sɪŋgl]	einzeln; Einzel-	Do you want a **single** or a double room?
47 ☐	**double** ['dʌbl]	doppelt	a **double** bed/whisky
48 ☐	**a dozen** [ə 'dʌzn]	(ein) Dutzend	➤➤ twelve
49 ☐	**two out of** three [ˌtuː aʊt əv 'θriː]	zwei von dreien	She got **two out of** three answers right.
50 ☐	**there are** five **of us** [ðərə 'faɪv əv ʌs]	wir sind zu fünft	**There are** five **of us** in the club.

- -

| 51 ☐ | **half** [hɑːf] *pl* halves [hɑːvz] | Hälfte | |
| 52 ☐ | **quarter** ['kwɔːtə] | Viertel | |

HALF   QUARTER

- -

53 ☐	**not** [nɒt]	nicht	Have you lost your key? – I hope **not**.
54 ☐	**none** [nʌn]	keine(r, s)	➤ not one (of a group of three or more) **None** of the guests spoke English.
55 ☐	**equivalent** [ɪ'kwɪvələnt]	Entsprechung	
56 ☐	**total** ['təʊtl]	(End-)Summe; Gesamtmenge	➤ the final number of people or things

- -

57 ☐	to **calculate** ['kælkjuleɪt]	rechnen	Can you **calculate** how much it will cost?
58 ☐	to **work out** [ˌwɜːk 'aʊt]	ausrechnen	➤➤ to calculate
59 ☐	to **tally up** [ˌtæli 'ʌp]	zusammenrechnen	➤ to calculate a total number
60 ☐	to **add** [æd]	hinzufügen	➤ to put numbers together
61 ☐	to **subtract** [səb'trækt]	abziehen; subtrahieren	➤ to take a number away from another number
62 ☐	to **multiply** ['mʌltɪplaɪ]	multiplizieren; malnehmen	Two **multiplied by** four is eight.
63 ☐	to **divide** [dɪ'vaɪd]	teilen; aufteilen; trennen	**Divide** the cake into four pieces.
64 ☐	**fraction** ['frækʃn]	Bruchteil	➤ a small part or amount of something

- -

65 ☐	**plus** [plʌs]	plus	Five **plus** three is eight.
66 ☐	**minus** ['maɪnəs]	minus	➤◄ plus
67 ☐	**average** ['ævərɪdʒ]	Durchschnitt(s-)	**on average** = *im Durchschnitt*
68 ☐	to **count** [kaʊnt]	zählen	There were so many people that we couldn't **count** them all.
69 ☐	**per** [pə]	pro; per	➤ for each
70 ☐	**per cent** [pə'sent]	Prozent	15 **per cent** = 15%

| 71 | **problem** ['prɒbləm] | Aufgabe | We had to solve five **mathematical problems**. |
| 72 | **pocket calculator** [ˌpɒkɪt 'kælkjuleɪtə] | Taschenrechner | Can I borrow your **pocket calculator**? |

73	**point** [pɔɪnt]	Punkt	
74	**line** [laɪn]	Linie; Zeile	
75	**shape** [ʃeɪp]	Form	▸▸ form
76	**circle** ['sɜːkl]	Kreis	
77	**round** [raʊnd]	rund	
78	**square** [skweə]	Quadrat; quatratisch	
79	**hexagon** ['heksəgən]	Sechseck	A **hexagon** has six straight sides.
80	**hexagonal** [heks'ægənl]	sechseckig	✗ ✦ ✝ ✢ ✝ CROSSES
81	**cross** [krɒs]	Kreuz	
82	**central** ['sentrəl]	zentral	▸ in the centre of
83	**straight** [streɪt]	gerade	a **straight line** ──
84	**direct** [də'rekt]	direkt	▸◂ indirect
85	**standard** ['stændəd]	Maßstab; Niveau	a **high/low standard**
86	to **measure** ['meʒə]	messen	We **measured** the length of the wall.
87	**measurement** ['meʒəmənt]	Maß	▸ the length, height, etc of something

88	to **weigh** [weɪ]	wiegen	How much **do** you **weigh**? = How heavy are you?
89	**weight** [weɪt]	Gewicht	What's the **weight** of the letter?
90	**weightlessness** ['weɪtləsnəs]	Schwerelosigkeit	
91	**balance** ['bæləns]	Waage; Gleichgewicht	

92	**wide** [waɪd]	groß; weit; breit	The canal is seven **metres wide**.
93	**narrow** ['nærəʊ]	eng; schmal	▸◂ wide
94	**high** [haɪ]	hoch	Mount Everest is very **high**.
95	**low** [ləʊ]	niedrig	▸◂ high
96	**tall** [tɔːl]	groß	a **tall** person/tree/building
97	**long** [lɒŋ]	lang	**long** hair, a **long** time/walk
98	**short** [ʃɔːt]	kurz	▸◂ long
99	to **shorten** ['ʃɔːtn]	(ver)kürzen	▸ to become shorter, to make something shorter
100	**deep** [diːp]	tief	▸ going a long way down
101	**depth** [depθ]	Tiefe	The **depth** of the lake is 17 metres.
102	**height** [haɪt]	Höhe	The plane flew **at a height** of 3,500 metres.
103	**length** [leŋθ]	Länge	▸ how long something is
104	**thick** [θɪk]	dick; dicht	
105	**thin** [θɪn]	dünn	

DICK

a **thick** book   a **fat** boy

106	**inch** [ɪntʃ] **(in)**	Inch; Zoll	➤ 2.54 centimetres
107	**foot** [fʊt] **(ft)**	Fuß	➤ 30.46 centimetres
	pl **feet** [fiːt]		
108	**yard** [jɑːd] **(yd)**	Yard	➤ 0.91446 metres
109	**mile** [maɪl] **(m)**	Meile	➤ 1.609 kilometres
110	**millimetre** ['mɪlimiːtə] **(mm)**	Millimeter	
111	**centimetre** ['sentimiːtə] **(cm)**	Zentimeter	There are 100 **centimetres** in a metre.
112	**metre** BE ['miːtə] **(m)** AE meter ['miːtə]	Meter	The hole was a **metre** deep.
113	**kilometre** ['kɪləmiːtə] **(km)**	Kilometer	➤ 1000 metres

114	**pint** [paɪnt]	Pint	➤ 0.568 litres
			a **pint** of beer/milk
115	**litre** BE ['liːtə] AE liter ['liːtə]	Liter	a **litre** of wine/water

116	**pound** [paʊnd] **(lb)**	Pfund	➤ 0.454 kilograms
117	**ton** [tʌn] **(t)**	Tonne	➤ 1016 kilograms
118	**kilo** ['kiːləʊ] **(kg)**	Kilogramm	She weighs 61 **kilos**.

14.2 Menge und Größe

1	**amount** [ə'maʊnt]	Betrag; Menge	a **large amount** of money
2	**size** [saɪz]	Größe	Her shoes are **size** 6. That's 39 in Germany.
3	**big** [bɪg]	groß	
4	**large** [lɑːdʒ]	groß	

> **BIG**
> **big** wird nicht verwendet, um die Größe einer Person anzugeben.
>
> a **big** man   a **tall** man

5	**medium** ['miːdiəm]	mittelgroß	
6	**XXXL** [ˌeks ˌeks ˌeks 'el]	übergroß; XXXL	
7	**enormous** [ɪ'nɔːməs]	gewaltig; enorm groß	➤➤ very large
8	**huge** [hjuːdʒ]	riesig	➤➤ very big
9	**giant** ['dʒaɪənt]	riesig; riesenhaft	
10	**giant** ['dʒaɪənt]	Riese; Riesin	Goliath was a **giant**.

11	**small** [smɔːl]	klein	a **small** group/town/man
12	**little** ['lɪtl]	klein	a **little** boy/smile/hope
13	**tiny** ['taɪni]	winzig	➤➤ very small
14	**a handful** ['hændfʊl]	eine Hand voll	➤ a small number of people or things

15	**how much ...?** [ˌhaʊ 'mʌtʃ]	Wie viel ...?	**How much** does a hamburger cost?
16	**much** [mʌtʃ]	viel	➤➤ a lot
	more, most [mɔː, məʊst]		
17	**more** [mɔː]	mehr	There were **more than** 50 people at the meeting.

18	**more and more** [ˌmɔːr ən ˈmɔː]	immer mehr	**More and more** people were gathering for the concert. ► more and more
19	**increasingly** [ɪnˈkriːsɪŋli]	zunehmend	
20	**most** [məʊst]	meiste; am meisten	**Most** cinemas … *nicht* ~~The~~ most cinemas.
21	**many** [ˈmeni] more, most [mɔː, məʊst]	viele	
22	**a lot (of)** [ə ˈlɒt əv]	eine Menge; viel	►► lots of I've got **a lot of** videos. Have you got DVDs, too? – Yes, I have **a lot**.
23	**lots of** [ˈlɒts əv]	viel	►► a lot of
24	**under** [ˈʌndə]	unter; weniger als	►► less than
25	**over** [ˈəʊvə]	über; mehr als	►► more than

....

26	**very** [ˈveri]	sehr	Mr Williams is 88. He's **very** old.
27	**advanced** [ədˈvɑːnst]	fortgeschritten	
28	**maximum** [ˈmæksɪməm]	Höchst-; maximal	What is the **maximum** speed of this car?
29	**minimum** [ˈmɪnɪməm]	Mindest-; Minimum	►◄ maximum
30	**extreme** [ɪkˈstriːm]	extrem; äußerst	**extreme** cold/difficulty/care
31	**extremely** [ɪkˈstriːmli]	äußerst	►► very
32	**about** [əˈbaʊt]	ungefähr	**About** 30 cars were involved in the accident.

....

33	**little** [ˈlɪtl] less, least [les, liːst]	wenig	►► not much
34	**a little** [ə ˈlɪtl]	ein wenig	I need **a little** more time.
35	**a bit** [ə ˈbɪt]	etwas; ein wenig	►◄ very
36	**less** [les]	weniger	►◄ more It took **less** time than I thought.
37	**least** [liːst]	am wenigsten	
38	**at least** [ət ˈliːst]	zumindest; mindestens	**at last** = *schließlich* **at least** = *mindestens*
39	**last but not least** [ˌlɑːst bʌt nɒt ˈliːst]	nicht zuletzt; last, not least	
40	**few** [fjuː] fewer, fewest [ˈfjuːə, ˈfjuːɪst]	wenige	She has very **few** real friends.
41	**a few** [ə ˈfjuː]	ein paar	Please wait **a few** more minutes.

LITTLE	I slept very **little** last night. I've got **little** money left.	*(wenig)*
A LITTLE	I only understood **a little** of what he said. There is still **a little** wine in the bottle.	*(ein bisschen, ein wenig)*
FEW	**Few** people live to the age of 100.	*(wenige)*
A FEW	Only **a few** people came to the interview.	*(ein paar)*

42	**a couple of** [ə ˈkʌpl əv]	ein paar	►► a few
43	**several** [ˈsevrəl]	mehrere; einige	► some, but not many

....

44	☐ **main** [meɪn]	Haupt-; hauptsächlich	the **main road/problem/thing**
45	☐ **chief** [tʃiːf]	hauptsächlich; Haupt-; Ober-	►► main
46	☐ **mostly** ['məʊstli]	hauptsächlich	►► mainly
47	☐ **major** ['meɪdʒə]	größer; bedeutend	►► bigger, very important
48	☐ **minor** ['maɪnə]	kleiner; gering	**minor injuries/mistakes**

....

49	☐ to **increase** [ɪn'kriːs]	zunehmen; anwachsen	► to become larger in amount or number
50	☐ **growth** [grəʊθ]	Wachstum; Zunahme	
51	☐ to **reduce** [rɪ'djuːs]	vermindern; reduzieren	► to make something less or smaller

....

52	☐ **only** ['əʊnli]	nur; bloß	I haven't got much money. I've **only** got 50p.
53	☐ **just** [dʒʌst]	nur; bloß	I **just** called to say hello.
54	☐ **hardly** ['hɑːdli]	kaum	There's **hardly** any time left.

....

| 55 | ☐ **fairly** ['feəli] | ziemlich; relativ | ► more than a little
I know her **fairly** well. |

> **ZIEMLICH**   **not** tired → **fairly** tired → **quite** tired → **rather/pretty** tired → **very** tired

56	☐ **quite** [kwaɪt]	ziemlich	The food is **quite** good here.
57	☐ **rather** ['rɑːðə]	ziemlich	The story was **rather** complicated.
58	☐ **pretty** ['prɪti]	ziemlich	►► quite

....

59	☐ **too** [tuː]	auch; zu	*Nachgestellt:* I'm 10, **too**. (*Ich bin auch zehn.*) *Vor einem Adjektiv:* He's **too** old. (*Er ist zu alt.*)
60	☐ **so** [səʊ]	auch	Mike is clever and **so** is his brother.
61	☐ **also** ['ɔːlsəʊ]	auch	►► too
62	☐ **not ... either** [nɒt 'aɪðə]	auch nicht	Gary can't come, and I **can't** come **either**.
63	☐ **neither** ['naɪðə]	auch nicht	I don't like snakes. – **Neither** do I.
64	☐ **nor** [nɔː]	auch nicht	– **Nor** do I

....

| 65 | ☐ **else** [els] | sonst | What **else** do you know about him? |

> **ELSE**   I don't like tennis. Let's play **something else**. (*etwas anderes*)
> **Where else** did you go? (*Wo ... sonst noch*)
> I'm busy. Perhaps **someone else** can help you. (*jemand anderes*)
> **Who else** came to your party? (*Wer ... sonst noch*)
> Please wait like **everyone else**. (*alle anderen*)
> **What else** did you get for Christmas? (*Was ... sonst noch*)

| 66 | ☐ **even** ['iːvn] | sogar | **Even** my father came to the party. |
| 67 | ☐ **not even** [nɒt 'iːvn] | nicht einmal | He didn't laugh at the joke. He did**n't even** smile. |

....

| 68 | ☐ | **both** [bəʊθ] | beide | |

BOTH (OF) + NOUN	**Both (of) my sisters** like milk.	I can't buy **both books**.
BOTH OF + PRONOUN	**Both of them** can come.	She phoned **both of us**.
AUXILIARY + BOTH	We **can both** swim.	We **are both** tired.
BOTH + VERB	They **both like** comics.	You **both look** tired.

| 69 | ☐ | **both ... and ...** [bəʊθ, ənd] | sowohl ... als auch ... | She's **both** clever **and** attractive. |
| 70 | ☐ | **as well as** [əz 'wel əz] | ebenso wie; sowohl ... als auch | They sell newspapers **as well as** magazines. |

• •

71	☐	**each** [iːtʃ]	jeder, jede, jedes	►► every
72	☐	**every** ['evri]	jeder, jede, jedes	
73	☐	**either ... or** ['aɪðə, ɔː]	entweder ... oder	She's **either** French **or** Italian.
74	☐	**or** [ɔː]	oder	Have you got a pen **or** a pencil?
75	☐	**neither** ['naɪðə]	keine(r, s) von beiden	I've got two computers but **neither** works properly.
76	☐	**neither ... nor** ['naɪðə, nɔː]	weder ... noch	**Neither** Ann **nor** Alex were there.

• •

77	☐	**available** [ə'veɪləbl]	verfügbar	The new CD is not yet **available**.
78	☐	**enough** [ɪ'nʌf]	genug	Is Emily old **enough** to drive a car?
79	☐	**sufficient** [sə'fɪʃnt]	ausreichend; genügend; genug	►► enough
80	☐	**plenty of** ['plenti əv]	eine Menge; viel	►► a lot of
81	☐	**full** [fʊl]	voll	►◄ empty
82	☐	**complete** [kəm'pliːt]	vollständig	the **complete** works of Dickens
83	☐	to **complete** [kəm'pliːt]	vervollständigen	► to finish doing something
84	☐	to **fill** [fɪl]	füllen	She **filled** two glasses **with** water.
85	☐	to **fill in** [ˌfɪl 'ɪn]	ausfüllen	Please **fill in** this **form**.
86	☐	**whole** [həʊl]	ganz	► with everyone or everything
87	☐	**all** [ɔːl]	alle	Adam, Ben and Ravi are **all** in Class 7 SJ.

• •

88	☐	**extra** ['ekstrə]	zusätzlich	**extra pay/cost/time/weight**
89	☐	**additional** [ə'dɪʃənl]	zusätzlich	►► extra
90	☐	**besides** [bɪ'saɪdz]	außerdem; außer	**Besides** a sports car she's also got a jeep.
91	☐	**except** [ɪk'sept]	außer	►► but not
92	☐	**other than** ['ʌðə ðən]	außer	►► except

• •

93	☐	**crowded** ['kraʊdɪd]	voll; überfüllt	►◄ empty ► full of people. The bus was **crowded**.
94	☐	**total** ['təʊtl]	völlig; absolut	►► complete
95	☐	**absolute** ['æbsəluːt]	absolut	I'm an **absolute** beginner at chess.
96	☐	**absolutely** ['æbsəluːtli]	völlig	You're **absolutely** right.

• •

97	☐	**rest** [rest]	Rest	Where's **the rest of** the biscuits?
98	☐	to **be left** [bi 'left]	übrig sein	**Is** there any tea **left**?
99	☐	**empty** ['empti]	leer	►◄ full
100	☐	to **empty** ['empti]	leeren; ausleeren	► to take everything out

1	**quality** ['kwɒləti]	Qualität	to **be of good/high/poor quality**
2	**heavy** ['hevi]	schwer	➤ difficult to lift or move
3	**light** [laɪt]	leicht	➤◄ heavy
4	**flat** [flæt]	flach	Holland is very **flat**.
5	**level** ['levl]	eben; gerade	➤➤ flat
6	**crooked** ['krʊkɪd]	krumm	a **crooked** street/wall
7	**elastic** [ɪ'læstɪk]	elastisch	
8	**hard** [hɑːd]	hart	These apples are very **hard**. I can't eat them.
9	**tough** [tʌf]	robust; hart; zäh	➤➤ hard ➤◄ soft
10	**hard-wearing** [ˌhɑːd'weərɪŋ]	strapazierfähig	**hard-wearing** cloth
11	**fireproof** ['faɪəpruːf]	feuerfest	**fireproof** dish/clothing
12	**equipped** [ɪ'kwɪpt]	ausgerüstet; ausgestattet	The bank **was equipped with** video cameras.
13	**stiff** [stɪf]	steif	➤ hard to bend
14	**smooth** [smuːð]	glatt; sanft	➤◄ rough
15	**soft** [sɒft]	weich; zart	➤◄ hard
16	**rough** [rʌf]	uneben; rau	
17	**tight** [taɪt]	eng(anliegend)	She was wearing a **tight** pair of jeans.
18	**general** ['dʒenrəl]	allgemein; ungefähr	a **general** idea
19	**generally** ['dʒenrəli]	gewöhnlich; allgemein	➤➤ usually
20	**altogether** [ˌɔːltə'geðə]	insgesamt; im Ganzen	
21	**normal** ['nɔːml]	normal	➤➤ ordinary
22	**ordinary** ['ɔːdnri]	normal; gewöhnlich	

> **ordinary** = *normal, gewöhnlich*
> ordinär = **vulgar**

23	**everyday** ['evrideɪ]	alltäglich; Alltags-	The internet has become part of **everyday** life.
24	**relative** ['relətɪv]	relativ; verhältnismäßig	The test was **relatively** easy.
25	**familiar (with)** [fə'mɪliə wɪð]	gewohnt; bekannt; vertraut (mit)	to **look/sound/taste familiar** Are you **familiar with** the software they use?
26	**usual** ['juːʒuəl]	gewöhnlich; normal	Let's meet **at the usual** time.
27	**usually** ['juːʒuəli]	gewöhnlich	Ben **usually** walks to school.
28	to **be used to** [bi 'juːst tə]	gewöhnt sein an	**I'm not used to** living in a city.
29	to **get used to** [get 'juːst tə]	sich gewöhnen an	She soon **got used to** living in Los Angeles.
30	**regular** ['regjələ]	regelmäßig	His heartbeat was **regular**.
31	**irregular** [ɪ'regjələ]	unregelmäßig	**irregular** verbs
32	**mixed** [mɪkst]	gemischt; vermischt	
33	**complex** ['kɒmpleks]	zusammengesetzt; komplex	➤◄ simple

34	☐	**easy** ['iːzi]	einfach; leicht	One and one is two, that's **easy**.
35	☐	**simple** ['sɪmpl]	einfach; schlicht	
36	☐	**primitive** ['prɪmətɪv]	primitiv; urzeitlich	➤➤ simple
37	☐	**difficult** ['dɪfɪkəlt]	schwierig	➤◄ easy
38	☐	**tricky** ['trɪki]	knifflig; schwierig	That's a **tricky** situation.
39	☐	**complicated** ['kɒmplɪkeɪtɪd]	kompliziert	➤ difficult to understand
40	☐	**hard** [hɑːd]	schwierig; schwer	The test was **too hard for** me.
41	☐	**difficulty** ['dɪfɪkəlti]	Schwierigkeit	➤➤ problem
42	☐	**trouble** ['trʌbl]	Ärger; Schwierigkeit(en)	I **had** a lot of **trouble with** my computer.
43	☐	**in trouble** [ɪn 'trʌbl]	in Schwierigkeiten	➤ in a difficult situation

• •

44	☐	**special** ['speʃl]	spezial; besondere(r, s)	Are you doing **anything special** at the weekend?
45	☐	**specific** [spə'sɪfɪk]	speziell; bestimmt	
46	☐	**especially** [ɪ'speʃəli]	besonders	➤ more than others
47	☐	**above all** [əbʌv 'ɔːl]	vor allem	
48	☐	**extraordinary** [ɪk'strɔːdnri]	außerordentlich; ungewöhnlich	➤ very unusual
49	☐	**spectacular** [spek'tækjələ]	sensationell; atemberaubend	➤ wonderful to watch **spectacular views**
50	☐	**breathtaking** ['breθteɪkɪŋ]	atemberaubend	
51	☐	**sensational** [sen'seɪʃənl]	sensationell; Aufsehen erregend	
52	☐	**unusual** [ʌn'juːʒʊəl]	ungewöhnlich	It's very **unusual** for Jack **to** be late.

• •

53	☐	**right** [raɪt]	richtig	Is this the **right** way to London?
54	☐	**correct** [kə'rekt]	richtig	➤◄ wrong
55	☐	**proper** ['prɒpə]	hinreichend; gebührend; richtig	Have you got the **proper** tools for the job?
56	☐	**suitable** ['suːtəbl]	passend; geeignet	The film isn't **suitable for** young children.
57	☐	**exact** [ɪg'zækt]	genau	➤➤ correct
58	☐	**perfect** ['pɜːfɪkt]	perfekt	➤➤ excellent, very good
59	☐	**excellent** ['eksələnt]	ausgezeichnet	➤➤ very good
60	☐	**ultimate** ['ʌltɪmət]	perfekt; vollendet	➤➤ greatest
61	☐	**neat** *AE* [niːt]	klasse; toll	
62	☐	**first-class** [ˌfɜːst 'klɑːs]	erstklassig	➤➤ excellent
63	☐	**Ideal** [aɪ'dɪəl]	ideal	It was an **ideal** place for a holiday.
64	☐	**fantastic** [fæn'tæstɪk]	wundervoll	➤➤ great

• •

65	☐	**wrong** [rɒŋ]	falsch	➤◄ right
66	☐	**false** [fɔːls]	falsch; unrichtig	➤◄ true, right
67	☐	**mistake** [mɪ'steɪk]	Fehler	➤ something that is not correct
68	☐	**fault** [fɔːlt]	Fehler	**It's not my fault** that I'm late. (*Es ist nicht meine Schuld …*)
69	☐	**error** ['erə]	Irrtum; Fehler; Versehen	➤➤ a mistake
70	☐	**mark** [mɑːk]	Kratzer; Markierung	

> **mark** = *Markierung; Note*
> *Marke, Briefmarke* = **stamp**

71	incorrect [ˌɪnkəˈrekt]	falsch; unrichtig	►◄ correct
72	to **mix up** [ˌmɪks ˈʌp]	vermischen; verwechseln	It's easy to **mix up** the two verb forms.

73	**broken** [ˈbrəʊkən]	zerbrochen; kaputt	a **broken** ankle/window/heart
74	**rotten** [ˈrɒtn]	verdorben; faul	a **rotten** egg, **rotten** food/fruit/vegetables
75	**unfair** [ˌʌnˈfeə]	unfair; ungerecht	►◄ fair

76	**strong** [strɒŋ]	stark	Is he **strong enough** to carry this box?
77	**powerful** [ˈpaʊəfl]	stark; mächtig	►► very strong
78	**strength** [streŋθ]	Stärke; Kraft	We didn't **have the strength** to lift the piano.
79	**weak** [wiːk]	schwach	►◄ strong
80	**inferior** [ɪnˈfɪəriə]	minderwertig; unterlegen	► not as good as something/somebody else

81	**can** [kæn] could, could [kʊd, kʊd]	können	**Can** you ride a bike?
82	**could** [kʊd]	könnte	

COULD

KONNTE	Ron **could** read when he was five years old.
	My grandma **couldn't** swim.
	Could grandpa play the guitar?
KÖNNTE	It **could** snow tomorrow.
	Couldn't we leave earlier?
	Could I have another piece of cake, please?

83	**(in order) to** [ɪn ˈɔːdə tuː]	um … zu	I went to the supermarket **(in order) to** buy some sweets.
84	to **enable** [ɪˈneɪbl]	befähigen; ermöglichen	The new software **enables** you **to** protect your computer.

85	**useful** [ˈjuːsfl]	nützlich	► good for the job
86	**handy** [ˈhændi]	praktisch; nützlich; handlich	
87	**renewable** [rɪˈnjuːəbl]	erneuerbar	
88	**useless** [ˈjuːsləs]	nutzlos; unbrauchbar; sinnlos	►◄ useful

> **handy** = *praktisch*
> *Handy* = **mobile (phone)**

89	**no use** [nəʊ ˈjuːs]	sinnlos	It's **no use**. I can't repair the car.
90	**it's no use** do**ing** sth [ɪts nəʊ ˈjuːs]	es hat keinen Sinn, etwas zu tun	It's **no use** wait**ing** – she won't come.

91	**ready** [ˈredi]	fertig; bereit	Tea will be **ready** soon.
92	**on standby** [ɒn ˈstændbaɪ]	in Bereitschaft	►► ready to help instantly

1	to **belong to** [bɪ'lɒŋ tə]	gehören	These magazines **belong to** Amy. They're her magazines.
2	**about** [ə'baʊt]	über	Let's talk **about** football.
3	**of** [əv]	von	the director **of** the firm the result **of** the game
4	to **relate to** [rɪ'leɪt tə]	sich beziehen auf	I like anything that **relates to** football.
5	**related to** [rɪ'leɪtɪd tə]	verwandt (mit); zusammenhängend	▸▸ connected with
6	to **involve** [ɪn'vɒlv]	mit sich bringen; zur Folge haben	The test **will involve** writing a short letter.
7	to **depend on** [dɪ'pend ɒn]	abhängig sein von	Shall we go swimming tomorrow? – It **depends on** the weather.

8	to **have got** [həv 'gɒt] had, had [həd, həd]	haben; besitzen	**Has** she **got** a CD player?
9	**of your own** [əv jɔːr 'əʊn]	eigene(r, s)	She wants a car **of her own**.
10	**own** [əʊn]	eigen	I've got **my own** room. *Nie:* ~~an~~ **own** room
11	**owner** ['əʊnə]	Besitzer/in; Eigentümer/in	Who's the **owner of** that bike?
12	to **own** [əʊn]	besitzen	▸ to have something that is yours
13	to **inherit** [ɪn'herɪt]	erben	She **inherited** a lot of money from her father.

14	to **grip** [grɪp]	(er)greifen	▸ to hold something tightly
15	to **seize** [siːz]	packen; ergreifen	The policeman suddenly **seized** the gun from her.
16	to **keep** [kiːp] kept, kept [kept, kept]	halten; behalten	Mr Tilbury is a farmer. He **keeps** cows and sheep. (*hält*) I don't need this magazine. You can **keep** it. (*behalten*)
17	to **choose** [tʃuːz] chose, chosen [tʃəʊz, 'tʃəʊzn]	wählen	▸ to decide what you want ▸▸ to pick
18	to **pick** [pɪk]	pflücken; auswählen	He **was picked** to play for the team.
19	**choice** [tʃɔɪs]	Entscheidung; Wahl	They had to make a difficult **choice**.

20	to **get** [get] got, got [gɒt, gɒt]	bekommen	She's so spoilt. She **gets** everything she wants.
21	to **receive** [rɪ'siːv]	erhalten; empfangen	▸▸ to get
22	to **obtain** [əb'teɪn]	erhalten; sich verschaffen; erzielen	▸▸ to get **obtain** *klingt etwas förmlich!*
23	to **gain** [geɪn]	sich verschaffen; bekommen; gewinnen	▸▸ to obtain, to win He **has gained** a lot of influence.
24	to **hold** [həʊld] held, held [held, held]	halten	He **held** a glass of wine in his hand.

25		to **catch** [kætʃ] caught, caught [kɔːt, kɔːt]	fangen	Bill jumped up and **caught** the ball.
26		**trapped** [træpt]	gefangen; eingeschlossen	They were **trapped** in the burning building.

• •

27		to **match** [mætʃ]	passend zusammen-fügen; zusammen-passen	Can you **match** the sentences **to** the pictures?
28		to **fit** [fɪt]	passen	➤➤ to be right
29		to **fit in** [ˌfɪt 'ɪn]	dazupassen	John doesn't **fit in** with the other pupils in the class.

• •

30		to **give** [gɪv] gave, given [geɪv, 'gɪvn]	geben	He **gave** me the money and left. Please **give** the address **to** Alex.
31		to **offer** ['ɒfə]	anbieten	She **offered** sweets **to** her guests.
32		**offer** ['ɒfə]	Angebot	
33		to **return** [rɪ'tɜːn]	zurückgeben	➤ to give/take something back
34		to **replace** [rɪ'pleɪs]	ersetzen	➤ to put one thing in place of another thing
35		to **deserve** [dɪ'zɜːv]	verdienen	

VERDIENEN

TO EARN   (Geld verdienen)   He **earns** $35,000 a year.

TO DESERVE (Lob, Strafe, Ruhe, etc verdienen)   Peter **deserves** a rest now.

36		**instead** [ɪn'sted]	stattdessen; anstatt	I didn't go to London, I went to Glasgow **instead**.
37		**instead of** [ɪn'sted əv]	anstatt	Let's buy a CD **instead of** flowers for Jane's birthday.
38		**instead of** do**ing** sth [ɪn'sted əv]	anstatt etwas zu tun	We should do something **instead of** just talk**ing** about it.

• •

39		**present** ['preznt]	Geschenk	a birthday/Christmas **present** a **present** from Jack/for Katie
40		**gift** [gɪft]	Geschenk	➤➤ present
41		**reward** [rɪ'wɔːd]	Belohnung	He offered a £40 **reward** to anyone who could find his purse.
42		**souvenir** [ˌsuːvə'nɪə]	Andenken; Souvenir	He brought back a cowboy hat as a **souvenir** from the USA.

• •

43		to **provide (with)** [prə'vaɪd wɪð]	versorgen (mit)	➤➤ to supply
44		to **supply** [sə'plaɪ]	liefern	➤ to give people what they need
45		**supply** [sə'plaɪ]	Vorrat; Lieferung	food/power **supplies**
46		**in short supply** [ɪn ˌʃɔːt sə'plaɪ]	knapp	Water was **in short supply** after the long, hot summer.
47		**shortage** ['ʃɔːtɪdʒ]	Knappheit; Mangel	a food/water/energy **shortage**

• •

48		to **serve** [sɜːv]	servieren; bedienen	➤ to give a meal to someone
49		**service** ['sɜːvɪs]	Dienst	
50		to **hand out** [ˌhænd 'aʊt]	verteilen; austeilen	➤ to give something to several people

51	to **pass** [pɑːs]	(herum)reichen; geben	Could you **pass** me the salt, please?
52	to **share** [ʃeə]	(sich) teilen; gemeinsam haben	➤ to use something together with another person
53	**share** [ʃeə]	Anteil	
54	to **have in common with** [həv ɪn ˈkɒmən] had, had [həd, həd]	etwas gemeinsam haben mit	➤ to have the same interests or ideas as another person

14.5 Sein und Werden

1	to **be** [biː] was/were, been [wəz/wə, biːn]	sein; existieren	'To **be** or not to **be**, that is the question.' (Shakespeare's 'Hamlet')
2	**there are** [ˈðeər ɑː]	es gibt; es sind vorhanden	**There are** five chairs in the room. (*Es stehen …*)
3	**there is** [ˈðeər ɪz]	es gibt; es ist vorhanden	**There's** a good film on TV. (*Es gibt …*)
4	to **be around** [bi əˈraʊnd]	da sein	There **was** no one **around** when I got to the party.
5	to **be missing** [bi ˈmɪsɪŋ]	fehlen; nicht vorhanden sein	Helen's name **was missing from** the list.
6	to **seem** [siːm]	scheinen	She **didn't seem** very convinced. He **seems to be** really unhappy.
7	to **appear** [əˈpɪə]	erscheinen; scheinen	➤➤ to seem
8	to **disappear** [ˌdɪsəˈpɪə]	verschwinden	➤ to become impossible to see ➤ to stop existing
9	**condition** [kənˈdɪʃn]	Bedingung; Verhältnisse; Zustand	➤ the situation in which people live or work
10	**situation** [ˌsɪtʃuˈeɪʃn]	Situation	They **are in** a very **difficult situation**.
11	**kind** [kaɪnd]	Art; Sorte; Gattung	**What kind of** music do you like? – Rock 'n' roll.
12	**sort** [ˈsɔːt əv]	Art; Sorte	They both drink the same **sort of** coffee.
13	**type** [taɪp]	Typ	➤➤ sort, kind
14	**typical (of)** [ˈtɪpɪkl]	typisch (für)	Pasta is **typical of** Italian cooking.
15	to **represent** [ˌreprɪˈzent]	vertreten; darstellen	
16	to **stand for** sth [ˈstænd fə] stood, stood [stʊd, stʊd]	für etwas stehen	The book is by Joanne K. Rowling. – What does the 'K' **stand for**? – It **stands for** 'Kathleen'.
17	**example** [ɪgˈzɑːmpl]	Beispiel (für)	**for example** Football is a typical **example of** a popular sport.
18	**sample** [ˈsɑːmpl]	Kostprobe; Muster	a small piece that shows what the rest is like
19	**fact** [fækt]	Tatsache; Faktum	We don't know all the **facts**.
20	**in fact** [ˌɪn ˈfækt]	eigentlich; tatsächlich	➤➤ really

21	**truth** [truːθ]	Wahrheit	He didn't **tell us the truth**.
22	**true** [truː]	wahr	➤➤ correct, right
23	**real** [rɪəl]	echt	A computer pet isn't a **real** pet.
24	**genuine** ['dʒenjuɪn]	echt; unverfälscht	➤➤ real, true
25	**realistic** [ˌrɪəˈlɪstɪk]	realistisch; naturgetreu	a **realistic** soap opera
26	**really** ['rɪəli]	wirklich	It's a **really** good story.
27	**reality** [riˈæləti]	Wirklichkeit	**reality** TV
28	**actually** ['æktʃuəli]	tatsächlich; in Wirklichkeit	➤➤ really
29	**artificial** [ˌɑːtɪˈfɪʃl]	künstlich; Kunst-	➤◄ real **artificial flowers**
30	**fake** [feɪk]	unecht; Fälschung	**fake money**; a **fake** painting

31	**to get** [get] got, got [gɒt, gɒt]	werden	Can you close the window? I**'m getting** cold.
32	**to become** [bɪ'kʌm] became, become [bɪ'keɪm, bɪ'kʌm]	werden	Paul wants to **become** an actor.

> **to become** = *werden*
> *bekommen* = **to get, to receive**

33	**to turn to/into** ['tɜːn tə]	verwandeln in	
34	**to grow** [grəʊ] grew, grown [gruː, grəʊn]	werden	It **grew** dark and began to rain.

35	**to happen** ['hæpən]	passieren; geschehen	The accident **happened** at 5.30.
36	**to take place** [teɪk 'pleɪs] took, taken [tʊk, 'teɪkən]	stattfinden	

> **to take place** = *stattfinden*
> *Platz nehmen* = **to take a seat, to sit down**

37	**to occur** [ə'kɜː]	geschehen	➤➤ to happen
38	**to go on** [ˌgəʊ 'ɒn] went, gone [went, gɒn]	vor sich gehen; passieren	**What's going on**? = *Was ist los?*
39	**incident** ['ɪnsɪdənt]	Vorfall; Zwischenfall	➤ something unusual that happens
40	**affair** [ə'feə]	Affäre; Angelegenheit	
41	**emergency** [ɪ'mɜːdʒənsi]	Notfall; Not-	an **emergency** exit/landing
42	**adventure** [əd'ventʃə]	Abenteuer	He went to Asia **in search of adventures**.

43	**to compare** [kəm'peə]	vergleichen	**Compare** the two pictures and find the difference.
44	**like** [laɪk]	wie	I bought a computer **like** David's.
45	**as** [əz]	wie	
46	**what is ... like?** [ˌwɒt ɪz 'laɪk]	wie ist das?	**What was** the film **like**? – It was really boring.
47	**same** [seɪm]	gleich	Ben and Adam have got **the same** football.
48	**similar** ['sɪmələ]	ähnlich	➤➤ nearly the same
49	**equal** ['iːkwəl]	gleich	➤➤ the same
50	**as ... as** [əz]	so ... wie	Royston's bike is **as** old **as** Ben's bike.
51	**such** [sʌtʃ]	solche(r, s); so; derartig	She's **such** a good actress. (= She is **so** good as an actress.)

| 52 | ☐ **different** ['dɪfrənt] | verschieden; anders | ✕ the same |
| 53 | ☐ **difference** ['dɪfrəns] | Unterschied | What's the **difference between** the two CD players? |

> *Beachte die Betonung auf der ersten Silbe:* **accent** – **argument** – **concert** – **difference** – **hospital** – **modern** – **object** – **program(me)** – **uniform**

54	☐ to **differ** ['dɪfə]	sich unterscheiden; verschieden sein	➤ to be different (from somebody/something)
55	☐ **various** ['veərɪəs]	verschieden; unterschiedlich	➤➤ different
56	☐ **diverse** [daɪ'vɜːs]	unterschiedlich; vielfältig	➤ very different from each other
57	☐ **diversity** [daɪ'vɜːsəti]	Vielfalt	He talked about the cultural **diversity** of Native Americans.
58	☐ to **vary** ['veəri]	variieren; sich verändern	➤➤ to change

....

59	☐ **opposite** ['ɒpəzɪt]	gegensätzlich; gegenüberliegend	✕ completely different The bank is **opposite** the school.
60	☐ **opposite** ['ɒpəzɪt]	Gegenteil	'Under' is the **opposite of** 'over'.
61	☐ **contrast** ['kɒntrɑːst]	Gegensatz; Kontrast	The **contrast between** the two areas is amazing.
62	☐ **other** ['ʌðə]	andere(r, s)	Some pupils play computer games, **others** play basketball.
63	☐ **another** [ə'nʌðə]	ein(e) andere(r, s); noch ein(e, es)	This pen doesn't write. Can I have **another**? (*einen anderen*) Would you like **another** cup of coffee? (*noch eine*)
64	☐ **alternative** [ɔːl'tɜːnətɪv]	alternativ	We had to make **alternative** plans.

14.6 Möglichkeit und Notwendigkeit

1	☐ **perhaps** [pə'hæps]	vielleicht	I can't find Alex. – **Perhaps** he's next door.
2	☐ **maybe** ['meɪbi]	vielleicht	➤➤ perhaps
3	☐ **may** [meɪ]	kann (vielleicht)	We **may** be able to help you.
4	☐ **might** [maɪt]	könnte (vielleicht)	She **might** win. = Perhaps she'll win.
5	☐ **in case** [ɪn 'keɪs]	für den Fall, dass	Take an umbrella **just in case** it starts raining.

....

6	☐ **should** [ʃʊd]	sollte	People **shouldn't** smoke.
7	☐ **ought to** ['ɔːt tə]	sollte	I **ought to** go home now. It's late.
8	☐ **you had better** [ju həd 'betə]	du solltest besser	Next time I tell you something **you'd better** listen.

> **EXPRESSION + INFINITIVE WITHOUT TO**
> *Nach* **would rather** *und* **had better** *folgt ein Infinitiv ohne* **to**:
> **Would** you **rather stay** here or go to a gig? (*Möchtest du lieber …*)
> I think she**'d better see** a doctor. (*… sie sollte besser …*)

9 ☐	**possible** ['pɒsəbl]	möglich	**Is** it **possible to** go to the club on foot? – No, it's too far.
10 ☐	**possibility** [ˌpɒsə'bɪləti]	Möglichkeit	There's a **possibility** we might move to Canada.

> **MÖGLICHKEIT**
> **POSSIBILITY**   There's a **possibility of** snow tomorrow.
> **CHANCE**   She had the **chance to** go abroad.
> **OPPORTUNITY**   They gave him the **opportunity of** explaining what happened.
> „Die Möglichkeit etwas zu tun" kann nicht mit **possibility** übersetzt werden;
> hier muss man **chance to do** verwenden.

11 ☐	**impossible** [ɪm'pɒsəbl]	unmöglich	an **impossible** situation/task

12 ☐	**sure** [ʃʊə]	sicher	Is Sophie twelve? – I'm not **sure**.
13 ☐	**certain** ['sɜːtn]	sicher	➤➤ sure
14 ☐	**certainly** ['sɜːtnli]	sicherlich	➤➤ surely
15 ☐	**definite** ['defɪnət]	sicher; bestimmt; entschieden	I can't give you a **definite** answer at the moment.
16 ☐	**definitely** ['defɪnətli]	bestimmt; absolut	➤ without any doubt
17 ☐	**undoubtedly** [ʌn'daʊtɪdli]	zweifellos	The story is **undoubtedly** true.
18 ☐	**certainty** ['sɜːtnti]	Sicherheit; Gewissheit	
19 ☐	**of course** [əf 'kɔːs]	natürlich	May I ask you a question? – Yes, **of course**.

20 ☐	**would** [wʊd]	würde	He said he **would** come tomorrow.
21 ☐	**probable** ['prɒbəbl]	wahrscheinlich	It's **highly probable** that we will fail.
22 ☐	**probably** ['prɒbəbli]	wahrscheinlich	Will she be here in time? – **Probably** not.
23 ☐	**likely** ['laɪkli]	wahrscheinlich	Gary is the most **likely** winner of the race. He**'s likely to** win. (*Er wird wahrscheinlich gewinnen.*)
24 ☐	**chance** [tʃɑːns]	Chance	He got the **chance to** meet Hugh Grant.
25 ☐	**break** [breɪk]	Chance	➤➤ chance

26 ☐	**luck** [lʌk]	Glück	**Good luck** for your maths test.
27 ☐	to **be lucky** [bi 'lʌki]	Glück haben	She**'s lucky** to have survived.

> You're **happy**.
> = *Du bist glücklich.*
> You're **lucky**.
> = *Du hast Glück.*

28 ☐	**fortunate** ['fɔːtʃənət]	glücklich	➤➤ lucky
29 ☐	**fortunately** ['fɔːtʃənətli]	glücklicherweise	➤➤ luckily
30 ☐	**unfortunately** [ʌn'fɔːtʃənətli]	unglücklicherweise	

Unfortunately we had to leave early.

31 ☐	**bad luck** [ˌbæd 'lʌk]	Pech	
32 ☐	**unlucky** [ʌn'lʌki]	unglücklich; glücklos	

33	**opportunity** [ˌɒpəˈtjuːnəti]	Gelegenheit; Chance	►► chance ► a time when it is possible to do something
34	**opportunity to** do sth [ˌɒpəˈtjuːnəti]	Gelegenheit etw zu tun; Chance, etw zu tun	I had no **opportunity to** phone him this morning.
35	**advantage** [ədˈvɑːntɪdʒ]	Vorteil	► something useful
36	**advantage of** do**ing** sth [ədˈvɑːntɪdʒ əv]	Vorteil etw zu tun	The **advantage of** liv**ing** in the country is that it's cheaper.
37	**disadvantage** [ˌdɪsədˈvɑːntɪdʒ]	Nachteil	
38	**it's my turn** [ɪts ˈjɔː tɜːn]	Ich bin dran; Ich bin an der Reihe.	Today, **it's my turn to** do the shopping.
39	to **take turns** [teɪk ˈtɜːnz] took, taken [tʊk, ˈteɪkən]	etw abwechselnd tun; sich abwechseln mit	They **take turns (in)** do**ing** the housework.
40	**danger** [ˈdeɪndʒə]	Gefahr	There's more **danger of** forest fires in summer.
41	**risk** [rɪsk]	Risiko	Some sports have a **high risk of** injury.
42	to **risk** [rɪsk]	riskieren	He **risked his life** for his friend.
43	**dangerous** [ˈdeɪndʒərəs]	gefährlich	Grizzly bears are very **dangerous**.
44	**important** [ɪmˈpɔːtnt]	wichtig; bedeutend	an **important** question/aspect
45	**importance** [ɪmˈpɔːtns]	Bedeutung	► how important something or someone is
46	**relevant (to)** [ˈreləvənt tə]	relevant (für)	Is this information really **relevant**?
47	**primary** [ˈpraɪməri]	hauptsächlich; primär	►► first, earliest **primary** aim/reason/purpose
48	**priority** [praɪˈɒrəti]	Vorrang; Dringlichkeit	
49	**essential** [ɪˈsenʃl]	unentbehrlich	► extremely important
50	to **need** [niːd]	brauchen	Can I have your pen? – No, sorry. I **need** it myself.
51	**need** [niːd]	Bedürfnis	Are you **in need of** help? = *Brauchst du Hilfe?*
52	to **need to** do sth [ˈniːd tə]	etw tun müssen	He's ill. He **needs to** go to the doctor.
53	**needn't** [ˈniːdnt]	nicht müssen; nicht brauchen	Must we go now? – No, we **needn't** go yet.
54	**may I?** [ˈmeɪ aɪ]	darf ich?	**May I** help you? – Oh, thank you.
55	**mustn't** [ˈmʌsnt]	nicht dürfen	*Aussprache!* Hurry up! We **mustn't** be late.
56	**necessary** [ˈnesəsəri]	notwendig	► something needed for a purpose
57	**necessity** [nəˈsesəti]	Notwendigkeit; Bedürfnis	Food and clothes are **necessities** of life.
58	**required** [rɪˈkwaɪəd]	verlangt; gefordert; erforderlich	►► necessary
59	to **require** [rɪˈkwaɪə]	benötigen; erfordern	►► to need

60	**could do with** [kʊd 'duː wɪð]	könnte brauchen	I **could do with** a drink now.
61	to **be dying for** sth ['daɪɪŋ]	etw unbedingt brauchen	Oh, I'**m dying for** a drink.

62	**matter** ['mætə]	Angelegenheit	**What's the matter**?
63	to **matter** ['mætə]	von Bedeutung sein; darauf ankommen	➤➤ to be important Money is the only thing that **matters** to him.
64	**must** [mʌst]	müssen	It's 11 o'clock. I **must** go now.
65	to **have to** ['hæv tə] had, had [hæd, hæd]	müssen	I **have to** be home by 12.
66	**shall** [ʃəl]	sollen	What **shall** we do tonight?
67	**slight** [slaɪt]	gering; klein; leicht	a **slight** accident/headache
68	**slightly** ['slaɪtli]	ein bisschen; etwas	➤➤ a little

14.7 Handeln

1	to **make** [meɪk] made, made [meɪd, meɪd]	machen	to **make** a cake = *einen Kuchen backen*
2	to **cause** [kɔːz]	verursachen; hervorrufen	➤ to make something happen
3	to **trigger** ['trɪgə]	auslösen	➤ to make something start to happen
4	to **carry out** [ˌkæri 'aʊt]	ausführen; durchführen	They **carried out** a number of experiments.
5	to **get through** sth [ˌget 'θruː wɪð] got, got [gɒt, gɒt]	etwas erledigen	I **got through** my homework in 20 minutes.
6	to **be involved in** [bi ɪn'vɒlvd ɪn]	beteiligt sein (in); verwickelt sein (in)	**Was** she **involved in** the theft?
7	to **force** sb **to** do sth [fɔːs]	jdn zwingen etw zu tun	The kidnappers **forced** the man **to** get in their car.
8	to **deal with** ['diːl wɪð] dealt, dealt [delt, delt]	sich beschäftigen mit	➤ to solve a problem
9	to **handle** ['hændl]	umgehen mit	Babies should **be handled** with care.
10	**effective** [ɪ'fektɪv]	wirkungsvoll; wirksam	an **effective** method
11	**efficient** [ɪ'fɪʃnt]	leistungsfähig; effizient	If somebody is **efficient**, they work well.
12	to **realize** ['rɪəlaɪz]	erkennen; begreifen; klar werden	➤➤ to understand something She suddenly **realized** who he was.
13	**reason** ['riːzn]	Grund; Begründung	What is the **reason for** your success?
14	**cause** [kɔːz]	Ursache	➤ the reason why something happens
15	**effect** [ɪ'fekt]	Wirkung; Effekt	➤ what happens because of something

16	result [rɪ'zʌlt]	Ergebnis	The **result** of the match was 2:0.
17	**consequence**	Folge	He didn't think about the
	['kɒnsɪkwəns]		**consequences**.
18	**as a result of**	als Folge von	He died **as a result of** his injuries.
	[əz ə rɪ'zʌlt əv]		
19	to **be supposed to**	etw tun sollen	▶▶ to be expected to do something
	do sth [bi sə'pəʊzd tə duː]		

....

| 20 | to **introduce** [ˌɪntrə'djuːs] | einführen | ▶ to present somebody or something for the first time |
| 21 | to **control** [kən'trəʊl] | beherrschen; steuern | |

┌───┐
│ to **control** = *beherrschen, steuern* │
│ *kontrollieren* = to **check**   │
└───┘

22	**control** [kən'trəʊl]	Kontrolle	
23	to **inspect** [ɪn'spekt]	kontrollieren; überprüfen	
24	to **follow** sth **up**	etw nachgehen; etw weiterverfolgen	▶ to find out more about something
	[ˌfɒləʊ 'ʌp]		▶▶ power
25	**force** [fɔːs]	Macht; Kraft	The police entered the building
26	**by force** [baɪ 'fɔːs]	gewaltsam; mit Gewalt	**by force**.
27	to **encourage** [ɪn'kʌrɪdʒ]	ermutigen	Peter's friends **encouraged** him **to** apply for the job.
28	to **influence** ['ɪnfluəns]	beeinflussen	▶ to have an effect on
29	**influence (on)**	Einfluss (auf); Auswirkung	
	['ɪnfluəns ɒn]		

....

30	to **establish** [ɪ'stæblɪʃ]	gründen; einrichten	She **established** her business in 1999.
31	to **found** [faʊnd]	(be)gründen	▶ to start to build a town or business
32	to **set up** [ˌset 'ʌp]	gründen; eröffnen	▶▶ to build
	set, set [set, set]		
33	**organization**	Organisation	an **international organization**
	[ˌɔːɡənaɪ'zeɪʃn]		
34	to **organize** ['ɔːɡənaɪz]	organisieren	to **organize** a meeting/party/trip
35	**organizer** ['ɔːɡənaɪzə]	Veranstalter/in; Organisator/in	He talked to the **organizer** of the pop festival.

....

36	to **do** [duː]	tun	What **is** she **doing**? – She's reading a comic
	dɪd, done [dɪd, dʌn]		
37	to **work** [wɜːk]	funktionieren	Does your old mobile still **work**?
38	to **act** [ækt]	handeln; tätig sein	▶▶ to do something
39	**action** ['ækʃn]	Handlung	
40	to **take action**	etw unternehmen	We must **take action** immediately.
	[teɪk 'ækʃn]		
	took, taken		
	[tʊk, 'teɪkən]		

41	**active** ['æktɪv]	aktiv; tätig	
42	to **react** [ri'ækt]	reagieren	How did he **react to** the bad news?
43	**reaction** [ri'ækʃn]	Reaktion	What was their **reaction to** my question?

44	☐	to **manage to** do sth ['mænɪdʒ]	es schaffen; es fertig-bringen etw zu tun	➤ to succeed in doing something
45	☐	to **cope with** ['kəʊp wɪð]	zurechtkommen mit	➤ to do a difficult job

··

46	☐	**try** [traɪ]	Versuch	She decided to **give** painting a **try**.
47	☐	to **try** [traɪ]	versuchen	I**'ve tried** everything to lose weight.
48	☐	to **try to** do sth [traɪ]	versuchen etw zu tun	**Try to** do your homework now.
49	☐	to **have a try** [həv ə 'traɪ] had, had [həd, həd]	einen Versuch unternehmen	Can you repair the dishwasher? – I don't know, but I**'ll have a try**.
50	☐	**attempt** [ə'tempt]	Versuch	He **made no attempt to** help her.

··

51	☐	to **pass** [pɑːs]	bestehen (Prüfung)	➤◄ to fail
52	☐	**success** [sək'ses]	Erfolg	The party was a **big/great success**.
53	☐	**successful** [sək'sesfl]	erfolgreich	a **successful attempt**
54	☐	to **succeed (in)** [sək'siːd ɪn]	gelingen; Erfolg haben (mit)	Did you **succeed in** finding a new flat?
55	☐	to **achieve** [ə'tʃiːv]	erreichen; schaffen; erzielen	They **achieved** their **aim** of climbing the mountain in record time.
56	☐	to **make it** ['meɪk ɪt] made, made [meɪd, meɪd]	es schaffen	We **made it** to the station just in time.
57	☐	to **improve** [ɪm'pruːv]	verbessern; sich bessern	➤➤ to become better, to make better
58	☐	to **avoid** [ə'vɔɪd]	vermeiden	I **narrowly avoided** an accident. (*vermied knapp*)
59	☐	to **avoid** do**ing** sth [ə'vɔɪd]	vermeiden etw zu tun	He crossed the road to **avoid** meet**ing** her.

··

60	☐	to **fail** [feɪl]	scheitern; keinen Erfolg haben	➤◄ to succeed
61	☐	to **fail to** do sth [feɪl]	versäumen	The doctor **failed to** ask the patient about his eating habits.
62	☐	**failure** ['feɪljə]	Scheitern	➤◄ success

··

63	☐	to **leave** [liːv]	lassen; liegen lassen	I **left** my purse in the kitchen.
64	☐	to **let go (of)** [ˌlet 'gəʊ] let, let [let, let]	loslassen	Hold the ladder and **don't let go**!
65	☐	to **get rid of** [get 'rɪd əv] got, got [gɒt, gɒt]	loswerden	We have to **get rid of** our old car.

··

66	☐	to **repeat** [rɪ'piːt]	wiederholen	➤ to say or do something again
67	☐	**practice** ['præktɪs]	Training; Übung	**football/teaching practice**
68	☐	to **practise** ['præktɪs] *AE* to practice ['præktɪs]	üben	**Practise** your speaking skills.
69	☐	to **practise** do**ing** sth ['præktɪs] *AE* to practice ['præktɪs]	üben etw zu tun	We're going to **practise** read**ing** today.

··

70	☐	to **fasten** ['fɑːsn]	zumachen	**Fasten** your seatbelts, please.
71	☐	to **fix** [fɪks]	befestigen	He **fixed** the picture **to** the door.
72	☐	to **fit** [fɪt]	einbauen; ausrüsten mit	➤ to put a small piece of equipment into a place

73	to **tie** [taɪ]	binden	The cowboy **tied** his horse **to** a tree.
74	**untie** [ʌn'taɪ]	losbinden	
75	to **combine** [kəm'baɪn]	zusammenfügen; verbinden	► to put different things together
76	**combination** [ˌkɒmbɪ'neɪʃn]	Kombination; Zusammenschluss	
77	to **connect** [kə'nekt]	verbinden	Can I **connect** my printer **to** your computer?
78	**connection** [kə'nekʃn]	Verbindung; Zusammenhang	a **direct/strong connection with** something
79	to **join** [dʒɔɪn]	verbinden; sich anschließen	► to connect; to become a member of a club, group, etc
80	to **link** [lɪŋk]	verbinden	►► to connect
81	to **unite** [ju'naɪt]	vereinen; vereinigen	East Germany was **united with** West Germany in 1990.
82	to **attach** [ə'tætʃ]	anfügen; befestigen; verbinden mit	► to connect one thing to another He **attached** a file **to** his e-mail.

・・

83	to **open** ['əʊpən]	öffnen	Sheila **opened** the door and went in.
84	**open** ['əʊpən]	offen; geöffnet	►◄ closed Is the museum **open** on Sundays?
85	to **close** [kləʊz]	schließen	►◄ to open
86	to **shut** [ʃʌt] shut, shut [ʃʌt, ʃʌt]	schließen	►► to close
87	to **lock up** [ˌlɒk 'ʌp]	zuschließen	Make sure you **lock up** all the doors before you go.
88	**locked** [lɒkt]	verschlossen	a **locked door/room**

・・

89	**relations** pl [rɪ'leɪʃnz]	Beziehungen	**international relations**
90	**relationship** [rɪ'leɪʃnʃɪp]	Beziehung; Verbindung; Verwandtschaft	He had a very **good relationship with** his mother.
91	to **separate** ['sepəreɪt]	(sich) trennen	► to stop living together; to divide
92	**separate** ['seprət]	getrennt	►◄ together
93	**separation** [ˌsepə'reɪʃn]	Trennung	
94	to **exchange** [ɪks'tʃeɪndʒ]	austauschen	to **exchange ideas**
95	**exchange** [ɪks'tʃeɪndʒ]	Austausch	an **exchange of ideas/prisoners**

・・

96	to **roll** [rəʊl]	rollen	The boy's ball **rolled** under the car.
97	to **roll up** [ˌrəʊl 'ʌp]	zusammenrollen; aufrollen	
98	to **press** [pres]	drücken; pressen	**Press** the button to turn on the radio.
99	to **tear** [teə] tore, torn [tɔː, tɔːn]	zerreißen	He **tore** his jeans on the fence.
100	to **squeeze** [skwiːz]	sich quetschen; drängen; drücken	He **squeezed** through the crowd.

・・

101	to **strike** [straɪk] struck, struck [strʌk, strʌk]	schlagen	► to hit somebody or something

102	to **beat** [biːt]	schlagen; klopfen	► to hit somebody or something
	beat, beaten [biːt, 'biːtn]		The protesters **beat** the policeman.
103	to **punch** [pʌntʃ]	schlagen (mit der Faust)	
104	to **stamp** [stæmp]	stampfen	► to put your foot down hard
105	to **damage** ['dæmɪdʒ]	beschädigen	Smoking can **damage** your health.
106	**damage** ['dæmɪdʒ]	Schaden	
107	to **spoil** [spɔɪl] spoilt/spoiled, spoilt/spoiled [spɔɪlt, spɔɪlt]	beschädigen; verderben; verwöhnen	I didn't want to **spoil** their fun. ► to give a child everything that they ask for

108	to **show** [ʃəʊ] showed, shown [ʃəʊd, ʃəʊn]	zeigen	Can you **show** me your homework?
109	to **point** [pɔɪnt]	zeigen	
110	to **point at/towards** ['pɔɪnt ət, tə'wɔːdz]	zeigen auf; gerichtet sein auf	
111	**display** [dɪ'spleɪ]	Ausstellung; Vorführung	a **firework display**
112	**on display** [ɒn dɪ'spleɪ]	ausgestellt	The new books **are on display** in the library.

113	to **hide** [haɪd] hid, hidden [hɪd, 'hɪdn]	(sich) verstecken	► to be in a secret place ► to put something in a secret place
114	to **find** [faɪnd] found, found [faʊnd, faʊnd]	finden	I can't **find** my watch!
115	to **come across** sb/sth [ˌkʌm ə'krɒs] came, come [keɪm, kʌm]	jdn/etw zufällig finden; jdn/etw zufällig treffen	► to find somebody/something by chance She **came across** some old letters from her grandmother.

116	to **check** [tʃek]	überprüfen	Let's **check** your homework.
117	**check** [tʃek]	Kontrolle; Überprüfung	a **security/health check**
118	to **find out** [ˌfaɪnd 'aʊt] found, found [faʊnd, faʊnd]	herausfinden	How can we **find out** where he lives?
119	to **look for** ['lʊk fə]	suchen	► to try to find
120	to **search (for)** ['sɜːtʃ fə]	suchen (nach)	You can **search for** everything on the internet.

121	to **help** [help]	helfen	Please **help** your sister **with** her homework.
122	**help** [help]	Hilfe	Thank you for your **help**.
123	**aid** [eɪd]	Hilfe	►► help
124	**helper** ['helpə]	Helfer/in; Hilfskraft	

| 125 | to **prevent** [prɪ'vent] | verhindern; verhüten; vorbeugen | **Prevent damage** to your skin by using sun cream. |

126	to **prevent** sb **from** do**ing** sth [prɪˈvent]	jdn daran hindern etw zu tun	His illness **prevents** him **from** com**ing**, too.

• •

127	**care** [keə]	Sorge; Sorgfalt; Pflege; Obhut	to **take care** of = to look after
128	to **look out** [ˌlʊk ˈaʊt]	achten auf	**Look out!** = Pass auf!
129	to **protect** [prəˈtekt]	beschützen	➤ to keep something/ someone safe from danger
130	**protection** [prəˈtekʃn]	Schutz	**protection** against the storm/rain
131	**protective** [prəˈtektɪv]	Schutz-	**protective** clothing
132	to **save** [seɪv]	retten	➤ to take someone away from danger

> **TO SAVE** The little boy **saved** the man's life. (*retten*)
> I**'m saving** for a new bike. (*sparen*)
> **Save** the text on a disk. (*speichern*)

133	to **rescue** [ˈreskjuː]	retten	➤➤ to save
134	**rescue** [ˈreskjuː]	Rettung	A **rescue** team is trying to reach the injured man in the mountains.
135	**safe** [seɪf]	sicher	➤◄ dangerous
136	**safety** [ˈseɪfti]	Sicherheit	➤◄ danger **safety** belt = *Sicherheitsgurt*
137	**security** [sɪˈkjʊərəti]	Sicherheit	a **security** camera
138	**proof against** [pruːf əˈgenst]	sicher vor; gefeit gegen	The lock was not **proof against** a break-in.

> **-PROOF**
> a **rainproof** coat   a **waterproof** jacket   a **bulletproof** car
> **windproof** clothing   **futureproof** software   a **rabbit-proof** fence
> *Man verwendet* **-proof** *oft, um zu sagen, dass etwas durch eine bestimmte Sache, Person oder Entwicklung nicht beeinträchtigt werden kann.*

The end

Index Englisch

U

Index Deutsch

Infinitive	Simple past	Past participle	
to be	was/were	been	sein
to bear	bore	borne	tragen; ertragen
to beat	beat	beaten	schlagen
to become	became	become	werden
to begin	began	begun	anfangen, beginnen
to bend	bent	bent	biegen
to bet	bet, betted	bet, betted	wetten
to bite	bit	bitten	beißen
to bleed	bled	bled	bluten
to blow	blew	blown	blasen
to break	broke	broken	brechen
to bring	brought	brought	bringen
to build	built	built	bauen
to burn	burnt, burned	burnt, burned	(ver)brennen
to buy	bought	bought	kaufen
to catch	caught	caught	fangen
to choose	chose	chosen	wählen
to cling	clung	clung	kleben, haften
to come	came	come	kommen
to cost	cost	cost	kosten
to cut	cut	cut	schneiden
to deal	dealt	dealt	sich beschäftigen
to dig	dug	dug	graben
to do	did	done	tun, machen
to draw	drew	drawn	ziehen; zeichnen
to dream	dreamt, dreamed	dreamt, dreamt	träumen
to drink	drank	drunk	trinken
to drive	drove	driven	fahren
to eat	ate	eaten	essen
to fall	fell	fallen	fallen
to feed	fed	fed	füttern
to feel	felt	felt	fühlen
to fight	fought	fought	kämpfen
to find	found	found	finden
to fly	flew	flown	fliegen
to forbid	forbade	forbidden	verbieten, untersagen
to forget	forgot	forgotten	vergessen
to freeze	froze	frozen	(ge)frieren
to get	got	got	bekommen
to give	gave	given	geben
to go	went	gone	gehen
to grow	grew	grown	wachsen; anbauen; werden
to hang	hung	hung	hängen; aufhängen
to hang	hanged	hanged	erhängen (töten)
to have	had	had	haben
to hear	heard	heard	hören
to hide	hid	hidden	(sich) verstecken
to hit	hit	hit	treffen, schlagen
to hold	held	held	halten
to hurt	hurt	hurt	verletzen
to keep	kept	kept	halten; behalten
to kneel	knelt	knelt	knien
to know	knew	known	wissen, kennen
to lay	laid	laid	legen
to lead	led	led	führen
to learn	learnt, learned	learnt, learned	lernen

Infinitive	Simple past	Past participle	
to leave	left	left	verlassen
to lend	lent	lent	leihen; borgen
to let	let	let	lassen, zulassen
to lie	lay	lain	liegen
to light	lit	lit	anzünden
to lose	lost	lost	verlieren
to make	made	made	machen
to mean	meant	meant	bedeuten; meinen
to meet	met	met	treffen, begegnen
to pay	paid	paid	bezahlen
to put	put	put	setzen; stellen
to quit	quit	quit	verlassen
to read	read	read	lesen
to ride	rode	ridden	reiten; fahren
to ring	rang	rung	klingeln; anrufen
to rise	rose	risen	ansteigen; aufgehen
to run	ran	run	laufen
to say	said	said	sagen
to see	saw	seen	sehen
to sell	sold	sold	verkaufen
to send	sent	sent	schicken, senden
to set	set	set	setzen; stellen
to shake	shook	shaken	schütteln
to shine	shone	shone	scheinen
to shoot	shot	shot	schießen
to show	showed	shown, showed	zeigen
to shut	shut	shut	schließen
to sing	sang	sung	singen
to sink	sank	sunk	sinken, untergehen
to sit	sat	sat	sitzen
to sleep	slept	slept	schlafen
to slide	slid	slid	gleiten, rutschen
to speak	spoke	spoken	sprechen
to spend	spent	spent	ausgeben; verbringen
to spill	spil, spilled	spilt, spilled	verschütten
to spin	spun	spun	spinnen
to split	split	split	spalten; teilen
to spread	spread	spread	verbreiten
to stand	stood	stood	stehen
to steal	stole	stolen	stehlen
to stick	stuck	stuck	kleben; stecken bleiben
to stink	stank	stunk	stinken
to swear	swore	sworn	fluchen; schwören
to sweep	swept	swept	fegen
to swim	swam	swum	schwimmen
to swing	swung	swung	schwingen
to take	took	taken	nehmen
to teach	taught	taught	unterrichten, lehren
to tell	told	told	erzählen
to think	thought	thought	denken; glauben
to throw	threw	thrown	werfen
to understand	understood	understood	verstehen
to unwind	unwound	unwound	sich entspannen
to wake	woke	woken	aufwecken; aufwachen
to wear	wore	worn	tragen
to win	won	won	gewinnen
to write	wrote	written	schreiben

Lerntipp: Wann und wo?

➤ Warte mit dem Wörterlernen nicht bis zum letzten Augenblick, sondern verteile den Lernstoff möglichst gleichmäßig auf die zur Verfügung stehende Zeit.

➤ Lern die Wörter in Gruppen von nicht mehr als 20 Vokabeln und denk daran, Pausen zu machen. Es ist sinnvoller, kleine Portionen zu lernen, als den gesamten Lernstoff am letzten Tag unter Zeitdruck zu bearbeiten.

➤ Am besten lernst du zu Hause immer am selben Arbeitsplatz. Gestalte ihn so, dass du dich dort wohl fühlst. Gute Lichtverhältnisse sind genauso wichtig wie eine angenehme Raumtemperatur und Ruhe.

Lerntipp: Aussprache

➤ Die Lautschrift nach dem Stichwort kann dir helfen, die richtige Aussprache zu finden. Es ist deshalb wichtig, dass du mit den Lautschriftzeichen vertraut bist. Eine Aufstellung darüber findest du auf Seite 6.

➤ Lies jeden Vokabeleintrag mehrmals laut und präge dir die Aussprache gut ein.

➤ Wenn dir die CD-Rom zur Verfügung steht, kannst du dir die Aussprache der Vokabeln auch anhören.

Lerntipp: Problemwörter

➤ Wörter, die du dir schwer merken kannst, solltest du „merk-würdig" gestalten.

➤ Es ist hilfreich, wenn du diese Problemwörter groß auf ein Blatt Papier schreibst und gut sichtbar in deinem Zimmer aufhängst, z.B. an der Tür oder neben dem Spiegel. So hast du sie immer vor Augen!

Lerntipp: Neue Vokabeln

➤ Neue Vokabeln kann man sich besser merken, wenn man sie mit bereits bekannten Wörtern in Beziehung setzt. Dafür ist es günstig, Wort- oder Sachfelder als Vokabelnetz in das Vokabelheft zu übertragen. Wenn dann später noch weitere Wörter aus dem Sachfeld dazukommen, lässt sich dieses *network* leicht ergänzen.

Lerntipp: Rechtschreibung

➤ Um zu testen, wie sicher du die englischen Vokabeln schreiben kannst, solltest du die linke Spalte mit der Lernschablone oder einem Blatt Papier abdecken. Dann schreibst du die englischen Wörter zu den deutschen Entsprechungen auf ein Blatt Papier. Anschließend vergleichst du dann die Wörter mit dem Buch.

➤ Fehlerhafte Wörter solltest du noch einmal niederschreiben und in dein Vokabelheft übertragen.

Lerntipp: Wiederholen

➤ Ohne Wiederholung vergisst du nach ein paar Tagen die Hälfte der neu gelernten Vokabeln. Bau deshalb in gewissen zeitlichen Abständen, z.B. alle 14 Tage, Wiederholungsphasen ein und arbeite die gelernten Vokabeln nochmals durch oder lass dich von Freunden, Geschwistern oder Eltern abfragen.

➤ Gut lässt sich die Wiederholung von Vokabeln auch mit Hilfe einer Lernkartei durchführen.

Lerntipp: Vokabelkartei

Eine hervorragende Möglichkeit zum planmäßigen Testen und Wiederholen bietet eine Lernkartei. So baust du dir eine Lernkartei:

➤ Der Karteikasten ist 30 cm lang, besteht aus Pappe oder Holz und wird in fünf unterschiedlich große Fächer unterteilt:

➤ Die Karteikarten erhalten wir, indem wir ein DIN A4 Blatt dreimal zusammenfalten und auseinanderschneiden:

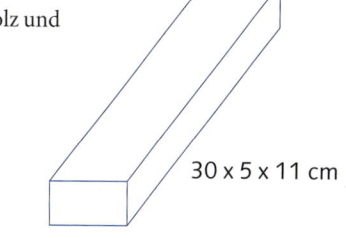

30 x 5 x 11 cm

So arbeitest du mit der Lernkartei:

➤ Auf die Vorderseite eines Kärtchens schreibst du das deutsche Stichwort und eventuelle Symbole für *synonyms*, *opposites* oder *explanations*. Auf die Rückseite die englische Entsprechung und *synonyms*, *opposites*, etc. aus der dritten Spalte.

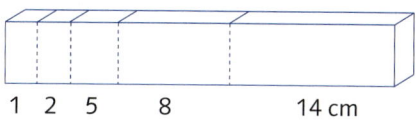

1 2 5   8   14 cm

➤ Die fertigen Karteikarten wandern ins erste Fach. Sobald dieses gefüllt ist, wird es Zeit, mit dem Wiederholen zu beginnen. Karten mit gemerkten Vokabeln werden hinten ins zweite Fach gesteckt, vergessene Vokabeln kommen auf die Rückseite des Stoßes im ersten Fach.

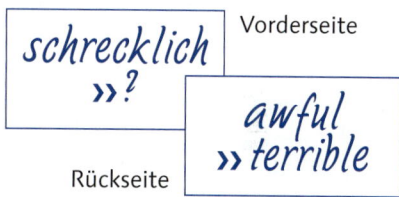

schrecklich
»?

Vorderseite

awful
» *terrible*

Rückseite

➤ Nach einiger Zeit füllt sich auch das zweite Fach. Nun wird hier nach dem gleichen System verfahren: gemerkte Vokabeln steckt man hinten in das dritte Fach, vergessene Wörter kommen zurück in das erste Fach.

➤ Entsprechend geht es mit den anderen Fächern weiter. Grundregel: Alle Vokabeln, die beherrscht werden, wandern ein Fach weiter. Alle vergessenen Vokabeln müssen zurück ins erste Fach.

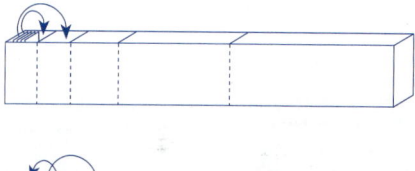

➤ Wichtig: Werden die Fächer zwei bis vier zu voll, so darfst du immer nur einen Finger breit von vorn nach hinten leerräumen. Es wäre falsch, aus Ehrgeiz das gesamte Fach zu bearbeiten.

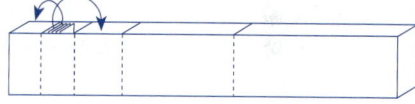

Lerntipp: Wortkombinationen

➤ Wenn du neue Wörter lernst, genügt es nicht, nur die deutsche Entsprechung zu kennen. Man muss auch wissen, mit welchen anderen Wörtern das neue Wort kombinierbar ist. Häufig unterscheiden sich diese Wortkombinationen (Kollokationen) vom Deutschen.

➤ Vergleiche:

deine Hausaufgaben **machen**   =   to **do** your **homework**
eine Rede **halten**   =   to **give** a **talk**
eine Reise **unternehmen**   =   to **make** a **journey**

Country	Adjective	Language	People
Africa Afrika	African		African
America Amerika	American		American
Asia Asien	Asian		Asian
Austria Österreich	Austrian	German	Austrian
Australia Australien	Australian	English	Australian
Bavaria Bayern	Bavarian	German	Bavarian
Belgium Belgien	Belgian	French /Flemish	Belgian
Brazil Brasilien	Brazilian	Portuguese	Brazilian
(Great) Britain Großbritannien	British	(British) English	Briton *pl* the British
Canada Kanada	Canadian	English	Canadian
China China	Chinese	Chinese	Chinese, *pl* the Chinese
Costa Rica Costa Rica	Costa Rican	Spanish	Costa Rican
Cuba Kuba	Cuban	Spanish	Cuban
Czech Republic (the) Tschechische Republik	Czech	Czech	Czech
Denmark Dänemark	Danish	Danish	Dane
El Salvador El Salvador	Salvadorean	Spanish	Salvadorean
England England	English	English	Englishman/Englishwoman, *pl* the English
Europe Europa	European		European
France Frankreich	French	French	Frenchman/Frenchwoman, *pl* the French
Germany Deutschland	German	German	German
Greece Griechenland	Greek	Greek	Greek
Hungary Ungarn	Hungarian	Hungarian	Hungarian
India Indien	Indian	Hindi, Urdu, … , English	Indian
Indonesia Indonesien	Indonesian	Bahasa Indonesia	Indonesian
Iran Iran	Iranian	Persian (Farsi)	Iranian
Iraq Irak	Iraqi	Kurdish, Arabic	Iraqi
(the Republic of) Ireland Irland	Irish	Irish Gaelic, English	Irishman/Irishwoman, *pl* the Irish
Israel Israel	Israeli	Hebrew	Israeli
Italy Italien	Italian	Italian	Italian
Jamaica Jamaica	Jamaican	English	Jamaican
Japan Japan	Japanese	Japanese	Japanese, *pl* the Japanese
Korea Korea	Korean	Korean	Korean
Lebanon Libanon	Lebanese	Lebanese	Lebanese
Malaysia Malaysien	Malaysian	Malay, Chinese, English	Malaysian
Mexico Mexiko	Mexican	Spanish	Mexican
Netherlands (the) *pl* (die) Niederlande	Dutch	Dutch	Dutchman/Dutchwoman, *pl* the Dutch
New Zealand Neuseeland	New Zealand	English	New Zealander
Northern Ireland Nordirland	Northern Irish	English	Northern Irishman/ Northern Irishwoman
Norway Norwegen	Norwegian	Norwegian	Norwegian
Pakistan Pakistan	Pakistani	Urdu, English	Pakistani
Philippines (the) *pl* Philippinen	Philippine	Filipino (Tagalog), English	Filipino
Poland Polen	Polish	Polish	Pole
Portugal Portugal	Portuguese	Portuguese	Portuguese, *pl* the Portuguese
Russia Russland	Russian	Russian	Russian
Scandinavia Skandinavien	Scandinavian		Scandinavian
Scotland Schottland	Scottish	Scots, Gaelic	Scot (Scotsman/ Scotswoman), *pl* the Scots, the Scottish
(the Republic of) South Africa Südafrika	South African	English, Afrikaans	South African
Spain Spanien	Spanish	Spanish	Spaniard, *pl* the Spanish
Sri Lanka Sri Lanka	Sri Lankan	Sinhala, English, Tamil	Sri Lankan
Sweden Schweden	Swedish	Swedish	Swede
Switzerland Schweiz	Swiss	German, French, Italian Swiss	Swiss
Tahiti Tahiti	Tahitian	Tahitian, English, French	Tahitian
Turkey Türkei	Turkish	Turkish	Turk
United States of America (the) *no pl* Vereinigte Staaten von Amerika	American	(American) English	American
Vietnam Vietnam	Vietnamese	Vietnamese	Vietnamese, *pl* the Vietnamese
Wales Wales	Welsh	Welsh	Welshman/Welshwoman, *pl* the Welsh
West Indies Westindische Inseln	West Indian	English	West Indian